“十三五”国家重点图书出版规划项目

交通运输科技丛书·公路基础设施建设与养护

Comparative Study on the Standard System of Hot Mix Asphalt and Asphalt Mixture in China, France and America

中国法国美国热拌沥青及沥青混合料标准体系比较研究

中法美沥青技术研究课题组　**编著**

人民交通出版社股份有限公司

北　京

内 容 提 要

本书基于对中国、法国、美国热拌沥青及沥青混合料标准体系的项目研究和工程应用实践编写而成，内容涵盖了中法美热拌沥青及沥青混合料标准体系总览，沥青胶结料与集料规范及试验方法比较研究，沥青混合料类型、设计方法及性能试验方法比较研究，同时在本书的最后给出了基于归口管理部门的标准分类和中法美热拌沥青及沥青混合料规范体系对照表，以便读者查阅。

本书可供国内从事道路工程的技术和管理人员参考使用，旨在帮助他们了解欧美关于热拌沥青和沥青混合料方面的技术标准，服务“一带一路”沿线国家基础设施建设，指导工程实践，促进我国交通运输行业技术的更新与进步。

图书在版编目(CIP)数据

中国法国美国热拌沥青及沥青混合料标准体系比较研究 / 中法美沥青技术研究课题组编著. — 北京：人民交通出版社股份有限公司，2021.7

ISBN 978-7-114-16232-9

Ⅰ.①中… Ⅱ.①中… Ⅲ.①沥青拌和料—标准体系—对比研究—中国、法国、美国 Ⅳ.①U414.7

中国版本图书馆 CIP 数据核字(2020)第 009785 号

“十三五”国家重点图书出版规划项目
交通运输科技丛书 · 公路基础设施建设与养护
Zhongguo Faguo Meiguo Reban Liqing ji Liqing Hunheliao Biaozhun Tixi Bijiao Yanjiu

书　　名：**中国法国美国热拌沥青及沥青混合料标准体系比较研究**
著 作 者：中法美沥青技术研究课题组
责任编辑：丁　遥
责任校对：孙国靖　扈　婕
责任印制：张　凯
出版发行：人民交通出版社股份有限公司
地　　址：(100011)北京市朝阳区安定门外外馆斜街 3 号
网　　址：http://www.ccpcl.com.cn
销售电话：(010)59757973
总 经 销：人民交通出版社股份有限公司发行部
经　　销：各地新华书店
印　　刷：北京市密东印刷有限公司
开　　本：787 × 1092　1/16
印　　张：14
字　　数：346 千
版　　次：2021 年 7 月　第 1 版
印　　次：2021 年 7 月　第 1 次印刷
书　　号：ISBN 978-7-114-16232-9
定　　价：80.00 元

总　序

科技是国家强盛之基，创新是民族进步之魂。中华民族正处在全面建成小康社会的决胜阶段，比以往任何时候都更加需要强大的科技创新力量。党的十八大以来，以习近平同志为核心的党中央做出了实施创新驱动发展战略的重大部署。党的十八届五中全会提出必须牢固树立并切实贯彻创新、协调、绿色、开放、共享的发展理念，进一步发挥科技创新在全面创新中的引领作用。在最近召开的全国科技创新大会上，习近平总书记指出要在我国发展新的历史起点上，把科技创新摆在更加重要的位置，吹响了建设世界科技强国的号角。大会强调，实现"两个一百年"奋斗目标，实现中华民族伟大复兴的中国梦，必须坚持走中国特色自主创新道路，面向世界科技前沿、面向经济主战场、面向国家重大需求。这是党中央综合分析国内外大势、立足我国发展全局提出的重大战略目标和战略部署，为加快推进我国科技创新指明了战略方向。

科技创新为我国交通运输事业发展提供了不竭的动力。交通运输部党组坚决贯彻落实中央战略部署，将科技创新摆在交通运输现代化建设全局的突出位置，坚持面向需求、面向世界、面向未来，把智慧交通建设作为主战场，深入实施创新驱动发展战略，以科技创新引领交通运输的全面创新。通过全行业广大科研工作者长期不懈的努力，交通运输科技创新取得了重大进展与突出成效，在黄金水道能力提升、跨海集群工程建设、沥青路面新材料、智能化水面溢油处置、饱和潜水成套技术等方面取得了一系列具有国际领先水平的重大成果，培养了一批高素质的科技创新人才，支撑了行业持续快速发展。同时，通过科技示范工程、科技成果推广计划、专项行动计划、科技成果推广目录等，推广应用了千余项科研成果，有力促进了科研向现实生产力转化。组织出版"交通运输建设科技丛书"，是推进科技成果公开、加强科技成果推广应用的一项重要举措。"十二五"期间，该丛书共出版72册，全部列入"十二五"国家重点图书出版规划项目，其中12册获得国家出版基金支持，6册获中华优秀出版物奖图书提名奖，行业影响力和社会知名度不断扩大，逐渐成为交通运输高端学术交流和科技成果公开的重要平台。

"十三五"时期，交通运输改革发展任务更加艰巨繁重，政策制定、基础设施建设、运输管理等领域更加迫切需要科技创新提供有力支撑。为适应形势变化的需要，在以往工作的基础上，我们将组织出版"交通运输科技丛书"，其覆盖内容由建设技术扩展到交通运输科学技术各领域，汇集交通运输行业高水平的学术专著，及时集中展示交通运输重大科技成果，将对提升交通运输决策管理水平、促进高层次学术交流、技术传播和专业人才培养发挥积极作用。

当前，全党全国各族人民正在为全面建成小康社会、实现中华民族伟大复兴的中国梦而团结奋斗。交通运输肩负着经济社会发展先行官的政治使命和重大任务，并力争在第二个百年目标实现之前建成世界交通强国，我们迫切需要以科技创新推动转型升级。创新的事业呼唤创新的人才。希望广大科技工作者牢牢抓住科技创新的重要历史机遇，紧密结合交通运输发展的中心任务，锐意进取、锐意创新，以科技创新的丰硕成果为建设综合交通、智慧交通、绿色交通、平安交通贡献新的更大的力量！

杨传堂

2016 年 6 月 24 日

前　言

2008 年，江苏省交通科学研究院股份有限公司（苏交科集团股份有限公司的前身，以下简称“苏交科”）承担了中国中信-中国铁建联合体（简称中信-中铁联合体）在阿尔及利亚承建的阿尔及利亚东西高速公路项目西标段中心实验室工作。东西高速公路由中交第一公路勘察设计研究院有限公司按法国标准设计，其沥青层采用了法国典型的高模量沥青混合料（EME2）。为满足工作需求，西标段项目部采购了法国沥青混合料试验设备以及相关的规范。为深入了解法国沥青路面技术，苏交科提出了“中法美沥青路面技术比较及在阿尔及利亚的应用研究”课题（简称“中法美”课题）建议，并获得中信-中铁联合体立项及财政支持。随后，课题组与法国道桥中央实验室合作，取得了《LPC 沥青混合料设计指南》的翻译授权（翻译稿见新型道路材料国家工程实验室网站 http://www.nlarm.cn/upload/file/1550113373.pdf），这为全面深入了解法国沥青路面技术打下了良好的基础。为了研究需要，课题组也采购了欧洲标准（European Norm，简称 EN）中关于集料、沥青胶结料和沥青混合料的所有标准，以及美国各州公路与运输官员协会（American Association of State Highway and Transportation Officials，简称 AASHTO）《运输材料规范与取样和试验方法》（*Standard Specifications for Transportation Materials and Methods of Sampling and Testing and AASHTO Provisional Standards*）和美国材料与试验协会（American Society for Testing Materials，简称 ASTM）D04“道路和铺路材料技术委员会”（Committee D04 on Road and Paving Materials）的相关标准。苏交科将这些标准的研究成果均纳入了“中法美”课题成果中。

基于这些研究工作，课题组于 2010 年 6 月成功申请了科技部国际科技合作项目“沥青路面关键技术体系在非洲国家的建立和应用合作研究”（合同号：2010DFB83850），在前期研究的基础上进一步开展深入研究。拟通过这一研究掌握和比较欧美沥青路面关键技术，为中国企业“走出去”提供技术支撑。

在国家“一带一路”倡议背景下，越来越多的中国企业“走出去”支援“一带一路”沿线国家基础设施建设，而“一带一路”沿线国家基础设施建设大部分沿用欧美标准。为了帮助国内从业者了解欧美标准管理体系及沥青和沥青混合料方面的技术标准,更好地服务于当地基础设施建设,课题组在前述两个项目成果的基础上编写了本书,围绕标准技术体系、沥青胶结料规范和试验方法、集料规范和试验方法、沥青混合料类型和规范、沥青混合料设计方法、沥青混合料性能试验方法、标准管理体系等方面进行比较,并提出相关建议,以期为"一带一路"建设贡献一份力量。

本书特点主要包括三方面:

其一,本书对中法美热拌沥青及沥青混合料规范体系进行了全面的梳理,结合苏交科项目研究和工程应用实践,提出了中国相关标准在管理及技术方面的建议。由于法国标准均由欧洲标准转化而成,本书中涉及的法国标准均引用欧洲标准进行比较。

其二,本书提供了最新欧美热拌沥青及沥青混合料标准清单以及中欧美标准的对照表。为便于对标准的深入了解,本书附录提供了 AASHTO 标准、ASTM 标准、欧洲标准以及中国标准中与热拌沥青及沥青混合料相关的标准目录一览表,同时按标准编制的技术委员会和相应分技术委员会或工作组进行分类更新(更新至2018 年 12 月),按照热拌沥青及沥青混合料术语、集料相关标准、沥青相关标准、沥青混合料相关标准分组提供了相关标准对照表,每个对照表内总体上按 AASHTO 排序,但是将同类的标准放在一起。即使对照列出,只是表示大致等效采用或修改采用。附录对照表中空白处不代表没有相对应的标准,只是由于课题组知识和经验不足,暂未发现。欢迎广大读者予以补充,进而完善这个对照表。这是很有意义的工作。附录和对照表是课题组的第一次尝试,谬误之处,还请不吝指正。

其三,本书除了前言由贾渝与吕正龙以及第 1 章"总览"由贾渝、李小燕与吕正龙共同撰写外,其余各章均由年轻工程师独自撰写。其中,第 2 章"沥青胶结料规范及试验方法比较研究"由王仁辉高级工程师撰写,第 3 章"集料规范及试验方法比较研究"由徐金玉工程师撰写,第 4 章"沥青混合料类型比较研究"、第 5 章"沥青混合料设计方法比较研究"和第 6 章"沥青混合料性能试验方法比较研究"由吕正龙工程师撰写,附录由安丰伟工程师撰写,结束语由李小燕高级工程师撰写。本书涉及的 AASHTO 标准以及 ASTM 标准均由徐文文女士收集。另外,原课题组成员李豪、荆滨、关永胜、韩超、程一鸣、黄荣华、冯中良、张璐、李慧婷也为本课题的完成做出了贡献,但由于工作变动而没有参加本书的编写工作。在此,向他们一并表示感谢。

由于课题组所掌握的信息及认知水平有限,书中错误、疏漏和不完善之处在所难免。欢迎广大读者批评指正,相关意见可发送至 jy@ jsti. com 或 lzl31@ jsti. com,课题组将不胜感激。

贾　渝　吕正龙

2019 年 1 月

目 录

第1章 总 览

1.1 概 述

“欲知平直，则必准绳；欲知方圆，则必规矩。”标准是人类文明进步的成果，在便利经贸往来、支撑产业发展、促进科技进步、规范社会治理等方面发挥着重要作用。“中国将积极实施标准化战略，以标准助力创新发展、协调发展、绿色发展、开放发展、共享发展。”在致第39届国际标准化组织大会的贺信中，国家主席习近平充分表达了大国的责任与担当。

有言道，三流企业卖产品，二流企业卖技术，一流企业卖标准。美国、日本及部分欧洲国家不仅垄断着高端技术和工艺，也垄断着全球通行的技术标准、质量标准和服务标准，通过标准和规则的制定牢牢占据着世界产业链的最高端。这再次强调了标准的重要地位。

再看“一带一路”倡议，其重点在实现“政策沟通、设施联通、贸易畅通、资金融通、民心相通”。在这“五通”里，标准是关键内容。随着“一带一路”倡议的推进，中国标准“走出去”势在必行，但是一切目标的实现，离不开完善的标准体系的构建，如标准的管理、标准的制定和维护流程、标准的运营措施等。

鉴于标准的地位及中国标准“走出去”的趋势，本章通过对比中法美热拌沥青及沥青混合料相关标准体系，明确各个国家热拌沥青混合料技术规范的框架及管理体系，结合中国国情，提出中国标准体系的相关建议，为我国热拌沥青及沥青混合料标准体系的创新发展提供借鉴。

1.2 法国热拌沥青及沥青混合料标准体系

受欧盟标准化方针政策和战略所约束，只要有欧洲标准，相对应的法国标准必须在1～2年内自动更新，欧洲标准会逐渐转化为法国标准。因此，本部分主要介绍欧洲标准体系。

1975年，为协调欧洲各国技术条件并消除统一市场内部贸易技术壁垒，欧洲经济共同体委员会（European Economic Community，简称EEC）按《罗马公约》第95条，决定在建筑、土木工程领域编制一套适用于欧洲工程结构的设计规范，即欧洲标准（EN）。于是1980年开始在国际范围征询建筑法规的实施意见。1984年，颁布了第一部欧洲标准。2006年欧洲标准最终形成10卷58分册，目前欧洲标准主要以英、法、德三种语言发布。

EN是由欧洲标准化委员会CEN（European Committee for Standardization）、欧洲电子技术标准委员会CENELEC（European Committee for Electrotechnical Standardization）和欧洲电信标准协会ETSI（European Telecommunications Standards Institute）三个欧洲标准化组织（ESOs）中的一个所批准的文件，欧盟法规认为这些组织可以胜任各自技术标准领域的工作。虽然CEN、

CENELEC 和 ETSI 在不同的领域执行工作,但是他们在许多共同感兴趣的领域进行合作。

欧盟法规赋予了 EN 在国家层面实施的义务,即获得国家标准的地位并撤销任何相互冲突的国家标准,因此,EN 自动成为 34 个 CEN-CENELEC 成员国的国家标准。虽然标准是自愿的,意味着没有强制法律义务来应用它们,但是法律法规可能涉及标准,甚至要求必须遵守这些标准。

与热拌沥青及沥青混合料相关的标准化机构是 CEN,相关活动由 CEN 技术中心(Technical Board,简称 BT)负责,该委员会全权负责执行 CEN 工作计划。其标准由 330 个技术委员会(Technical Committees,简称 TCs)准备。每个技术委员会都有自己的工作领域(范围),在其中开发和执行已确认标准的相关程序性工作。技术委员会的工作是在 CEN 成员国参与的基础上开展的,代表们分别代表各自的国家观点,这一原则使技术委员会能够采取反映广泛共识的平衡决策。

考虑到工作的复杂性,技术委员会可以成立分技术委员会。标准制定的具体工作由工作组(Working Groups,简称 WGs)承担,由 CEN 成员国任命但以个人身份发言的专家聚集在一起制定将会成为未来标准的草案,这反映了标准化活动中"直接参与"的嵌入原则。针对需要快速制定的规范或研究项目成果的新兴或快速更新的技术,欧洲标准化委员会制定了 CEN 和/或 CENELEC 研讨会协议(CWAs)。

CEN 的技术委员会中,与热拌沥青及沥青混合料相关的组织主要包括以下 3 个技术委员会及其工作组,附录中列出了涉及的相关标准的名称及编号。

(1)TC 154 集料技术委员会(Committee of Aggregates)的 6 个分技术委员会和 4 个工作组,如表 1.2-1 所示。

TC 154 集料技术委员会的分技术委员会/工作组 表 1.2-1

序号	分技术委员会/工作组	中文名称	英文名称
1	TC 154/SC 1	砂浆集料	Aggregates for mortars
2	TC 154/SC 2	混凝土集料,包括道路和路面中应用	Aggregates for concrete, including those for use in roads and pavements
3	TC 154/SC 3	带有沥青的集料	Bituminous bound aggregates
4	TC 154/SC 4	水结和无胶结集料	Hydraulic bound and unbound aggregates
5	TC 154/SC 5	轻质集料	Lightweight aggregates
6	TC 154/SC 6	试验方法	Test methods
7	TC 154/WG 10	装甲铺石材料	Armourstone
8	TC 154/WG 11	铁路道砟	Railway ballast
9	TC 154/WG 12	二手集料	Aggregates from secondary source
10	TC 154/WG 14	危险物质	Dangerous substances

(2)TC 227 道路材料技术委员会(Committee of Road Materials)的 7 个工作组,如表 1.2-2 所示。

(3)TC 336 沥青胶结料技术委员会(Committee of Bituminous Binders)的 2 个工作组,如表 1.2-3 所示。

TC 227 道路材料技术委员会的工作组 表 1.2-2

序号	工 作 组	中 文 名 称	英 文 名 称
1	TC 227/WG 1	沥青混合料	Bituminous mixtures
2	TC 227/WG 2	表面处治、喷洒和稀浆罩面（包含微表处）	Surface Dressing, sprays and slurry surfacing (incorporating microsurfacing)
3	TC 227/WG 3	混凝土道路材料（包含填充剂和密封剂）	Materials for concrete roads (including joint fillers and sealants)
4	TC 227/WG 4	水结合和未结合混合料（包含副产品和废弃材料）	Hydraulic bound and unbound mixtures (including byproducts and waste materials)
5	TC 227/WG 5	表面特性	Surface characteristics
6	TC 227/WG 6	可持续性	Sustainability
7	TC 227/WG 7	主席顾问组	Chairman's advisory group

TC 336 沥青胶结料技术委员会的工作组 表 1.2-3

序号	工 作 组	中 文 名 称	英 文 名 称
1	TC 336/WG 1	铺路沥青胶结料	Bituminous binders for paving
2	TC 336/WG 2	稀释沥青和乳化沥青	Fluxed bitumen and bituminous emulsions

除了上述与集料、沥青及沥青混合料相关的试验方法及规范外，法国的标准体系中还有法国 *LPC Bituminous Mixtures Design Guide*（《LPC 沥青混合料设计指南》）。它收集了法国公共工程部科学和技术工作组（RST）关于设计热拌沥青混合料所积累的资料和知识，由法国道桥中央实验室（LPC）编制，主要包括：①RST 使用的沥青混合料设计方法；②在沥青混合料设计研究中专家和实践者的经验。它对各道桥实验室现在应用的各种方法进行了标准化，具体内容如图 1.2-1 所示[1]。

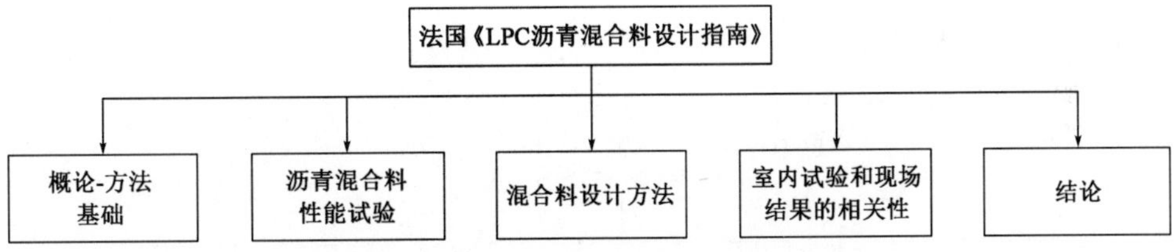

图 1.2-1 法国《LPC 沥青混合料设计指南》[1]

1.3 美国热拌沥青及沥青混合料标准体系

美国热拌沥青及沥青混合料领域的标准化机构有 AASHTO、ASTM、美国联邦公路局（Federal Highway Administration，简称 FHWA）和美国国防部等，其中以 AASHTO 和 ASTM 最为著名。本节将详细介绍有关热拌沥青及沥青混合料的 AASHTO 标准体系和 ASTM 标准体系。

1.3.1 AASHTO 标准体系

与热拌沥青及沥青混合料相关的 AASHTO 标准主要由材料和路面技术委员会（Committee

of Materials and Pavement,简称 COMP)管理,它是 2016 年由原隶属于 AASHTO 公路常设委员会旗下的材料分委员会(Subcommittee on Materials,简称 SOM)和路面技术委员会(Committee of Pavement)合并而成。

AASHTO COMP 管理的标准通常每年以出版物《运输材料规范与取样和试验方法》予以发布。其发布形式经历了三个阶段,最早以纸质出版形式,而后以“纸质出版物 + 光盘”共存的形式,再到目前的网络出版物形式。标准每年 4 月中旬、6 月中旬以及 8 月中旬各更新一次,其中沥青和沥青混合料标准于 8 月中旬予以更新。标准共有规范(Specification,代号 M)、推荐实践(Recommend Practice,代号 R)和试验方法(Test Methods,代号 T)三种,其中[2]:

M——规范,材料、产品或系统需要满足的一组明确要求;

R——推荐实践,用于执行不产生试验结果的特定操作(如采样、收集或检查)的一组确定的指令,以前称为标准实践(Standard Practice),现在称为“推荐实践(Recommend Practice)”更确切;

T——试验方法,产生试验结果的特定操作(如性能认证、测量或评价)。

与材料和路面相关的 AASHTO 标准通常也有暂行标准。暂行标准主要来自于研究项目,为适应技术发展,较早地提出规范、推荐实践和试验方法,作为标准性文件供大家参考应用。暂行标准成为正式标准后会赋予一个新的正式标准号。如果技术内容有变化,经 AASHTO COMP 投票通过后会被标为“修订(reused)”。相应的标准类型为暂行规范(Provisional Specification,代号 MP)、暂行实践(Provisional Practice,代号 PP)和暂行试验方法(Provisional Test Methods,代号 TP)[2]。

正式标准每年必须更新确认,暂行标准在 8 年期限中每年或每两年要确认一次。如果在确认中,会标以“重新确认(reconfirm)”。如果标准不再使用,要由委员会投票确认,给出一个满意的“停止使用”的理由。确认期间该标准仍在标准列表中,一旦确认第二年就会被删除(deleted),该标准即不再存在[2]。

通常情况下,AASHTO 标准命名的方法如图 1.3-1 所示。

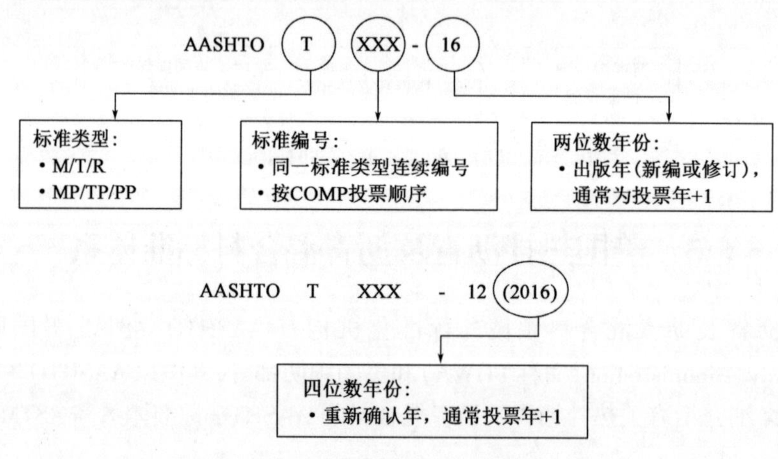

图 1.3-1 AASHTO 标准命名方法[2]

AASHTO 材料和路面相关标准由 FHWA 向 COMP 提交请求，并由 COMP 管理。COMP 的职责在于准备、出版和持续更新以下规范和文件[2]：

(1)公路、桥梁和结构物等基础交通设施新建和养护材料规范；

(2)上述材料以及新建、养护、保存和设施运营过程中附属材料的取样规范；

(3)指南以及其他与路面有关的文件。

COMP 由指导委员会(Steering Committee，简称 SC)、AASHTO Re：source 管理任务组(ATG)、计划规划小组、分技术委员会(Technical Subcommittee，简称 TS)和机构外成员(Ex officio members)组成，分技术委员会分成不同的板块组来开展 COMP 的工作。

SC 负责 COMP 的运作和技术指导。它可以成立或取消 TS，负责标准和指导文件的制定和维护，并监督 COMP 的运营情况，以保证 COMP 的工作得以实施。

ATG 负责 Re：source 项目和 AASHTO 认证项目(AAP)的日常监督，为管理者处理包含 AASHTO 支撑项目在内的相关事宜提供指导，帮助准备和修订其所管理的标准(通常在 TS 5c 内，关于 TS 5c 下文会予以介绍)。

COMP 的 SC 每年需要负责准备 AASHTO COMP 年会的技术项目，项目中各环节的主题由 AASHTO 提供，TS 的主席或副主席负责制订计划。COMP 项目计划小组的主席为 COMP 的主席，他/她和 AASHTO 员工和 SC 的副主席共同计划各环节的项目，同时根据需要也会号召其他人(如主办州的材料工程师或指定人员)协助项目计划小组。

TS 的职责是制定和维护 COMP 管理范围内某一特定领域的标准及指导性文件，负责提出新标准或修订现有标准的投票过程。

考虑到本书主要讨论热拌沥青及沥青混合料的标准体系，故详细介绍下 TS 的具体情况。

TS 负责人可以将其成员组织成板块或分技术委员会从事某一标准或一组标准的工作，或将标准的维护工作交由 TS 个人成员或 COMP 成员部门(州)来完成，即指定标准管理员。COMP 共有 20 个分技术委员会(表 1.3-1)，分成以下 5 个板块来管理：

(1)TS 1 岩土工程；

(2)TS 2 沥青和沥青混合料；

(3)TS 3 水硬性水泥，混凝土和混凝土材料；

(4)TS 4 通用建筑材料；

(5)TS 5 路面服务能力，设计，环境质量和质量保证。

AASHTO COMP 分技术委员会清单　　表 1.3-1

分技术委员会	中文名称	英文名称
COMP TS 1a	土和非胶结再生材料	Soil and Unbound Recycled Materials
COMP TS 1b	地质勘察、仪器、稳定和现场试验	Geotechnical Exploration, Instrumentation, Stabilization and Field Testing
COMP TS 1c	集料	Aggregates
COMP TS 2a	乳化沥青	Emulsified Asphalts
COMP TS 2b	液体沥青	Liquid Asphalts

续上表

分技术委员会	中 文 名 称	英 文 名 称
COMP TS 2c	沥青-集料混合料	Asphalt-Aggregate Mixtures
COMP TS 2d	沥青-集料混合料配合比	Proportioning of Asphalt-Aggregate Mixtures
COMP TS 3a	水硬性水泥和石灰	Hydraulic Cement and Lime
COMP TS 3b	新拌混凝土	Fresh Concrete
COMP TS 3c	硬化混凝土	Hardened Concrete
COMP TS 4a	混凝土排水结构	Concrete Drainage Structures
COMP TS 4b	柔性和金属管	Flexible and Metallic Pipe
COMP TS 4c	标记和涂料	Markings and Coatings
COMP TS 4d	安全设备	Safety Devices
COMP TS 4e	接缝、支座和土工合成材料	Joint, Bearings, and Geosynthetics
COMP TS 4f	金属	Metals
COMP TS 5a	路面测量和性能测试	Pavement Measurement and Performance Measures
COMP TS 5b	桥梁和路面保存	Bridge and Pavement Preservation
COMP TS 5c	质量保证和环境	Quality Assurance and Environmental
COMP TS 5d	路面设计	Pavement Design

本书所提及的 AASHTO 热拌沥青及沥青混合料相关标准主要涉及的归口管理的分技术委员会包括集料分技术委员会(COMP TS 1c)、液体沥青分技术委员会(COMP TS 2b)、沥青-集料混合料分技术委员会(COMP TS 2c)、沥青-集料混合料配合比分技术委员会(COMP TS 2d),具体的标准名称、编号参见本书附录 A.2。

1.3.2 ASTM 标准体系

ASTM 是制定、发布自愿共识的有关材料、产品、系统和服务技术标准的国际标准化组织。它拥有来自全球 140 多个国家的 30000 多名志愿者,他们是生产者、用户、消费者和一般利益方。这些成员通过他们在一个或多个技术委员会中的服务来编写 ASTM 标准。其成员开展开放透明的流程化工作并利用 ASTM 先进的信息技术基础架构系统,创建支持全球行业和政府针对材料、产品、系统和服务的试验方法、规范、分类、指南、实践和术语。编制哪些标准也是由其成员决定的。任何对委员会涵盖的领域感兴趣的人都有资格成为委员会成员。

任何有标准化需求的人通常都可以向 ASTM 提交请求,ASTM 技术委员会的成员确定需求或其他相关方接受,委员会即明确标准制定工作开始。任务组成员准备一份标准草案,称为工作项目,由其母项小组委员会通过电子投票系统进行审查。在小组委员会批准该文件后,它同时提交给主要委员会和所有成员。在投票过程中投下的所有否定票,必须包括对投票人员的书面解释,且在将文件提交到流程的下一级之前,必须充分考虑异议。标准最终是否批准取决于标准常设委员会是否同意遵循适当的程序并履行正当程序。

ASTM 的标准类型通常包括试验方法(test method)、规范(specification)、指南(guide)、实践(practice)、分类(classification)和术语(terminology)。具体的解释如下:

(1)试验方法(test method)——产生测试结果的最终过程。试验方法需确定结果是否满足相关要求,在试验方法结束时应报告精度和偏差声明。

(2)规范(specification)——材料、产品、系统或服务要满足的一组明确的要求。规范示例包括但不限于以下要求:物理、机械或化学特性、安全、质量或性能标准。规范明确规定用于确定每个要求的试验方法,以确定要求是否得到满足。

(3)指南(guide)——不推荐具体操作过程的信息或一系列选项的概要。指南提高了对特定主题领域的信息和方法的认识。

(4)实践(practice)——一组用于执行一个或多个不产生试验结果的特定操作的指令。实践示例包括但不限于应用、评估、清洁、收集、去污、检查、安装、准备、取样、筛选和培训。

(5)分类(classification)——根据相似的特征,如来源、组成、性质或用途,对材料、产品、系统或服务进行系统的排列或划分。

(6)术语(terminology)——包含术语定义及符号、缩写或首字母缩写词解释的文件。

ASTM 标准由非政府机构制定,使用是自愿的,只有当政府在法规中提到,或者在合同明确时它才具有法律效力。ASTM 标准由相关的专门技术委员会审查,而且每 5 年必须重新审查一次,以决定是否重新批准还是废除。

ASTM 中与热拌沥青及沥青混合料相关的技术委员会为 D04 道路和铺路材料技术委员会,目前有 29 个分技术委员会,如表 1.3-2 所示。此外,还有 C09 混凝土和混凝土集料委员会(Committee C09 on Concrete and Concrete Aggregates),D02 石油产品、液体燃料和润滑剂委员会(Committee D02 on Petroleum Products, Liquid Fuels, and Lubricants)和 D18 土壤和岩石技术委员会(Committee D18 on Soil and Rock)。

ASTM D04 道路和铺路材料技术委员会的分技术委员会 表 1.3-2

分技术委员会	中文名称	英文名称
D04.20	沥青混合料力学试验	Mechanical Tests of Asphalt Mixtures
D04.21	沥青混合料相对密度和密度	Specific Gravity and Density of Asphalt Mixtures
D04.22	水和其他物质对沥青裹覆集料的影响	Effect of Water and Other Elements on Asphalt Coated Aggregates
D04.23	厂拌沥青表面层和基层	Plant-Mixed Asphalt Surfaces and Bases
D04.24	沥青表面处治	Asphalt Surface Treatments
D04.25	沥青混合料分析	Analysis of Asphalt Mixtures
D04.26	基本/力学试验	Fundamental/Mechanistic Tests
D04.27	冷拌沥青混合料	Cold Mix Asphalts
D04.30	取样方法	Methods of Sampling
D04.31	氯化钠、氯化钙和其他除冰材料	Calcium and Sodium Chlorides and Other Deicing Materials

续上表

分技术委员会	中 文 名 称	英 文 名 称
D04.32	桥梁与结构	Bridges and Structures
D04.33	路面接缝和裂缝现场灌封胶	Formed In-Place Sealants for Joints and Cracks in Pavements
D04.34	预制接缝填料、封缝和封缝系统	Preformed Joint Fillers, Sealers and Sealing Systems
D04.38	公路交通控制材料	Highway Traffic Control Materials
D04.40	沥青规范	Asphalt Specifications
D04.41	乳化沥青规范	Emulsified Asphalt Specifications
D04.42	乳化沥青试验	Emulsified Asphalt Test
D04.43	煤沥青和煤沥青产品的规范和试验	Specifications and Test for Tar and Tar Products
D04.44	流变试验	Rheological Tests
D04.46	耐久性和蒸馏试验	Durability and Distillation Tests
D04.47	沥青杂项试验	Miscellaneous Asphalt Tests
D04.50	集料规范	Aggregate Specifications
D04.51	集料试验	Aggregate Tests
D04.90	管理	Executive
D04.91	术语	Terminology
D04.93	战略计划	Strategic Planning
D04.94	统计方法和数据评估	Statistical Procedures and Evaluation of Data
D04.95	质量控制、监理和试验机构	Quality Control, Inspection and Testing Agencies
D04.99	可持续发展的沥青路面材料和施工	Sustainable Asphalt Pavement Materials and Construction

本书中所提及的ASTM热拌沥青混合料标准主要由D04道路和铺路材料技术委员会管理，涉及表1.3-2中的以下几个分技术委员会：D04.20、D04.21、D04.22、D04.25、D04.26、D04.30、D04.40、D04.44、D04.46、D04.47、D04.50、D04.51和D04.91。

1.4 中国热拌沥青及沥青混合料标准体系

中国标准包括国家标准、行业标准、地方标准、团体标准和企业标准五类，其中国家标准分为强制性标准和推荐性标准，行业标准和地方标准则均为推荐性标准。强制性标准必须执行，国家鼓励采用推荐性标准[3]。热拌沥青及沥青混合料方面，国家标准管理机构为中国国家标准化管理委员会(Standardization Administration of the People's Republic of China，简称SAC)，主要为产品标准和试验方法标准；行业标准管理机构为中华人民共和国交通运输部(简称交通运输部)，分为产品标准和工程技术标准，其中产品标准由交通运输部科技司主管，工程技术标准由交通运输部公路局主管；地方标准管理机构为地方质量技术监督局；团体标准管理机构有中国工程建设标准化协会公路分会(简称中建标公路分会)、中国公路学会等；企业标准由企业法人代表授权的部门负责统一管理。

1.4.1 国家标准

国家标准由SAC编制计划,协调项目分工,组织制定(含修订,下同),统一审批、编号、发布,在每年6月提出编制下年度国家标准计划项目的原则要求,下达给交通运输部和SAC领导与管理的全国专业标准化技术委员会。交通运输部将编制国家标准计划项目的原则、要求转发给由其负责领导和管理的全国专业标准化技术委员会或专业标准化技术归口单位(简称技术委员会或技术归口单位)。各技术委员会或技术归口单位根据编制国家标准计划项目的原则、要求,提出国家标准计划项目的建议,报其主管部门。交通运输部审查、协调后,提出国家标准计划项目草案和项目任务书报SAC。SAC对上报的国家标准计划项目草案,统一汇总、审查、协调,将批准后的国家标准计划项目下达,由技术委员会负责组织实施。起草单位应对所制定国家标准的质量及其技术内容全面负责。国家标准实施后,应当根据科学技术的发展和经济建设的需要,由该国家标准的主管部门组织有关单位适时进行复审,复审周期一般不超过5年[4]。

技术委员会是在一定专业领域内,从事国家标准起草和技术审查等标准化工作的非法人技术组织,可以接受政府部门、社会团体、企事业单位委托,开展与本专业领域有关的标准化工作。分技术委员会的工作职责参照技术委员会的工作职责执行。技术委员会由委员组成,委员应当具有广泛性和代表性,可以来自生产者、经营者、使用者、消费者、公共利益方等相关方。来自任意一方的委员人数不得超过委员总数的1/2,其中教育科研机构、有关行政主管部门、检测及认证机构、社会团体等可以作为公共利益方代表[5]。与热拌沥青及沥青混合料相关的技术委员会包括SAC/TC280全国石油产品和润滑剂标准化技术委员会、SAC/TC280/SC4石油沥青分技术委员会、SAC/TC458全国混凝土标准化技术委员会和SAC/TC458/SC1全国混凝土标准化技术委员会沥青混凝土分技术委员会。相关的标准名称及编号可参见本书附录A.4。

1.4.2 行业标准

公路工程行业标准分为强制性标准和推荐性标准。交通运输部负责全国公路工程行业标准的管理工作,交通运输部公路工程行业标准主管部门(以下简称行业标准主管部门)是公路工程行业标准管理的职能部门,负责具体管理工作。其中,标准的立项工作可由行业标准主管部门委托中建标公路分会组织初审,并将初审结果向交通运输部相关标准管理部门行文报送,交通运输部相关标准管理部门制订年度标准制修订计划后,主编单位提交书面确认函。

行业标准制修订工作实行主编单位负责制,主编单位需负责所主编的标准制修订项目的进度和质量,具体包括:筹备成立编写组以及日常的督促和检查;负责所主编标准发布后的宣贯;负责所主编标准发布后的日常管理工作;承担标准日常管理组织的技术支撑和保障作用。日常管理由主编推荐的日常管理组负责,其职责主要包括:负责标准具体技术条款的解释并建立台账,记录汇总有关问题及答复;搜集和汇总标准实施中的问题和建议;搜集和汇总国内外相关工程实践经验;搜集和汇总国内外相关标准和科研成果信息资料;向主编单位提出标准的修订或局部修订建议。

交通运输部相关标准管理部门负责标准制修订的督查和检查,组织并主持标准编制大纲和送审稿的审查。发布5年以上的标准需进行复审,标准的复审工作可由中建标公路分会、标准主编单位或熟悉相关技术专业和国家政策的单位承担[6]。

根据交通运输部2017年发布的公路工程行业标准《公路工程标准体系》(JTG 1001—2007),公路工程标准体系结构分为三层:第一层为板块,按照公路建设、管理、养护、运营协调发展要求分类;第二层为模块,在各板块中归纳现有、应有和计划制修订标准的具体类别;第三层为标准。如图1.4-1所示,公路工程标准体系共包括总体、通用、公路建设、公路管理、公路养护、公路运营六大板块,30个模块[7]。

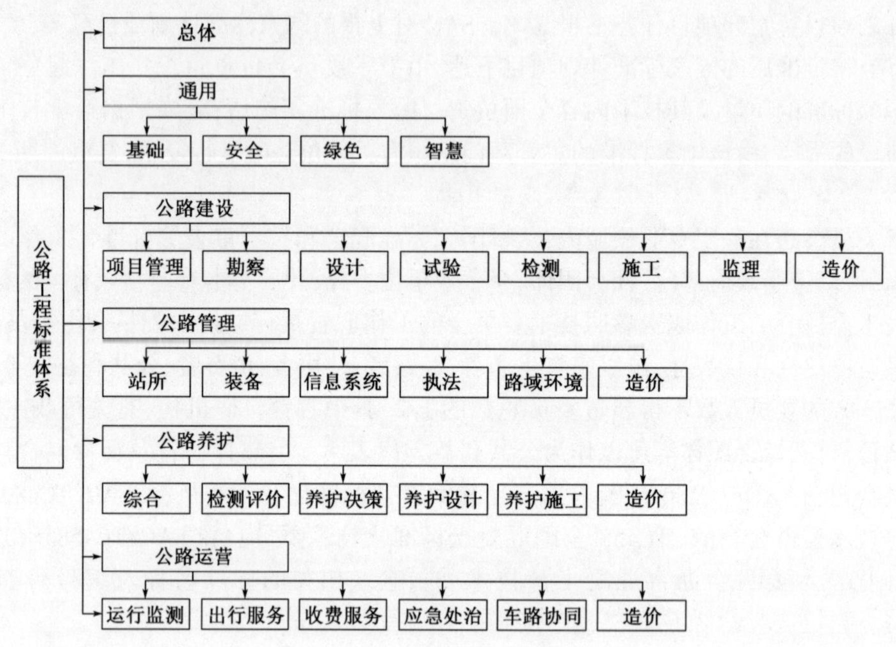

图1.4-1 公路工程标准体系[7]

与热拌沥青及沥青混合料相关的行业标准主要包括《公路沥青路面施工技术规范》(JTG F40—2004)、《公路工程集料试验规程》(JTG E42—2005)、《公路工程沥青及沥青混合料试验规程》(JTG E20—2011),具体标准名称及条文参见本书附录A.4。

1.4.3 地方标准

为满足地方自然条件、风俗习惯等特殊技术要求,可以制定地方标准。地方标准由省、自治区、直辖市人民政府标准化行政主管部门(质量技术监督局)制定。设区的市级人民政府标准化行政主管部门根据本行政区域的特殊需要,经所在地省、自治区、直辖市人民政府标准化行政主管部门批准,可以制定本行政区域的地方标准。地方标准由省、自治区、直辖市人民政府标准化行政主管部门报SAC备案,由SAC通报国务院有关行政主管部门。

1.4.4 团体标准

团体标准是依法成立的社会团体为满足市场和创新需要,协调相关市场主体共同制定的标准,国家鼓励制定满足市场和创新需要的团体标准,供市场自愿使用,从而增加标准的有效供给,发挥市场在标准化资源配置中的决定性作用。为规范、引导和监督团体标准化工作,2019 年国家标准化管理委员会、民政部发布了《团体标准管理规定》,相关要点如下:应当遵循开放、透明、公平的原则,吸纳生产者、经营者、使用者、消费者、教育科研机构、检测及认证机构、政府部门等相关方代表参与,充分反映各方的共同需求。支持消费者和中小企业代表参与团体标准制定;制定团体标准应当以满足市场和创新需要为目标,聚焦新技术、新产业、新业态和新模式,填补标准空白;团体标准由本团体成员约定采用或者按照本团体的规定供社会自愿采用;团体标准实施效果良好,且符合国家标准、行业标准或地方标准制定要求的,团体标准发布机构可以申请转化为国家标准、行业标准或地方标准;鼓励各部门、各地方在产业政策制定、行政管理、政府采购、社会管理、检验检测、认证认可、招投标等工作中应用团体标准。

SAC 统一管理团体标准化工作,交通运输部主管公路工程团体标准化工作。目前公路工程相关的团体标准主要由中建标公路分会或中国公路学会管理[8]。

中国工程建设标准化协会是由从事工程建设标准化活动的单位、团体和个人自愿结成的全国性、行业性社会团体,是非营利性社会组织,英文译名 China Association for Engineering Construction Standardization(简称 CECS),接受业务主管单位住房和城乡建设部、社团登记管理机关民政部的业务指导和监督管理,负责全国范围内工程建设标准化协会标准的管理工作,下设公路、石油化工等 51 个分支机构。CECS 标准制定的范围主要包括:①需要在范围内统一,而又没有国家标准和行业标准的技术要求;②已有国家标准和行业标准,可细化现行国家标准、行业标准的相关要求或明确具体技术措施,制定技术指标严于现行国家标准、行业标准的协会标准;③对于住房和城乡建设主管部门公布的可转化成团体标准的政府标准项目,可承接为协会标准。中国工程建设标准化协会公路分会是从事公路工程建设、养护和运营管理标准化工作的行业性团体,业务工作受交通运输部和中国工程建设标准化协会的指导和监督管理,是中国工程建设标准化协会标准(公路工程)的归口单位,负责公路协会标准的具体管理工作,秘书处挂靠在交通运输部公路科学研究院。根据业务工作需要,经中国工程建设标准化协会同意,中建标公路分会设立专家委员会,分为路线(含技术政策)、路基路面、桥梁、隧道、交通工程五个专业组,各专业组在理事会的领导下开展分会工作。

中国公路学会是全国公路交通行业科学技术工作者自愿组成的学术性群众团体,于 2015 年 6 月正式启动团体标准工作,并成立"团体标准工作办公室"。

1.4.5 企业标准

企业可以根据需要自行制定企业标准,或者与其他企业联合制定企业标准。推荐性国家标准、行业标准、地方标准、团体标准、企业标准的技术要求不得低于强制性国家标准的相关技术要求。企业是企业标准化工作的实施主体,企业法人代表授权的部门负责统一管理。县级以上人民政府标准化行政主管部门和有关行政主管部门分工对本行政区域内企业标准化工作进行监督抽查。

1.5 标准体系比较

法国热拌沥青及沥青混合料标准体系主要包括原材料规范及试验方法、混合料规范及试验方法以及法国《LPC 沥青混合料设计指南》。目前法国的热拌沥青及沥青混合料材料规范及试验方法已被欧洲标准替代，法国的标准体系针对不同材料的既有规范，也有对应的试验方法，一一对应，比较明确。标准体系各部分相互关联但又相互独立，互相应用，重复较少。

美国 AASHTO 标准体系和 ASTM 标准体系均涉及原材料及沥青混合料材料规范、实践及试验方法，ASTM 标准体系则与法国的标准体系类似，部分材料既有规范也有对应的试验方法，但部分材料只有其中的一种标准，包含得不是很全。从标准风格来看，ASTM 各委员会成员都为资深学者，ASTM 的标准结构严谨、逻辑性强、用词讲究、学究气重。与 ASTM 标准相比，AASHTO 标准较通俗易懂，并且由于美国各州气候、经济、交通量、政治体制不同，各州基本均有各自的地方标准。

中国热拌沥青及沥青混合料关于其材料规范、试验方法和设计实践的标准体系的划分不是十分清楚、明确。有沥青混合料所用沥青的单独标准，但同时在施工规范中也有标准；集料和混合料的规范、混合料的设计方法规范则被包括在施工规范中，但分别有单独的关于集料、沥青和混合料的试验方法。

此外，关于标准的管理层面，中欧美标准都经历征求或建议（计划）、制修订、管理等过程。其中：

关于标准的定位，AASHTO 材料和路面相关标准由 FHWA 向 COMP 提交请求，并由 COMP 管理，从制定及管理职能来看，其类似于我国的行业标准，ASTM 是生产者、用户、消费者和一般利益方组成的民间组织，其类似于我国的团体标准；EN 赋予其在国家层面实施的义务，即获得国家标准的地位并撤销任何相互冲突的国家标准，类似于我国的国家标准。

关于标准的责任归属，中国国家标准和团体标准管理办法中未明确提出主编单位负责制，而行业标准管理办法明确提出了主编单位负责制，欧美标准都是由标准化委员会的技术委员会管理、制定和维护的，这是我国与欧美标准管理的最大差异，也是造成我国标准严重滞后于国际标准、滞后于市场需求的主要原因。此外，主编单位负责制的不利因素还包括：①主编单位难以一直跟踪其所主编标准在国内外的发展，虽然通常标准发布后主编单位有宣贯责任，但是在贯彻执行阶段时显得勉为其难；②对标工作难以推进，主编单位不能代表国家，无法与国外机构进行对等交流；③技术衔接易出现漏洞，主编单位一旦出现人员流动（尤其是主编），便没有义务继续对标准负责，标准的管理体系也就难以保持稳定运行。

1.6 建　　议

（1）在国家标准/行业标准的框架基础上制定地方标准。中国幅员辽阔，各省、自治区、直辖市有其各自的交通特点，地理气候条件、经济水平各异，因此，国家标准/行业标准可能只对全国/行业起到指导作用，应鼓励各地方自行结合本地区的条件制定地方标准。具体可参照 AASHTO 标准的地位，即 AASHTO 标准作为各州标准的范本，各州可在此基础上编制自己的标准。

（2）借鉴和吸收法国对每种材料确定单独的规范和试验方法的一体化标准做法。美国的标准体系较为清晰，美国的技术体系根据原材料规范、试验方法、混合料结构设计实践、施工和质量保证体系制定，各部分相对独立；而法国的技术体系则根据不同的原材料进行制定，融合了性能、试验、设计和施工等各方面的技术。就中国目前的实际情况来看,与美国的标准体系相近,而法国对各种材料的单独的一体化标准可供我们借鉴和吸收。

(3)构建技术委员会负责制,取代主编单位负责制。主编单位负责制难以保证标准管理的稳定性,且缺乏国外机构的对等沟通渠道,难以保证标准的稳健发展,而技术委员会是由代表国家/行业最高水平的人员组成的团体,为专业机构,在统一的管理体系中,便于标准管理,且易于与国外机构对接,从而可以保证标准的良性发展。

(4)参考 ASTM 实施我国团体标准的组织管理工作。ASTM 面向对象覆盖范围广,过程开放,机制灵活,任何有标准化需求的人通常都可以向 ASTM 提交请求。

参考文献

[1] The RST Working Group "Design of bituminous mixtures". LPC Bituminous Mixtures Design Guide[M]. Laboratoire Central des Ponts et Chaussées,2007.

[2] AASHTO. Committee on Materials and Pavements Information and Operations Guide[S]. AASHTO,2018.

[3] 中华人民共和国全国人民代表大会常务委员会. 中华人民共和国标准化法[Z]. 2017-11-04.

[4] 中华人民共和国国家技术监督局. 国家标准管理办法[Z]. 1990-08-24.

[5] 中华人民共和国国家质量监督检验检疫总局. 全国专业标准化技术委员会管理办法[Z]. 2017-10-30.

[6] 中华人民共和国交通运输部. 公路工程行业标准制修订管理导则:JTG A02—2013[S]. 北京:人民交通出版社,2013.

[7] 中华人民共和国交通运输部. 公路工程标准体系:JTG 1001—2017[S]. 北京:人民交通出版社股份有限公司,2017.

[8] 中华人民共和国国家标准化管理委员会,中华人民共和国民政部. 团体标准管理规定[Z]. 2019-01-09.

第 2 章　沥青胶结料规范及试验方法比较研究

2.1　概　　述

沥青和沥青胶结料在世界不同国家/地区的释义不尽相同。欧洲标准(EN 12597:2014 Bitumen and bituminous binders—Terminology)将沥青胶结料(Bituminous binder)释义为含有沥青(Bitumen)的黏结材料。它可以是改性沥青、非改性沥青、氧化沥青、稀释沥青、乳化沥青等各种形式的沥青材料。其中沥青(Bitumen)是指从原油中衍生的或以天然沥青形式存在的、完全(或近乎完全)溶于甲苯、室温下非常黏稠(或近乎固态)且不挥发、有黏附性的防水材料。美国标准(ASTM D8-17c Standard Terminology Relating to Materials for Roads and Pavements)将沥青胶结料(Asphalt binder)释义为含有或不含有沥青改性剂的石油沥青(Asphalt)。其中石油沥青是指以适宜的原油为原料,经过蒸馏等加工工艺得到的深褐色至黑色黏稠状渣油类物质。可见欧洲的沥青和沥青胶结料包括了天然沥青,涵盖的范围比美国更宽泛。

世界各地的沥青胶结料规范及试验方法各具特点。欧洲已经形成了图 2.1-1 所示较为完善的沥青产品系列标准[1]。其按照用途将沥青胶结料分为铺路用和工业用两大类,每类又细分为若干种产品,每种产品都有相应的规范,规范中规定了产品的适用范围、技术要求及相关的试验方法等;美国 ASTM 和 AASHTO 都制定了较为详细、全面的沥青材料规范及试验方法,但没有形成类似图 2.1-1 的沥青产品系列标准;中国的沥青产品标准/规范及试验方法主要是借鉴欧洲、美国、日本等地区/国家的标准/规范,结合我国实际情况,制定了重交通道路石油沥

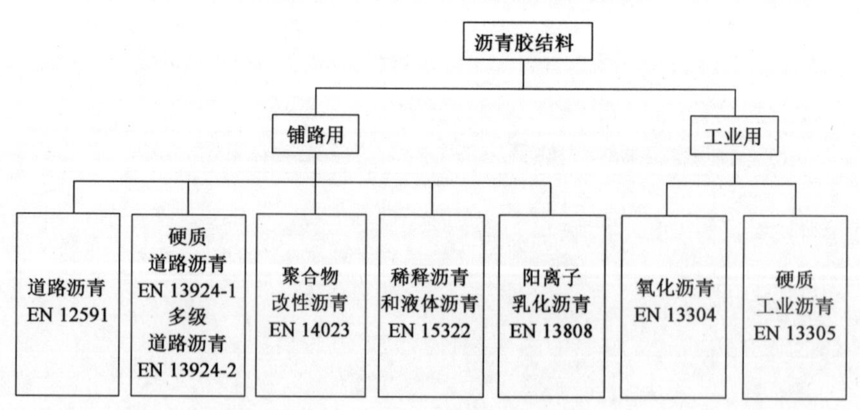

图 2.1-1　欧洲沥青产品系列标准

青、道路石油沥青、聚合物改性沥青等主要沥青产品及试验方法的国家标准、行业标准/规范。从现行沥青产品规范的分级指标来看，欧洲既有针入度分级规范，也有黏度分级规范；美国既有针入度分级规范、黏度分级规范，还有性能分级规范；而中国只有针入度分级规范。

本章将比较研究欧洲、美国和中国热拌沥青混合料用的主要沥青胶结料——道路沥青、聚合物改性沥青、硬质道路沥青的规范及试验方法。本章结构如图2.1-2所示。规范的比较研究按照先道路沥青、再聚合物改性沥青、最后硬质道路沥青的顺序进行，每种产品比较时按照先欧洲、再美国、最后中国的顺序进行阐述。试验方法的比较研究顺序与此类似。

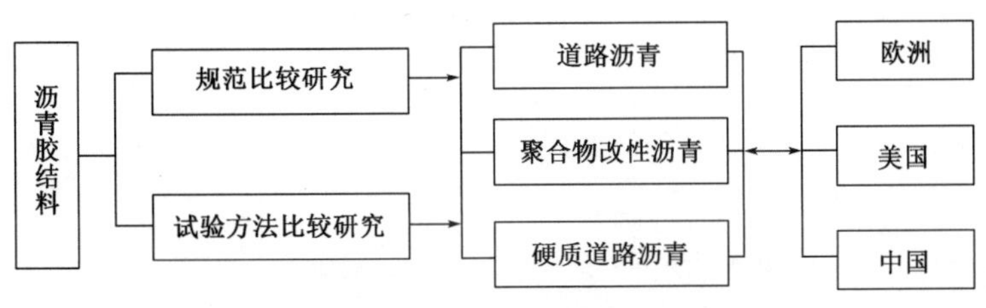

图2.1-2　本章结构框图

2.2　沥青胶结料规范比较研究

本节将依次对欧洲、美国、中国热拌沥青混合料用的道路沥青、聚合物改性沥青产品的技术规范进行分类比较。鉴于美国、中国没有专门的硬质道路沥青和多级道路沥青产品规范，本节最后(2.2.5)将只对在欧洲应用较多的硬质道路沥青及其规范加以介绍。本节的主要结构见图2.2-1。

希望通过本节的阐述，使沥青科研人员和工程技术人员了解每种沥青胶结料在各个地区/国家是如何分类的、分成几类、评价指标有哪些。通过这几方面的比较和研究，使大家明确各指标的用途及意义，以区别其重要性，在沥青科研工作和工程实践中合理选择/运用相关规范和评价指标。

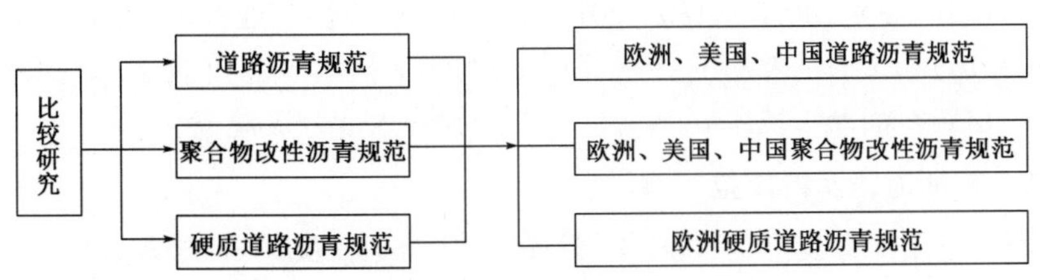

图2.2-1　本节结构框图

2.2.1　欧洲、美国、中国道路沥青规范

表2.2-1列出的是欧洲、美国和中国用于热拌沥青混合料的道路沥青规范。

欧洲现行道路沥青规范分得较细，既有生产热拌沥青混合料的道路沥青、硬质道路沥青和多级道路沥青，还有冷拌、喷洒等用途的乳化沥青、稀释沥青等(图2.1-1)。除了EN 12591：2009中既有按照针入度分级的常规道路沥青产品，也有按照黏度分级的软质沥青产品之外，硬质道路沥青(EN 13924-1:2015)和多级道路沥青(EN 13924-2:2014)也都是按照针入度分级的(表2.2-1)。

欧洲、美国、中国现行(热拌用)道路沥青产品规范 表2.2-1

规范类型	欧洲	美国		中国	
	CEN	AASHTO	ASTM	国家标准	行业标准/规范
针入度分级	EN 12591:2009(道路沥青) EN 13924-1:2015(硬质道路沥青) EN 13924-2:2014(多级道路沥青)		D946/D946M-15(道路沥青胶结料)	GB/T 15180—2010《重交通道路石油沥青》	NB/SH/T 0522—2010《道路石油沥青》 JTG F40—2004《公路沥青路面施工技术规范》
黏度分级	EN 12591:2009(软质道路沥青)	M 226-80(2017)(道路石油沥青)	D3381/D3381M-18(道路石油沥青)		
性能分级		M 320-17(沥青胶结料) M 332-18(沥青胶结料)	D6373-16(道路沥青胶结料) D8239-18(沥青胶结料)		

目前美国的道路沥青规范共有七个(表2.2-1),分别为针入度分级规范、黏度分级规范和性能分级规范。其中AASHTO规范有三个,ASTM规范有四个。AASHTO沥青胶结料规范有两类三个规范,即一个黏度分级规范AASHTO M226-80(2017)和两个性能分级规范(AASHTO M320-17、AASHTO M332-18),分别对应于ASTM规范体系中的D3381/D3381M-18、D6373-16和D8239-18。ASTM规范体系中目前仍然保留着沥青胶结料针入度分级规范(D946/D946M-15),而AASHTO的针入度分级规范(M20-70)已经于2009年废止。

中国的道路沥青规范目前有三个(表2.2-1):石油石化行业主导编制的推荐性国家标准《重交通道路石油沥青》(GB/T 15180—2010)、能源部推荐性行业标准《道路石油沥青》(NB/SH/T 0522—2010)和交通部发布的《公路沥青路面施工技术规范》(JTG F40—2004)(具体为"表4.2.1-2 道路石油沥青技术要求")。三者均为针入度分级规范。

2.2.1.1 欧洲道路沥青规范

目前欧洲的道路沥青规范是2009年修订的EN 12591:2009。该规范取代了1999年12月发布的前一版同名规范,旨在明确用于道路施工和维护的沥青材料的特性要求、试验方法及相关标准等。虽然欧洲还有硬质道路沥青规范(EN 13924-1:2015)和多级道路沥青规范(EN 13924-2:2014),但美国和中国没有与之相对应的规范,故此处暂不介绍这两个规范。

EN 12591:2009将道路沥青分为三类[2]:一是根据25℃针入度的大小进行分级,适用于针入度20~220(0.1mm)的沥青胶结料,其产品分级及技术要求详见表2.2-2和表2.2-3;二是根据25℃针入度或15℃针入度进行分级,适用于25℃针入度250~900(0.1mm)的沥青,其产品分级及技术要求详见表2.2-4和表2.2-5;三是根据60℃运动黏度进行分级,适用于60℃运动黏度 1000 ~ 16000mm^2/s 的软质道路沥青，其产品分级及技术要求详见表 2.2-6 和表 2.2-7。每一类产品的技术要求分为通用的强制性技术指标（表 2.2-2、表 2.2-4、表 2.2-6）和区域性的选择性技术指标（表 2.2-3、表 2.2-5、表 2.2-7）两种类型。

欧洲 EN 12591:2009 道路沥青规范的技术要求（一） 表 2.2-2

针入度 20 ~ 220(0.1mm)沥青的通用技术要求										
特性	单位	20/30	30/45	35/50	40/60	50/70	70/100	100/150	160/220	试验方法
针入度(25℃)	0.1mm	20 ~ 30	30 ~ 45	35 ~ 50	40 ~ 60	50 ~ 70	70 ~ 100	100 ~ 150	160 ~ 220	EN 1426
软化点	℃	55 ~ 63	52 ~ 60	50 ~ 58	48 ~ 56	46 ~ 54	43 ~ 51	39 ~ 47	35 ~ 43	EN 1427
闪点	℃	≥240	≥240	≥240	≥230	≥230	≥230	≥230	≥220	EN ISO 2592
溶解度	%	≥99.0	≥99.0	≥99.0	≥99.0	≥99.0	≥99.0	≥99.0	≥99.0	EN 12592
旋转薄膜烘箱试验(RTFOT)(163℃)										EN 12607-1
残留针入度比	%	≥55	≥53	≥53	≥50	≥50	≥46	≥43	≥37	
软化点升高： 1 级 或 2 级[a]	℃ ℃	≤8 或 ≤10	≤8 或 ≤11	≤8 或 ≤11	≤9 或 ≤11	≤9 或 ≤11	≤9 或 ≤11	≤10 或 ≤12	≤11 或 ≤12	
质量变化[b] (绝对值)	%	≤0.5	≤0.5	≤0.5	≤0.5	≤0.5	≤0.8	≤0.8	≤1.0	

注：a. 选择 2 级时，应与表 2.2-3 中未老化胶结料的弗拉斯脆点或针入度指数或二者都关联。

b. 质量变化既可以是正值，也可以是负值。

欧洲 EN 12591:2009 道路沥青规范的技术要求（二） 表 2.2-3

针入度 20 ~ 220(0.1mm)沥青的区域技术要求										
特性	单位	20/30	30/45	35/50	40/60	50/70	70/100	100/150	160/220	试验方法
针入度指数[a]	—	-1.5 ~ +0.7 或 不要求[c]	-1.5 ~ +0.7 或 不要求[c]	-1.5 ~ +0.7 或 不要求[c]	-1.5 ~ +0.7 或 不要求[c]	-1.5 ~ +0.7 或 不要求[c]	-1.5 ~ +0.7 或 不要求[c]	-1.5 ~ +0.7 或 不要求[c]	-1.5 ~ +0.7 或 不要求[c]	附录 A[b]
动力黏度(60℃)	Pa·s	≥440 或 不要求[c]	≥260 或 不要求[c]	≥225 或 不要求[c]	≥175 或 不要求[c]	≥145 或 不要求[c]	≥90 或 不要求[c]	≥55 或 不要求[c]	≥30 或 不要求[c]	EN 12596
弗拉斯脆点[a]	℃	不要求[c]	≤ -5 或 不要求[c]	≤ -5 或 不要求[c]	≤ -7 或 不要求[c]	≤ -8 或 不要求[c]	≤ -10 或 不要求[c]	≤ -12 或 不要求[c]	≤ -15 或 不要求[c]	EN 12593
运动黏度(135℃)	mm^2/s	≥530 或 不要求[c]	≥400 或 不要求[c]	≥370 或 不要求[c]	≥325 或 不要求[c]	≥295 或 不要求[c]	≥230 或 不要求[c]	≥175 或 不要求[c]	≥135 或 不要求[c]	EN 12595

注：a. 选择表 2.2-2 的 2 级时，应与本表中未老化胶结料的弗拉斯脆点或针入度指数或二者都关联。

b. 针入度指数的计算参见本标准文件附录 A。

c. 若没有法规或其他区域性要求，可以不要求本表所列的特性指标。

欧洲 **EN 12591:2009** 道路沥青规范的技术要求(三)　　表 2.2-4

针入度 250~900(0.1mm)沥青的通用技术要求						
特性	单位	250/330	330/430	500/650	650/900	试验方法
针入度(25℃)	0.1mm	250~330	—	—	—	EN 1426
针入度(15℃)	0.1mm	70~130	90~170	140~260	180~360	EN 1426
动力黏度(60℃)	Pa·s	≥18	≥12	≥7.0	≥4.5	EN 12596
软化点	℃	30~38	—	—	—	EN 1427
闪点	℃	≥180	≥180	≥180	≥180	EN ISO 2719
溶解度	%	≥99.0	≥99.0	≥99.0	≥99.0	EN 12592
旋转薄膜烘箱试验(RTFOT)(163℃)						
黏度比(60℃)	—	≤4.0	≤4.0	≤4.0	≤4.0	EN 12607-1
软化点升高	℃	≤11	—	—	—	
质量变化[a](绝对值)	%	≤1.0	≤1.0	≤1.5	≤1.5	

注:a. 质量变化既可以是正值,也可以是负值。

欧洲 **EN 12591:2009** 道路沥青规范的技术要求(四)　　表 2.2-5

针入度 250~900(0.1mm)沥青的区域技术要求						
特性	单位	250/330	330/430	500/650	650/900	试验方法
弗拉斯脆点	℃	≤-16 或 不要求[a]	≤-18 或 不要求[a]	≤-20 或 不要求[a]	≤-20 或 不要求[a]	EN 12593
运动黏度(135℃)	mm^2/s	≥100 或 不要求[a]	≥85 或 不要求[a]	≥65 或 不要求[a]	≥50 或 不要求[a]	EN 12595

注:a. 若没有法规或其他区域性要求,可以不要求本表所列的特性指标。

欧洲 **EN 12591:2009** 道路沥青规范的技术要求(五)　　表 2.2-6

软质道路沥青的通用技术要求						
特性	单位	V1500	V3000	V6000	V12000	试验方法
运动黏度(60℃)	mm^2/s	1000~2000	2000~4000	4000~8000	8000~16000	EN 12595
闪点	℃	≥160	≥160	≥180	≥180	EN ISO 2719
溶解度	%	≥99.0	≥99.0	≥99.0	≥99.0	EN 12592
薄膜烘箱试验(TFOT)(120℃)						EN 12607-2
质量变化[a](绝对值)	%	≤2.0	≤1.7	≤1.4	≤1.0	

注:a. 质量变化既可以是正值,也可以是负值。

欧洲 EN 12591:2009 道路沥青规范的技术要求(六) 表 2.2-7

软质道路沥青的区域技术要求						
特性	单位	V1500	V3000	V6000	V12000	试验方法
薄膜烘箱试验(TFOT)(120℃)						EN 12607-2
黏度比(60℃)	—	≤3.0 或 不要求[a]	≤3.0 或 不要求[a]	≤2.5 或 不要求[a]	≤2.0 或 不要求[a]	

注:a. 若没有法规或其他区域性要求,可以不要求本表所列的特性指标。

现行规范 EN 12591:2009 与 1999 年出版的 EN 12591[3] 相比没有实质上的差异,主要变化如下:

(1)区域性的选择性指标表述得更清晰。1999 年版本的选择性指标是以附录形式出现,2009 年版本是在正文中显示(即所有选择性指标根据欧洲不同国家/地区实际情况,可以要求,也可以不要求)。

(2)软化点技术要求略有提高。

(3)取消了旋转蒸发器老化方法,以旋转薄膜烘箱老化方法替代。

(4)取消了原有的选择性指标"蜡含量"。

(5)对于 25℃针入度 250 ~900(0.1mm)的沥青,135℃运动黏度由通用的强制性指标调整为区域性的选择性指标。

2.2.1.2 美国道路沥青规范

美国现行 AASHTO 沥青胶结料规范有黏度分级规范和性能分级规范两类,针入度分级规范(M20-70)已经废止。而 ASTM 规范体系中除了黏度分级规范和性能分级规范,针入度分级规范(D946/D946M-15)至今仍然保留(其技术要求见表 2.2-8、表 2.2-9),并且目前在美国一些州(亚利桑那州、俄亥俄州、俄勒冈州等)实施的沥青胶结料规范(详见美国沥青协会Asphalt Institute 官方网站 http://www.asphaltinstitute.org/)中仍可见针入度分级规范涉及的技术指标,作为 PG Plus(性能分级附加)的技术要求。

道路沥青胶结料针入度分级规范 ASTM D946/946M-15 的技术要求(一) 表 2.2-8

项 目	针入度等级				
	40 ~ 50	60 ~ 70	85 ~ 100	120 ~ 150	200 ~ 300
针入度(25℃,100g,5s),0.1mm	40 ~ 50	60 ~ 70	85 ~ 100	120 ~ 150	200 ~ 300
闪点(克利夫兰开口杯),℃	230	230	230	220	175
延度(25℃,5cm/min),cm	100	100	100	100	100[a]
溶解度[b],%	99.0	99.0	99.0	99.0	99.0
薄膜烘箱试验					
残留针入度比,%	>55	>52	>47	>42	>37

续上表

项目	针入度等级				
	40~50	60~70	85~100	120~150	200~300
薄膜烘箱试验					
残留延度（25℃,5cm/min）,cm	—	50	75	100	100[a]

注：a. 如果25℃延度小于100cm，而15℃延度不小于100cm，也是可以接受的。

b. 试验方法采用D2042或D7553。

道路沥青胶结料针入度分级规范 ASTM D946/946M-15 的技术要求（二） 表2.2-9

项目	针入度等级				
	40~50	60~70	85~100	120~150	200~300
针入度(25℃,100g,5s),0.1mm	40~50	60~70	85~100	120~150	200~300
软化点,℃	≥49	≥46	≥42	≥38	≥32
闪点（克利夫兰开口杯）,℃	230	230	230	220	175
延度（25℃,5cm/min）,cm	100	100	100	100	100[a]
溶解度[b],%	99.0	99.0	99.0	99.0	99.0
薄膜烘箱试验					
残留针入度比,%	>55	>52	>47	>42	>37
残留延度（25℃,5cm/min）,cm	—	50	75	100	100[a]

注：a. 如果25℃延度小于100cm，而15℃延度不小于100cm，也是可以接受的。

b. 试验方法采用D2042或D7553。

AASHTO的黏度分级规范（M226-80）自1980年以来未再修编，于2017年再确认。M226-80(2017)[4]依据未经老化的原样或经过老化的道路石油沥青60℃动力黏度对其进行分级，包括三种类型：第一类和第二类是基于原样沥青的黏度进行分级（其产品等级及技术要求详见表2.2-10、表2.2-11），第三类是基于旋转薄膜烘箱（RTFO）老化后的沥青黏度进行分级（其产品等级及技术要求详见表2.2-12），区域性很强，主要应用于美国西部最早使用旋转薄膜烘箱的12个州。前两类道路沥青的主要差别是沥青胶结料的温度敏感性不同。表现在25℃针入度、135℃黏度两项指标上。黏度分级规范相对于针入度分级规范来说，表征了更宽的温度范围（25~135℃）内道路沥青的特性。

道路石油沥青黏度分级规范 AASHTO M226-80(2017)技术要求（一） 表2.2-10

试验	黏度等级				
	AC-2.5	AC-5	AC-10	AC-20	AC-40
黏度(60℃),Pa·s	25±5	50±10	100±20	200±40	400±80
黏度(135℃),mm^2/s 不小于	80	100	150	210	300

续上表

试验	黏度等级				
	AC-2.5	AC-5	AC-10	AC-20	AC-40
针入度(25℃,100g,5s),0.1mm 不小于	200	120	70	40	20
闪点(COC),℃ 不小于	163	177	219	232	232
溶解度(三氯乙烯),% 不小于	99.0	99.0	99.0	99.0	99.0
薄膜烘箱试验残留物					
黏度(60℃),Pa·s 不大于	100	200	400	800	1600
延度(25℃,5cm/min),cm 不小于	100[a]	100	50	20	10
溶剂点滴试验(指定要求时)[b]					
标准石脑油溶剂	(-)				
石脑油-二甲苯溶剂,二甲苯百分比	(-)				
庚烷-二甲苯溶剂,二甲苯百分比	(-)				

注:a. 如果延度(25℃)小于100cm,而延度(15.6℃)不小于100cm,也是可以接受的。

b. 溶剂点滴试验为可选项。进行该试验时,工程师应指定采用的溶剂是标准石脑油溶剂、石脑油-二甲苯溶剂或庚烷-二甲苯溶剂,才能符合本试验的要求。若采用二甲苯类溶剂,要明确使用的二甲苯百分比。

道路石油沥青黏度分级规范 AASHTO M226-80(2017)技术要求(二) 表2.2-11

试验	黏度等级					
	AC-2.5	AC-5	AC-10	AC-20	AC-30	AC-40
黏度(60℃),Pa·s	25±5	50±10	100±20	200±40	300±60	400±80
黏度(135℃),mm^2/s 不小于	125	175	250	300	350	400
针入度(25℃,100g,5s),0.1mm 不小于	220	140	80	60	50	40
闪点(COC),℃ 不小于	163	177	219	232	232	232
溶解度(三氯乙烯),% 不小于	99.0	99.0	99.0	99.0	99.0	99.0
薄膜烘箱试验残留物						
加热损失,% 不大于[a]	—	1.0	0.5	0.5	0.5	0.5

续上表

试　验	黏度等级					
	AC-2.5	AC-5	AC-10	AC-20	AC-30	AC-40
薄膜烘箱试验残留物						
黏度(60℃),Pa·s 不大于	100	200	400	800	1200	1600
延度(25℃,5cm/min),cm 不小于	100[b]	100	75	50	40	25
溶剂点滴试验(指定要求时)[c]						
标准石脑油溶剂	(-)					
石脑油-二甲苯溶剂, 二甲苯百分比	(-)					
庚烷-二甲苯溶剂, 二甲苯百分比	(-)					

注:a. 加热损失的要求是可选项。

b. 如果延度(25℃)小于100cm,而延度(15.6℃)不小于100cm,也是可以接受的。

c. 溶剂点滴试验为可选项。进行该试验时,工程师应指定采用的溶剂是标准石脑油溶剂、石脑油-二甲苯溶剂或庚烷-二甲苯溶剂,才能符合本试验的要求。若采用二甲苯类溶剂,要明确使用的二甲苯百分比。

道路石油沥青黏度分级规范 AASHTO M226-80(2017)技术要求(三)　　表2.2-12

AASHTO T240[a] 残留物试验	黏度等级				
	AC-10	AC-20	AC-40	AC-80	AC-160
黏度(60℃),Pa·s	100±25	200±50	400±100	800±200	1600±400
黏度(135℃),mm^2/s 不小于	140	200	275	400	550
针入度(25℃,100g,5s),0.1mm 不小于	65	40	25	20	20
针入度比(25℃),% 不小于	—	40	45	50	52
延度(25℃,5cm/min),cm 不小于	100[b]	100[b]	75	75	75
原样沥青试验					
闪点(COC),℃ 不小于	205	219	227	232	238
溶解度(三氯乙烯),% 不小于	99.0	99.0	99.0	99.0	99.0

注:a. 可以采用 AASHTO T179(TFOT),但以 AASHTO T240(RTFOT)为准。

b. 如果延度(25℃)小于100cm,而延度(15.6℃)不小于100cm,也是可以接受的。

1987 年,在美国公路战略研究计划(简称 SHRP)开始实施时,AASHTO 沥青胶结料规范有针入度分级规范(AASHTO M20-70)和黏度分级规范(AASHTO M226-80)。SHRP 完成以后,AASHTO 出台了性能分级暂行规范 MP1,这是全世界第一个沥青胶结料性能分级规范,具有划时代的意义。

AASHTO 沥青胶结料性能分级规范(PG 规范)经历了从暂行规范 MP1、MP1a 到 M320 正式规范、MP19 暂行规范、M332 正式规范 20 多年的发展历程,形成了 M320-17、M332-18 两个版本的现行 PG 规范。同时,为了弥补 PG 规范的不足,许多州实施的规范中还有其他一些指标要求(如弹性恢复、相对密度、延度、软化点、溶解度等),这些要求统称为 PG Plus。

最早的 MP1 暂行性能规范发布于 1993 年[5],之后又推出了暂行规范 MP1a。MP1 规范和 MP1a 规范唯一不同的是沥青胶结料低温等级的确定方法(MP1 是根据沥青胶结料蠕变劲度大小,采用蠕变劲度试验或直接拉伸试验二者中的一种试验确定低温等级;MP1a 是分别进行蠕变劲度试验和直接拉伸试验,依据两种试验数据作图得到沥青胶结料的临界开裂温度 T_{cr},以确定其低温等级)。在 2001—2005 年,两个规范并用。有些州采用 MP1,有些州采用 MP1a。2002 年暂行规范 MP1 转化为 AASHTO 正式规范 M320,到 2005 年 MP1a 也转化成 M320,至此 MP1 和 MP1a 退出了历史舞台,二者归一成为新的 M320。

在 PG 规范推广应用过程中,研究人员发现高温性能分级指标 $G^*/\sin\delta$ 难以较好地表征改性沥青的高温性能,进而持续寻求新的表征方法及指标。基于新的研究进展,AASHTO 于 2010 年推出了适用于评价改性沥青,以多应力蠕变恢复(MSCR)试验为主要分级试验的暂行性能规范(MP19),并在 2014 年将其转化为正式规范(M332)。

经过数次修编后,目前 PG 规范的两个最新版本为 AASHTO M320-17 和 M332-18[6-7]。其产品分级及技术要求详见表 2.2-13 ~ 表 2.2-18。二者的主要差别是:

(1)分级设计参数有差异:M320-17 依据平均 7d 最高路面设计温度和最低路面设计温度两个参数对沥青胶结料进行性能分级,M332-18 依据平均 7d 最高路面设计温度、最低路面设计温度和交通量三个参数对沥青胶结料进行性能分级。

(2)高温性能分级技术指标明显有差别:M320-17 采用动态剪切流变试验测得的高温劲度($G^*/\sin\delta$)作为沥青胶结料的高温性能分级指标,M332-18 则在 $G^*/\sin\delta$ 基础上增加了多应力蠕变恢复(MCSR)试验的不可恢复蠕变柔量($J_{nr3.2}$)、不可恢复蠕变柔量差(J_{nrdiff})两项指标作为高温性能分级指标。

(3)低温性能分级技术指标有差别:M320-17 比 M332-18 多了一个低温性能分级指标——低温临界开裂温度。

(4)中温劲度($G^* \cdot \sin\delta$)指标值有差异:M320-17 只要求不大于 5000kPa,而 M332-18 有不大于 5000kPa 和不大于 6000kPa 两个要求,分别对应于不同道路交通量等级。

分析 Asphalt Institute 网站公布的美国沥青胶结料规范数据资料发现,截至 2018 年 8 月 31 日,美国 50 个州和 1 个特区都根据各自实际情况不同程度地采用了 M320 规范,M332 规范正在逐步为更多的州所接受(部分或全部采用 M332 的共有 23 个州),大多数州仍有 PG Plus 指标要求(没有 PG Plus 要求的仅 7 个州)。

沥青胶结料性能分级规范 AASHTO M320-17 的产品分级及技术要求(一) 表 2.2-13

性能等级	PG46			PG52							PG58					PG64					
	34	40	46	10	16	22	28	34	40	46	16	22	28	34	40	10	16	22	28	34	40
平均7d最高路面设计温度,℃[a]	<46			<52							<58					<64					
最低路面设计温度,℃[a]	>-34	>-40	>-46	>-10	>-16	>-22	>-28	>-34	>-40	>-46	>-16	>-22	>-28	>-34	>-40	>-10	>-16	>-22	>-28	>-34	>-40
胶结料原样																					
闪点,T48:min ℃	230																				
黏度,T316[b]:max 3Pa·s,试验温度,℃	135																				
动态剪切,T315[c]:$G^*/\sin\delta$[d],min 1.00kPa 试验温度@10rad/s,℃	46			52							58					64					
RTFO 残留物(T240)																					
质量变化[e],max %	1.00																				
动态剪切,T315:$G^*/\sin\delta''$[d],min 2.20kPa 试验温度@10rad/s,℃	46			52							58					64					
压力老化试验(PAV)残留物(R28)																					
PAV 老化温度,℃[f]	90(100,110)			90(100,110)							100(110)					100(110)					
动态剪切,T315:$G^*\cdot\sin\delta$[d],max 5000kPa 试验温度@10rad/s,℃	10	7	4	25	22	19	16	13	10	7	25	22	19	16	13	31	28	25	22	19	16

续上表

性能等级	PG46			PG52							PG58					PG64					
	34	40	46	10	16	22	28	34	40	46	16	22	28	34	40	10	16	22	28	34	40
蠕变劲度,T313[g]: S, max 300MPa m 值, min 0.300 试验温度@60s,℃	-24	-30	-36	0	-6	-12	-18	-24	-30	-36	-6	-12	-18	-24	-30	0	-6	-12	-18	-24	-30
直接拉伸,T314[g]: 破坏应变,min 1.0% 试验温度@1.0mm/min,℃	-24	-30	-36	0	-6	-12	-18	-24	-30	-36	-6	-12	-18	-24	-30	0	-6	-12	-18	-24	-30

注:a. 路面温度可以利用 LTPP Bind 软件估算,也可由业主规定,或者根据 M323 Superpave(高性能沥青路面)混合料规范和 R35 Superpave 混合料设计方法提供的方法确定。

b. 这一要求可以由业主决定取消,前提是供应商保证在满足所有安全应用标准的温度条件下沥青胶结料能够较好地泵送和拌和。

c. 对于非改性沥青胶结料的生产质量控制,胶结料原样的黏度测量可以采用动态剪切测量 $G^*/\sin\delta$ 进行补充,前提是试验温度条件下沥青是牛顿流体。

d. $G^*/\sin\delta$ = 高温劲度,$G^*\cdot\sin\delta$ = 中温劲度。

e. 无论是正的质量变化(质量增加)还是负的质量变化(质量损失),质量变化都应小于 1%。

f. PAV 老化温度基于预期的气候条件,是 90℃、100℃、110℃三个温度之一。90℃适用于要求 PG52-×× 及以下等级的气候地区,100℃适用于要求 PG58-×× ~ PG70-×× 的气候地区,而 110℃适用于要求 PG76-×× 及以上等级的气候地区。通常 PAV 老化温度基于 PG 等级确定。然而,当胶结料因等级跳跃或需要为了较软胶结料而调和时,应用于一个不同气候地区时,要求 PG58-×× ~ PG70-×× 的气候,PAV 老化温度可以确定为 100℃。而 110℃适用于要求 PG76-×× 及以上等级的气候地区。

g. 如果蠕变劲度低于 300MPa,不要求进行直接拉伸试验;如果蠕变劲度为 300 ~ 600MPa,可以用直接拉伸破坏应变的要求代替蠕变劲度的要求。前述两种情况下,m 值都必须满足本要求。

沥青胶结料性能分级规范 AASHTO M320-17 的产品分级及技术要求(续一) 表 2.2-14

性能等级	PG70						PG76					PG82				
	10	16	22	28	34	40	10	16	22	28	34	10	16	22	28	34
平均 7d 最高路面设计温度,℃[a]	<70						<76					<82				
最低路面设计温度,℃[a]	> -10	> -16	> -22	> -28	> -34	> -40	> -10	> -16	> -22	> -28	> -34	> -10	> -16	> -22	> -28	> -34
胶结料原样																
闪点,T48:min ℃	230															

续上表

性能等级	PG70						PG76					PG82				
	10	16	22	28	34	40	10	16	22	28	34	10	16	22	28	34
黏度，T316[b]： max 3Pa·s，试验温度，℃	135															
动态剪切，T315[c]： $G^*/\sin\delta$[d]，min 1.00kPa 试验温度@10rad/s，℃	70						76					82				
RTFO 残留物（T240）																
质量变化[e]，max %	1.00															
动态剪切，T315： $G^*/\sin\delta$[d]，min 2.20kPa 试验温度@10rad/s，℃	70						76					82				
PAV 残留物（R28）																
PAV 老化温度，℃[f]	100（110）						110（100）					110（100）				
动态剪切，T315： $G^*\cdot\sin\delta$[d]，max 5000kPa 试验温度@10rad/s，℃	34	31	28	25	22	19	37	34	31	28	25	40	37	34	31	28
蠕变劲度，T313[g]： S，max 300MPa m 值，min 0.300 试验温度@60s，℃	0	-6	-12	-18	-24	-30	0	-6	-12	-18	-24	0	-6	-12	-18	-24

续上表

性能等级	PG70						PG76					PG82				
	10	16	22	28	34	40	10	16	22	28	34	10	16	22	28	34
直接拉伸,T314[g]: 破坏应变,min 1.0% 试验温度@1.0mm/min,℃	0	-6	12	-18	-24	-30	0	-6	-12	-18	-24	0	-6	-12	-18	-24

注:a. 路面温度可以利用 LTPP Bind 软件估算,也可由业主规定,或者根据 M323 Superpave 混合料规范和 R35 Superpave 混合料设计方法提供的方法确定。

b. 这一要求可以由业主决定取消,前提是供应商保证在满足所有安全应用标准的温度条件下沥青胶结料能够较好地泵送和拌和。

c. 对于非改性沥青胶结料的生产质量控制,胶结料原样的黏度测量可以采用动态剪切测量 $G^*/\sin\delta$ 进行补充,前提是试验温度条件下沥青是牛顿流体。

d. $G^*/\sin\delta$ = 高温劲度,$G^*\cdot\sin\delta$ = 中温劲度。

e. 无论是正的质量变化(质量增加)还是负的质量变化(质量损失),质量变化都应小于1%。

f. PAV 老化温度基于预期的气候条件,是90℃、100℃、110℃三个温度之一。90℃适用于要求 PG52-×× 及以下等级的气候地区,100℃适用于要求 PG58-×× ~ PG70-×× 的气候地区,而110℃适用于要求 PG76-×× 及以上等级的气候地区。通常 PAV 老化温度基于 PG 等级确定。然而,当胶结料因等级跳跃或需要为了较软胶结料而调和时,应用于一个不同气候地区时,要求 PG58-×× ~ PG70-×× 的气候,PAV 老化温度可以确定为100℃。而110℃适用于要求 PG76-×× 及以上等级的气候地区。

g. 如果蠕变劲度低于300MPa,不要求进行直接拉伸试验;如果蠕变劲度为300~600MPa,可以用直接拉伸破坏应变的要求代替蠕变劲度的要求。前述两种情况下,m 值都必须满足本要求。

沥青胶结料性能分级规范 AASHTO M320-17 的产品分级及技术要求(二)　　表2.2-15

性能等级	PG46			PG52							PG58					PG64					
	34	40	46	10	16	22	28	34	40	46	16	22	28	34	40	10	16	22	28	34	40
平均7d最高路面设计温度,℃[a]	<46			<52							<58					<64					
最低路面设计温度,℃[a]	>-34	>-40	>-46	>-10	>-16	>-22	>-28	>-34	>-40	>-46	>-16	>-22	>-28	>-34	>-40	>-10	>-16	>-22	>-28	>-34	>-40
胶结料原样																					
闪点,T48:min ℃	230																				

续上表

性能等级	PG46			PG52							PG58					PG64					
	34	40	46	10	16	22	28	34	40	46	16	22	28	34	40	10	16	22	28	34	40
黏度,T316[b]: max 3Pa·s, 试验温度,℃	135																				
动态剪切,T315[c]: $G^*/\sin\delta^d$,min 1.00kPa 试验温度@10rad/s,℃	46			52							58					64					
RTFO 残留物(T240)																					
质量变化[e],max %	1.00																				
动态剪切,T315: $G^*/\sin\delta^d$,min 2.20kPa 试验温度@10rad/s,℃	46			52							58					64					
PAV 残留物(R28)																					
PAV 老化温度,℃[f]	90(100,110)			90(100,110)							100(110)					100(110)					
动态剪切,T315: $G^*\cdot\sin\delta^d$,max 5000kPa 试验温度 @10rad/s,℃	10	7	4	25	22	19	16	13	10	7	25	22	19	16	13	31	28	25	22	19	16

续上表

性能等级	PG46			PG52							PG58					PG64					
	34	40	46	10	16	22	28	34	40	46	16	22	28	34	40	10	16	22	28	34	40
低温临界开裂温度，R49[g] 按照 R49 确定 T_{cr} 试验温度，℃	-24	-30	-36	0	-6	-12	-18	-24	-30	-36	-6	-12	-18	-24	-30	0	-6	-12	-18	-24	-30

注：a. 路面温度可以利用 LTPP Bind 软件估算，也可由业主规定，或者根据 M323 Superpave 混合料规范和 R35 Superpave 混合料设计方法提供的方法确定。

b. 这一要求可以由业主决定取消，前提是供应商保证在满足所有安全应用标准的温度条件下沥青胶结料能够较好地泵送和拌和。

c. 对于非改性沥青胶结料的生产质量控制，胶结料原样的黏度测量可以采用动态剪切测量 $G^*/\sin\delta$ 进行补充，前提是试验温度条件下沥青是牛顿流体。

d. $G^*/\sin\delta$ = 高温劲度，$G^*\cdot\sin\delta$ = 中温劲度。

e. 无论是正的质量变化（质量增加）还是负的质量变化（质量损失），质量变化都应小于 1%。

f. PAV 老化温度基于预期的气候条件，是 90℃、100℃、110℃三个温度之一。90℃适用于要求 PG52-×× 及以下等级的气候地区，100℃适用于要求 PG58-×× ~ PG70-×× 的气候地区，而 110℃适用于要求 PG76-×× 及以上等级的气候地区。通常 PAV 老化温度基于 PG 等级确定。然而，当胶结料因等级跳跃或需要为了较软胶结料而调和时，应用于一个不同气候地区时，要求 PG58-×× ~ PG70-×× 的气候，PAV 老化温度可以确定为 100℃。而 110℃适用于要求 PG76-×× 及以上等级的气候地区。

g. 对于性能等级验证，至少要在试验温度和试验温度降低 6℃进行 T313 弯曲梁试验，而 T314 直接拉伸只需在试验温度下进行测试。如果 300MPa 不在两个试验温度之间，增加一个附加温度的 T313 试验可能是必要的。比较 T314 的破坏应力和按照 R49 计算的温度应力，如果破坏应力超过温度应力，则认为沥青胶结料"通过"规范温度的要求。

沥青胶结料性能分级规范 AASHTO M320-17 的产品分级及技术要求（续二）　　表 2.2-16

性能等级	PG70						PG76					PG82				
	10	16	22	28	34	40	10	16	22	28	34	10	16	22	28	34
平均 7d 最高路面设计温度，℃[a]	<70						<76					<82				
最低路面设计温度，℃[a]	>-10	>-16	>-22	>-28	>-34	>-40	>-10	>-16	>-22	>-28	>-34	>-10	>-16	>-22	>-28	>-34
胶结料原样																
闪点，T48：min ℃	230															

续上表

性能等级	PG70						PG76					PG82				
	10	16	22	28	34	40	10	16	22	28	34	10	16	22	28	34
黏度,T316[b]: max 3Pa·s,试验温度,℃	135															
动态剪切,T315[c]: $G^*/\sin\delta^d$,min 1.00kPa 试验温度@10rad/s,℃	70						76					82				
RTFO 残留物(T240)																
质量变化[e],max %	1.00															
动态剪切,T315: $G^*/\sin\delta^d$,min 2.20kPa 试验温度@10rad/s,℃	70						76					82				
PAV 残留物(R28)																
PAV 老化温度,℃[f]	100(110)						110(100)					110(100)				
动态剪切,T315: $G^*\cdot\sin\delta^d$,max 5000kPa 试验温度 @10rad/s,℃	34	31	28	25	22	19	37	34	31	28	25	40	37	34	31	28

续上表

性能等级	PG70						PG76					PG82				
	10	16	22	28	34	40	10	16	22	28	34	10	16	22	28	34
低温临界开裂温度,R49[g] 按照 R49 确定 T_{cr} 试验温度,℃	0	-6	-12	-18	-24	-30	0	-6	-12	-18	-24	0	-6	-12	-18	-24

注:a. 路面温度可以利用 LTPP Bind 软件估算,也可由业主规定,或者根据 M323 Superpave 混合料规范和 R35 Superpave 混合料设计方法提供的方法确定。

b. 这一要求可以由业主决定取消,前提是供应商保证在满足所有安全应用标准的温度条件下沥青胶结料能够较好地泵送和拌和。

c. 对于非改性沥青胶结料的生产质量控制,胶结料原样的黏度测量可以采用动态剪切测量 $G^*/\sin\delta$ 进行补充,前提是试验温度条件下沥青是牛顿流体。

d. $G^*/\sin\delta$ = 高温劲度,$G^*\cdot\sin\delta$ = 中温劲度。

e. 无论是正的质量变化(质量增加)还是负的质量变化(质量损失),质量变化都应小于1%。

f. PAV 老化温度基于预期的气候条件,是90℃、100℃、110℃三个温度之一。90℃适用于要求 PG52-×× 及以下等级的气候地区,100℃适用于要求 PG58-×× ~ PG70-××的气候地区,而110℃适用于要求 PG76-×× 及以上等级的气候地区。通常 PAV 老化温度基于 PG 等级确定。然而,当胶结料因等级跳跃或需要为了较软胶结料而调和时,应用于一个不同气候地区时,要求 PG58-×× ~ PG70-×× 的气候,PAV 老化温度可以确定为100℃。而110℃适用于要求 PG76-×× 及以上等级的气候地区。

g. 对于性能等级验证,至少要在试验温度和试验温度降低6℃进行 T313 弯曲梁试验,而 T314 直接拉伸只需在试验温度下进行测试。如果300MPa 不在两个试验温度之间,增加一个附加温度的 T313 试验可能是必要的。比较 T314 的破坏应力和按照 R49 计算的温度应力,如果破坏应力超过温度应力,则认为沥青胶结料"通过"规范温度的要求。

采用多应力蠕变恢复(MSCR)试验的沥青胶结料性能分级规范[a]AASHTO M332-18 的产品分级及技术要求(三) 表 2.2-17

性能等级	PG46			PG52							PG58					PG64					
	34	40	46	10	16	22	28	34	40	46	16	22	28	34	40	10	16	22	28	34	40
平均7d最高路面设计温度,℃[b]	<46			<52							<58					<64					
最低路面设计温度,℃[b]	>-34	>-40	>-46	>-10	>-16	>-22	>-28	>-34	>-40	>-46	>-16	>-22	>-28	>-34	>-40	>-10	>-16	>-22	>-28	>-34	>-40
胶结料原样																					
闪点,T48:min ℃	230																				

续上表

性能等级	PG46			PG52							PG58					PG64					
	34	40	46	10	16	22	28	34	40	46	16	22	28	34	40	10	16	22	28	34	40
黏度,T316[c]: max 3Pa·s, 试验温度,℃	135																				
动态剪切,T315[d]: $G^*/\sin\delta^e$,min 1.00kPa 试验温度@10rad/s,℃	46			52							58					64					
RTFO 残留物(T240)																					
质量变化[f],max %	1.00																				
MSCR,T350: 标准交通量"S" $J_{nr3.2}$,max 4.5kPa^{-1} J_{nrdiff},max 75% 试验温度,℃	46			52							58					64					
MSCR,T350: 重交通量"H" $J_{nr3.2}$,max 2.0kPa^{-1} J_{nrdiff},max 75% 试验温度,℃	46			52							58					64					
MSCR,T350: 特重交通量"V" $J_{nr3.2}$,max 1.0kPa^{-1} J_{nrdiff},max 75% 试验温度,℃	46			52							58					64					

续上表

性能等级	PG46			PG52							PG58					PG64					
	34	40	46	10	16	22	28	34	40	46	16	22	28	34	40	10	16	22	28	34	40
MSCR,T350: 极重交通量“*E*” $J_{nr3.2}$,max 0.5kPa^{-1} J_{rrdiff},max 75% 试验温度,℃	46			52							58					64					
PAV 残留物(R28)																					
PAV 老化温度,℃[g]	90			90							100					100					
动态剪切,T315: “*S*” $G^*\cdot\sin\delta^e$,max 5000kPa 试验温度 @10rad/s,℃	10	7	4	25	22	19	16	13	10	7	25	22	19	16	13	31	28	25	22	19	16
动态剪切,T315: “*H*”“*V*”“*E*” $G^*\cdot\sin\delta^e$,max 6000kPa 试验温度 @10rad/s,℃	10	7	4	25	22	19	16	13	10	7	25	22	19	16	13	31	28	25	22	19	16
蠕变劲度,T313[h]: *S*, max 300 MPa *m* 值, min 0.300 试验温度@60s,℃	-24	-30	-36	0	-6	-12	-18	-24	-30	-36	-6	-12	-18	-24	-30	0	-6	-12	-18	-24	-30

续上表

性能等级	PG46			PG52							PG58					PG64					
	34	40	46	10	16	22	28	34	40	46	16	22	28	34	40	10	16	22	28	34	40
直接拉伸,T314[h]:破坏应变,min 1.0%试验温度@1.0mm/min,℃	-24	-30	-36	0	-6	-12	-18	-24	-30	-36	-6	-12	-18	-24	-30	0	-6	-12	-18	-24	-30

注:a. 基于最高路面环境温度确定的 PG 等级进行 RTFO 残留物的 MSCR 试验。要求较低 J_{nr} 值时的等级跳跃情况下,在环境温度下进行测试。

b. 路面温度可以利用 LTPP Bind 软件估算,也可由业主规定,或者根据 M323 Superpave 混合料规范和 R35 Superpave 混合料设计方法提供的方法确定。但不包括本修订的“等级跳跃”。

c. 这一要求可以由业主决定取消,前提是供应商保证在满足安全应用标准的温度条件下沥青胶结料能够较好地泵送和拌和。

d. 对于非改性沥青胶结料的生产质量控制,胶结料原样的黏度测量可以采用动态剪切测量 $G^*/\sin\delta$ 进行补充,前提是试验温度条件下沥青是牛顿流体。

e. $G^*/\sin\delta$ = 高温劲度,$G^*\cdot\sin\delta$ = 中温劲度。

f. 无论是正的质量变化(质量增加)还是负的质量变化(质量损失),质量变化都应小于 1%。

g. PAV 老化温度基于模拟的气候条件确定,是 90℃、100℃、110℃三个温度之一。通常 100℃适用于要求 PG58-×× 及以上等级的气候地区。然而在沙漠气候地区,PG70-×× 及以上等级的 PAV 老化温度可以确定为 110℃。

h. 如果蠕变劲度低于 300MPa,不要求进行直接拉伸试验;如果蠕变劲度为 300~600MPa,可以用直接拉伸破坏应变的要求代替蠕变劲度的要求。前述两种情况下,m 值都必须满足本要求。

采用多应力蠕变恢复(MSCR)试验的沥青胶结料性能分级规范[a]AASHTO M322-18 的产品分级及技术要求(续三)　　表 2.2-18

性能等级	PG70						PG76					PG82				
	10	16	22	28	34	40	10	16	22	28	34	10	16	22	28	34
平均 7d 最高路面设计温度,℃[b]	<70						<76					<82				
最低路面设计温度,℃[b]	>-10	>-16	>-22	>-28	>-34	>-40	>-10	>-16	>-22	>-28	>-34	>-10	>-16	>-22	>-28	>-34
胶结料原样																
闪点,T48:min ℃	230															
黏度,T316[c]:max 3Pa·s,试验温度,℃	135															

续上表

性 能 等 级	PG70						PG76					PG82				
	10	16	22	28	34	40	10	16	22	28	34	10	16	22	28	34
动态剪切，T315[d]： $G^*/\sin\delta^e$，min 1.00kPa 试验温度@10rad/s，℃	70						76					82				
RTFO 残留物（T240）																
质量变化[f]，max %	1.00															
MSCR，T350： 标准交通量“S” $J_{nr3.2}$，max 4.5kPa^{-1} J_{nrdiff}，max 75% 试验温度，℃	70						76					82				
MSCR，T350： 重交通量“H” $J_{nr3.2}$，max 2.0kPa^{-1} J_{nrdiff}，max 75% 试验温度，℃	70						76					82				
MSCR，T350： 特重交通量“V” $J_{nr3.2}$，max 1.0kPa^{-1} J_{nrdiff}，max 75% 试验温度，℃	70						76					82				
MSCR，T350： 极重交通量“E” $J_{nr3.2}$，max 0.5kPa^{-1} J_{nrdiff}，max 75% 试验温度，℃	70						76					82				

续上表

性能等级	PG70						PG76					PG82				
	10	16	22	28	34	40	10	16	22	28	34	10	16	22	28	34
PAV 残留物(R28)																
PAV 老化温度,℃[g]	100(110)						100(110)					100(110)				
动态剪切,T315: “*S*” $G^* \cdot \sin\delta$[e],max 5000kPa 试验温度 @10rad/s,℃	34	31	28	25	22	19	37	34	31	28	25	40	37	34	31	28
动态剪切,T315: “*H*”“*V*”“*E*” $G^* \cdot \sin\delta$[e],max 6000kPa 试验温度 @10rad/s,℃	34	31	28	25	22	19	37	34	31	28	25	40	37	34	31	28
蠕变劲度,T313[h]: *S*, max 300 MPa *m* 值, min 0.300 试验温度@60s,℃	0	-6	-12	-18	-24	-30	0	-6	-12	-18	-24	0	-6	-12	-18	-24
直接拉伸,T314[h]: 破坏应变,min 1.0% 试验温度@1.0mm/min,℃	0	-6	12	-18	-24	-30	0	-6	-12	-18	-24	0	-6	-12	-18	-24

注:a. 基于最高路面环境温度确定的 PG 等级进行 RTFO 残留物的 MSCR 试验。要求较低 J_{nr} 值时的等级跳跃情况下,在环境温度下进行测试。

b. 路面温度可以利用 LTPP Bind 软件估算,也可由业主规定,或者根据 M323 Superpave 混合料规范和 R35 Superpave 混合料设计方法提供的方法确定。但不包括本修订的“等级跳跃”。

c. 这一要求可以由业主决定取消,前提是供应商保证在满足安全应用标准的温度条件下沥青胶结料能够较好地泵送和拌和。

d. 对于非改性沥青胶结料的生产质量控制,胶结料原样的黏度测量可以采用动态剪切测量 $G^*/\sin\delta$ 进行补充,前提是试验温度条件下沥青是牛顿流体。

e. $G^*/\sin\delta$ = 高温劲度,$G^* \cdot \sin\delta$ = 中温劲度。

f. 无论是正的质量变化(质量增加)还是负的质量变化(质量损失),质量变化都应小于 1%。

g. PAV 老化温度基于模拟的气候条件确定,是 90℃、100℃、110℃三个温度之一。通常 100℃适用于要求 PG58-×× 及以上等级的气候地区。然而在沙漠气候地区,PG70-×× 及以上等级的 PAV 老化温度可以确定为 110℃。

h. 如果蠕变劲度低于 300MPa,不要求进行直接拉伸试验;如果蠕变劲度为 300~600MPa,可以用直接拉伸破坏应变的要求代替蠕变劲度的要求。前述两种情况下,*m* 值都必须满足本要求。

2.2.1.3　中国道路沥青规范

中国现行道路沥青规范既有国家标准《重交通道路石油沥青》(GB/T 15180—2010),也有行业标准/规范《道路石油沥青》(NB/SH/T 0522—2010)和《公路沥青路面施工技术规范》(JTG F40—2004)。三者共同特点是均以25℃针入度作为沥青产品的分级指标,区别是国家标准的产品命名规则不同于行业标准/规范的命名规则。

虽然前两个标准为纯粹的产品标准,但由于《公路沥青路面施工技术规范》(JTG F40—2004)在工程中被广泛使用,故《公路沥青路面施工技术规范》(JTG F40—2004)中的道路石油沥青技术要求更受交通运输行业重视。

2.2.2　三种道路沥青规范的比较

本部分通过分析比较欧洲、美国、中国道路沥青规范的分级理念、评价体系和评价指标等,系统了解不同国家和地区评价道路沥青的体系内涵,总结不同沥青规范的构建思路及其特点,以供科研人员开展相关研究工作借鉴,为我国道路沥青规范体系的完善和更新创造条件。

2.2.2.1　分级理念的比较

通过分析比较欧洲、美国、中国道路沥青产品的分级指标、产品系列和技术要求等,梳理不同沥青规范的分级理念和特点,以利于全面理解不同国家和地区制定沥青规范的指导思想及原则,为沥青规范的修订提供参考。

(1)欧洲

欧洲各国都是依据产品的软硬程度或稠度,即针入度或黏度的大小对道路沥青进行分级。EN 12591中的产品分级指标及其产品系列有三个:

①将25℃针入度作为分级指标的道路沥青产品系列(表2.2-2和表2.2-3)。该系列将针入度20~220(0.1mm)的道路沥青分为20/30、30/45、35/50、40/60、50/70、70/100、100/150、160/220共8个等级的产品。

②将25℃针入度和15℃针入度作为分级指标的道路沥青产品系列(表2.2-4和表2.2-5)。该系列将针入度250~900(0.1mm)的道路沥青分为250/330、330/430、500/650、650/900共4个等级的产品。

③将60℃运动黏度作为分级指标的软质道路沥青产品系列(表2.2-6和表2.2-7)。该系列将黏度1000~16000mm^2/s的软质沥青分为V1500、V3000、V6000、V12000共4个等级的产品。

上述每个等级产品的分级指标跨度范围不同,有重叠的也有不连续的。例如20/30等级产品的针入度跨度范围只有10(0.1mm),而100/150等级产品的针入度跨度范围却达50(0.1mm);40/60与50/70两个等级产品的针入度有50%的重叠;100/150与160/220两个相邻等级产品的针入度则不连续。

三个系列中的任何一个等级产品的技术指标要求都分为两类:通用的强制性要求(表2.2-2、表2.2-4和表2.2-6)和区域的选择性要求(表2.2-3、表2.2-5和表2.2-7)。前者是所有道路沥青必须满足的要求,后者是根据不同国家或地区的交通荷载和气候条件等实际情况需要满足的要求,也可以不作要求。

(2)美国

美国针入度分级规范 ASTM D946/946M-15 以25℃针入度作为分级指标(表2.2-8、表2.2-9),将道路石油沥青分为40/50、60/70、85/100、120/150、200/300共5个等级。每个等级产品的分级指标跨度范围大多不同,且相邻等级产品的分级指标不连续。例如40/50产品分级指标跨度仅有10(0.1mm),而120/150产品分级指标跨度为30(0.1mm);120/150产品与相邻的200/300产品的分级指标缺口高达50(0.1mm)。

AASHTO M226-80(2017)黏度分级规范以60℃动力黏度作为分级指标,将道路沥青产品分为三个系列:

①依据未老化的原样沥青黏度大小(表2.2-10),将20~480Pa·s的产品分为AC-2.5、AC-5、AC-10、AC-20、AC-40共5个等级。

②依据未老化的原样沥青黏度大小(表2.2-11),将20~480Pa·s的产品分为AC-2.5、AC-5、AC-10、AC-20、AC-30、AC-40共6个等级。

③依据旋转薄膜烘箱老化后的道路沥青黏度大小(表2.2-12),将75~2000Pa·s的产品分为AR-10、AR-20、AR-40、AR-80、AR-160共5个等级。

上述每个等级产品的分级指标跨度范围均不同,相邻等级产品大多不连续,个别有重叠。例如AC-2.5等级产品的黏度值跨度范围只有10Pa·s,而AC-40等级产品的黏度值跨度范围为160Pa·s;AR-10等级产品的黏度值跨度范围只有50Pa·s,而AR-40等级产品的黏度值跨度范围为200Pa·s;3个系列所有产品只有AC-30和AC-40两个相邻等级产品重叠40Pa·s,其他任意两个相邻等级产品的黏度值均不连续。

三个系列中的任何一个等级产品的技术指标要求多为强制性要求,极少为选择性要求。

AASHTO M320-17性能规范(表2.2-13~表2.2-16)依据沥青胶结料在不同温度下的流变学性能进行分级,沥青胶结料的等级设计与平均7d路面最高设计温度和路面最低设计温度相关联。高温性能等级为PG46、PG52、PG58、PG64、PG70、PG76和PG82共7个等级,每间隔6℃一个等级;低温性能等级为PG-10、PG-16、PG-22、PG-28、PG-34、PG-40和PG-46共7个等级,相邻等级间隔同样为6℃。例如PG64-22表示的是沥青胶结料通过了高温不低于64℃、低温不高于-12℃的流变学试验技术要求,且其他技术指标也满足M320规范的要求,适用于平均7d路面最高设计温度低于64℃、路面最低设计温度高于-22℃的气候地区。

与M320-17一样,AASHTO M332-18性能规范(表2.2-17、表2.2-18)也是依据沥青胶结料在不同温度下的流变学性能进行分级。但与M320不同的是,分级标准除了与平均7d路面最高设计温度和路面最低设计温度相关联之外,还与道路交通量相关。即按照道路交通量从小到大依次分为标准、重、特重、极重4个水平,分别以字母S、H、V、E表示。例如PG64H-22是沥青胶结料通过了高温不低于64℃的重交通量"H"等级、低温不高于-12℃的流变学试验技术要求,且其他技术指标也满足M332规范的"H"等级要求,适用于平均7d路面最高设计温度低于64℃、路面最低设计温度高于-22℃、道路交通量不大于"H"等级的气候地区。

(3)中国

25℃针入度是中国道路沥青产品唯一的分级指标。《重交通道路石油沥青》(GB/T 15180—2010)[8]将重交通道路沥青分为AH-130、AH-110、AH-90、AH-70、AH-50、AH-30共6

个等级，产品覆盖的针入度范围为 20 ~ 140（0. 1mm）；《道路石油沥青》（NB/SH/T 0522—2010）[9]将道路沥青产品分为200 号、180 号、140 号、100 号和 60 号共 5 个等级，产品覆盖的针入度范围为 50 ~ 300（0. 1mm）；《公路沥青路面施工技术规范》（JTG F40—2004）[10]中则将道路石油沥青分为 160 号、130 号、110 号、90 号、70 号、50 号、30 号共 7 个等级，覆盖了针入度 20 ~ 200（0. 1mm）的产品，每级产品按照技术指标的不同分为 A、B、C 三级质量水平，并借鉴美国性能分级的概念，基于全国各地气温、降水量等气象资料数据将我国划分为不同的气候分区，将不同等级产品与气候分区进行对应，以指导实际工程选用沥青。

由此可见，我国不同标准/规范系列的每个等级产品的分级指标跨度范围有相同，也有不同，但都是连续的。例如 AH 系列产品不同等级的针入度值跨度范围均为 20（0. 1mm），而 160 号沥青的针入度跨度范围却达 60（0. 1mm）；每个标准/规范系列的所有等级产品针入度值均连续，没有间断。

三个标准/规范中每个等级产品的技术指标要求都有强制性要求和报告/实测记录两类，而《公路沥青路面施工技术规范》（JTG F40—2004）中还有选择性指标要求，即建设单位/业主可以根据具体情况决定要求或不作要求。

综上所述，欧洲、美国、中国道路沥青分级理念相比较有如下特点：

①欧洲与中国的产品分级指标既相同也有差别。相同的是均以针入度作为分级指标，差别在于欧洲还有黏度分级指标。

②美国推崇的是性能分级理念，与路面设计温度和交通量相关，以流变学性能指标作为分级依据，其分级指标最为复杂。与欧洲的相似之处在于仍有针入度、黏度分级规范，与中国的相同点仅仅是针入度分级规范。

③欧洲的黏度分级规范是依据未老化的原样沥青黏度进行分级，美国黏度分级规范除了这种分级规则之外，还有依据经过 RTFO 老化试验后的沥青黏度进行分级的产品系列。后者的分级方法比前者更合理些，因为 RTFO 老化试验后的沥青性质更接近于路面施工过程中的沥青性质。

④欧洲、美国、中国的针入度分级道路沥青产品覆盖范围不同。欧洲的跨度最大，25℃针入度范围为 20 ~ 900（0. 1mm）；美国的范围最小，针入度范围为 40 ~ 300（0. 1mm），而且不连续；中国的范围是 20 ~ 300（0. 1mm）。

⑤美国黏度分级产品涵盖的范围比欧洲宽。前者 60℃动力黏度为 20 ~ 480Pa · s，后者仅为 60℃运动黏度 1000 ~ 16000mm^2/s 的软质道路沥青。

⑥中国与欧洲、美国的产品等级划分理念不同。中国是“多等宽、多连续、细分”理念，即不同等级产品的分级指标覆盖宽度大多相同，相邻等级产品分级指标大多无缝衔接，每级产品细分为 3 个质量水平；欧洲是“渐增”理念，即不同等级产品的分级指标覆盖宽度随着指标值的增大而增加；美国的针入度分级产品等级划分理念是“渐增、间断”理念，即相邻产品分级指标覆盖宽度渐增且不连续。

⑦中、欧、美的产品技术要求都有强制性、选择性和实测记录/报告三种类型，大多采用的是其中两类（强制性 + 其他）。

2.2.2.2　评价体系的比较

本部分通过分析比较欧洲、美国、中国道路沥青规范的产品评价特性、组成等，梳理不同沥青规范的评价体系结构特点，以全面理解不同国家和地区评价道路沥青的着眼点及原则，为构建更加合理的道路沥青评价体系提供帮助。

(1)欧洲

从道路沥青规范(EN 12591:2009)来看，其评价体系有如下特点：

①主要评价中温特性、高温特性、耐久性、安全性、纯净度，适用于所有等级的产品；选择性评价低温特性、温度敏感性、黏度特性等，适用于某些特定地区或国家。

②强制性评价内容是：中温特性以25℃针入度、15℃针入度表征；高温特性以软化点表征；耐久性以旋转薄膜烘箱试验(RTFOT)/薄膜烘箱试验(TFOT)表征；以闪点、溶解度分别表征产品的安全性和纯净度。

③选择性评价内容是：低温特性以弗拉斯脆点表征；温度敏感性以针入度指数表征；以60℃动力黏度、135℃运动黏度表征产品黏度特性。

(2)美国

从针入度分级规范(ASTM D946/946M-15)来看，其评价体系有如下特点：

①主要评价中温特性、耐久性、安全性、纯净度，选择性评价高温特性。

②强制性评价内容是：中温特性以25℃针入度和25℃延度表征；耐久性以薄膜烘箱试验(TFOT)表征；以闪点、溶解度分别表征产品的安全性和纯净度。

③选择性评价的是高温特性，以软化点表征。

从道路沥青黏度规范[AASHTO M226-80(2017)]来看，其评价体系有如下特点：

①主要评价黏度特性、中温特性、耐久性、安全性、纯净度，适用于所有等级的产品；选择性评价相溶性，适用于依据原样黏度分级的产品。

②强制性评价内容是：黏度特性以60℃黏度、135℃黏度表征；中温特性以25℃针入度表征；耐久性以薄膜烘箱试验(TFOT)/旋转薄膜烘箱试验(RTFOT)表征；以闪点、溶解度分别表征产品的安全性和纯净度。

③选择性评价内容是溶剂点滴试验。

④没有评价低温特性。

从AASHTO M320-17和AASHTO M332-18沥青胶结料性能规范来看，其评价体系有如下特点：

①评价的是高温性能、低温性能、耐久性能、安全性，兼顾黏度特性。

②评价内容是：高温性能以$G^*/\sin\delta$(高温劲度)、$J_{nr3.2}$(不可恢复蠕变柔量)和J_{nrdiff}(不可恢复蠕变柔量差)表征；低温性能以S(蠕变劲度)、m(蠕变速率)、T_{cr}(低温临界开裂温度)和破坏应变表征；耐久性以旋转薄膜烘箱试验(RTFOT)和压力老化试验(PAV)后的中温劲度($G^* \cdot \sin\delta$)表征；以闪点表征产品的安全性；以135℃黏度表征产品黏度特性。

③重视老化后沥青性能的评价，充分考虑模拟实际使用条件、与实际使用性能相关的原则。高温性能等级的评定须通过RTFOT，模拟了沥青混合料拌和过程的老化；低温性能等级和耐久性的评定都须通过RTFOT + PAV两种老化试验的连续考验，模拟了沥青混合料拌和、路面施工后通车五年的老化历程。

(3)中国

以《公路沥青路面施工技术规范》(JTG F40—2004)为例，说明中国道路沥青评价体系特点：

①主要评价中温特性、高温特性、低温特性、耐久性、特定组分、安全性、纯净度，适用于所有等级的产品；根据建设单位的要求而定，选择性评价温度敏感性、黏度特性等。

②强制性评价内容是：中温特性以25℃针入度表征；高温特性以软化点表征；低温特性以15℃延度表征；耐久性以薄膜烘箱试验（TFOT）或旋转薄膜烘箱试验（RTFOT）表征；对沥青中的特定组分——蜡的含量以蒸馏法表征；以闪点、溶解度分别表征产品的安全性和纯净度。

③选择性评价内容是：温度敏感性以针入度指数表征；以60℃动力黏度表征产品黏度特性；以10℃延度表征低温特性。

④实测的物理性质是沥青的密度（15℃）。

综上所述，欧洲、美国、中国道路沥青评价体系相比较有如下特点：

①无论是欧洲、美国还是中国，对于针入度、黏度、性能分级的相关规范，其评价体系共有内容是高温特性、耐久性和安全性，但表征方式不尽相同。安全性都是以闪点表征，耐久性大多以旋转薄膜烘箱试验（RTFOT）/薄膜烘箱试验（TFOT）表征，高温特性的评价指标各有不同。

②美国的性能规范是寻求与沥青使用性能相关联的创新体系，不同于以往任何国家和地区的沥青产品评价体系，且首次提出了以温度水平作为衡量沥青产品等级的评价理念，首次构建了RTFO模拟短期老化+PAV模拟长期老化评价沥青胶结料耐久性的体系，力求反映沥青工程应用后在路面环境条件下的实际使用性能，完全不同于传统的沥青产品评价体系。

③其他规范没有、中国规范独有的是将沥青蜡含量作为强制性评价内容。

④欧洲规范的独特之处是以弗拉斯脆点表征沥青的低温特性。

2.2.2.3 评价指标的比较

本部分通过分类讨论沥青产品的高温、低温等不同特性指标（表2.2-19），比较欧洲、美国、中国道路沥青规范的技术指标特点，以加深对于不同国家和地区道路沥青评价标准和规范的认识，有利于指导今后道路沥青评价技术指标的改进与完善工作。

中国、欧洲、美国道路沥青特性指标比较一览表 表2.2-19

<table>
<tr><th rowspan="2">产品特性</th><th rowspan="2" colspan="2">评价试验/指标</th><th>中国</th><th>欧洲</th><th>美国</th></tr>
<tr><th>JTG F40</th><th>EN 12591</th><th>AASHTO M320/M332</th></tr>
<tr><td>中温</td><td colspan="2">针入度</td><td>★</td><td>★</td><td></td></tr>
<tr><td>温度敏感性</td><td colspan="2">针入度指数 PI</td><td>★☆</td><td>☆</td><td></td></tr>
<tr><td rowspan="3">高温</td><td colspan="2">软化点</td><td>★</td><td>★</td><td></td></tr>
<tr><td colspan="2">黏度(60℃)</td><td>★☆</td><td>★☆</td><td></td></tr>
<tr><td colspan="2">高温劲度/蠕变柔量/蠕变柔量差</td><td></td><td></td><td>★</td></tr>
<tr><td rowspan="6">耐久性</td><td rowspan="6">旋转薄膜加热试验（薄膜加热试验）</td><td>质量变化</td><td>★</td><td>★</td><td>★</td></tr>
<tr><td>残留针入度比(25℃)</td><td>★</td><td>★</td><td></td></tr>
<tr><td>软化点升高</td><td></td><td>★</td><td></td></tr>
<tr><td>黏度比(60℃)</td><td></td><td>★☆</td><td></td></tr>
<tr><td>残留延度(10℃)</td><td>★</td><td></td><td></td></tr>
<tr><td>残留延度(15℃)</td><td>★</td><td></td><td></td></tr>
</table>

续上表

产品特性	评价试验/指标		中国	欧洲	美国
			JTG F40	EN 12591	AASHTO M320/M332
耐久性	旋转薄膜+压力老化试验	中温劲度			★
低温	旋转薄膜+压力老化试验	弯曲蠕变劲度/蠕变速率			★
		破坏应变			★☆
	弗拉斯脆点			☆	
	延度(10℃)		★☆		
	延度(15℃)		★		
施工和易性	黏度(135℃)			☆	★
安全性	闪点		★	★	★
纯净度	溶解度		★	★	
物理性质	密度(15℃)		☆	☆	
化学组分	蜡含量(蒸馏法)		★		

注:"★"为强制性指标;"☆"为选择性/实测报告指标;"★☆"为既是强制性指标也是选择性指标,视业主/产品情况而定。

(1)高温指标

中国、欧洲都是以软化点和/或60℃黏度作为道路沥青的高温特性评价指标,美国则是采用高温劲度/蠕变柔量/蠕变柔量差进行表征(表2.2-19)。

软化点是表征道路沥青高温特性的典型经验指标,物理意义清楚,数据的重复性和再现性较好,与沥青路面高温软化的程度直接相关,是中国、欧洲道路沥青最常用的评价指标之一。国内外相关研究表明,道路沥青软化点指标与路用性能存在一定的相关性,在一定程度上反映了沥青的高温性能。但其缺陷一是受到沥青中含蜡量的影响(含蜡量越高、影响越大)而出现测定结果上的偏差,二是道路沥青软化点的分布范围比较窄,只能部分反映路面实际高温状况下的沥青特性。

黏度是沥青最重要的加工和使用特性之一,对于沥青的泵送、沥青混合料的拌和以及路面压实效果意义重大。通常认为135℃黏度与沥青的可泵送性及混合料的和易性紧密相关,60℃黏度则与路面使用过程的高温特性有关。欧洲将60℃黏度作为道路沥青的高温特性指标,中国规范中将其列为道路沥青产品高温特性的可选指标,由建设单位(业主)决定是否采用,工程实践中大多将其列为强制性指标。

美国公路战略研究计划(SHRP)研究成果——Superpave沥青胶结料性能规范(MP1)中首次明确采用动态剪切流变仪(DSR)评价沥青胶结料高温性能。之后经过不断完善,评价指标已从规范的一个指标($G^*/\sin\delta$)增加至如今目前的三个(M332-18)。对未经老化的原样沥青和经过RTFOT老化后的沥青试样分别进行动态剪切流变试验,以$G^*/\sin\delta$(高温劲度)、$J_{nr3.2}$(不可恢复蠕变柔量)和J_{nrdiff}(不可恢复蠕变柔量差)作为评价指标,反映道路沥青材料的高温抗永久变形性能。研究认为,这三项指标与未经改性的道路沥青在高温条件下的路用性能均有较好的相关性,而$J_{nr3.2}$、J_{nrdiff}两项指标则与改性沥青的高温使用性能相关性更好。

20世纪90年代以来,江苏省交通科学研究院、抚顺石油化工研究院、交通部公路科研院、华南理工大学、石油大学、重庆交科院、山东交科院等国内众多大学、科研院所均已开展利用DSR研究道路沥青高温性能的工作，取得了较好的成果。2011年，交通运输部修订的《公路工程沥青及沥青混合料试验规程》（JTG E20—2011）已经将DSR试验纳入其中。

（2）低温指标

欧洲规范中以弗拉斯脆点作为沥青低温特性的选择性评价指标，中国规范中以10℃延度、15℃延度作为道路沥青低温特性评价指标，美国规范中规定采用弯曲蠕变劲度/蠕变速率和破坏应变评价低温性能（表2.2-19）。但在实际应用中，美国绝大多数州都采用弯曲蠕变劲度/蠕变速率，极少采用破坏应变评价沥青胶结料的低温性能。

①弗拉斯脆点

弗拉斯脆点是在恒速降温的条件下以弯曲受力的方式测定沥青脆裂时的温度。它主要是描述路面荷载作用下开裂的模式。

1999年，欧洲沥青协会认为尽管美国的沥青胶结料路用性能规范很好，但不适用于广大的炼油厂和公路建设部门。对于这些部门来说，还是应该选择普通、简单的方法和指标。因此，欧洲沥青协会在重点研究沥青的低温指标时仍然注重针入度和脆点的研究，并在其标准中着重推荐用脆点或针入度（5℃）来评价沥青的低温性能。但弗拉斯脆点试验方法存在很大的不足，主要是试验的重复性差、试验用的钢片刚度不一、试件的制备和降温条件各异，这些都会对试验结果产生影响。加上实测的弗拉斯脆点易受沥青中蜡含量的影响，含蜡量越高，影响越大，故该指标难以反映沥青低温抗裂性能。也就是说，弗拉斯脆点虽然在一定程度上直接反映了沥青的低温脆性，但试验方法和蜡含量的影响制约了其使用范围。所以，欧洲规范中并未将其列为通用的、强制性指标。美国和中国也没有将其纳入道路沥青规范。

江苏省交通科学研究院在“沥青胶结料路用性能关键指标的研究”项目中也曾经对10种沥青进行了弗拉斯脆点试验研究[11]。结果表明，脆点与道路沥青的混合料低温性能试验相关性比较差，用弗拉斯脆点来表征道路沥青的低温性能不合适。

②延度

中国将延度作为评价沥青低温特性的指标。由于延度试验方法具有简单、直观、易于理解等优点，曾经一度被许多国家采用。尤其在我国，延度指标至今仍备受重视。

“八五”攻关课题“道路沥青及沥青混合料路用性能的研究”项目，对多种国产沥青的低温抗裂性进行了专题研究[12]。其成果表明，低温延度能很好地反映沥青的低温抗裂性能，建议采用10℃延度试验取代25℃或15℃延度试验，并认为10℃延度值、当量脆点$T_{1.2}$分别与低温蠕变劲度S之间存在良好的相关性。江苏省交通科学研究院开展的“沥青胶结料路用性能关键指标的研究”项目发现，普通沥青的10℃延度与混合料的弯拉应变之间具有一定的相关性，建议将普通沥青10℃延度作为施工控制指标，采用老化后10℃延度不小于6cm作为普通沥青的现场检测技术要求，老化后15℃延度为不小于80cm。但是欧洲对未改性道路沥青的延度并不重视，产品标准中没有延度指标，他们认为延度与路用性能没有太大的关系，过多强调延度指标意义不大。美国各州现行沥青胶结料规范中，7个州的规范中有延度指标要求，其中对于未改性的沥青胶结料有此要求的只有加利福尼亚州、路易斯安那州和蒙大拿州3个州，但要求的都是RTFOT后的25℃延度。

目前，我国道路沥青标准/规范中采用的都是10℃或15℃延度。就试验温度而言，与寒冷地区的实际低温环境条件差距较大,并不能真正反映沥青的低温特性。各个国家和地区对延度指标的观点分歧较大,应当与道路沥青产品的来源不同导致其延度特性各异有较大关系。因此,建议重点从道路沥青产品来源及其应用区域气候特点出发,考虑在区域性标准/规范中设立延度指标,提出必要的指标值要求。

③弯曲蠕变劲度/蠕变速率和破坏应变

在美国实施 SHRP 之前,世界各国规范/标准中所有反映沥青低温特性的指标是如前所述的弗拉斯脆点、延度等指标,其标准也都是经验性的,没有与路用性能联系起来。美国沥青胶结料性能规范改变了以往的纯经验性质,首次试图将沥青性能与实际路用性能相关联。规范采用弯曲蠕变劲度/蠕变速率和/或破坏应变来表征沥青胶结料的低温抗裂性能,而且都是针对经过 RTFOT 短期老化 + PAV 长期老化的沥青样品进行试验评价。这是该规范的最大特点之一。

弯曲蠕变劲度试验(AASHTO T313)[13]是利用弯曲梁流变仪(BBR)的小梁弯曲蠕变试验测定低温时沥青的劲度,试验温度范围为 -36 ~0℃,测得的技术参数为弯曲蠕变劲度(S)和蠕变速率(m 值)。SHRP 研究认为,弯曲蠕变试验的极限劲度温度及蠕变速率与反映沥青混合料的低温抗裂性能的温度应力试验的破坏温度具有良好的相关性,体现了 BBR 试验的价值。

直接拉伸试验(AASHTO T314)[14]类似于沥青的低温延度试验,模拟的是路面沥青薄膜的抗拉伸能力。其试验温度为 -36 ~6℃,测得的技术参数为破坏应变和破坏应力。SHRP 研究证明,直接拉伸试验破坏应变与沥青混合料温度应力试验的破坏温度之间具有良好的相关性。但是该试验所用试件的制作、试样温度的控制和微小变形的测量都较难操控,故实际应用中极少使用。

目前,全美国的 50 个州和 1 个特区全部要求利用 BBR 进行弯曲蠕变劲度试验表征沥青胶结料低温性能。但有 7 个州(康涅狄格州、得克萨斯州、犹他州、科罗拉多州、佐治亚州、新泽西州和新墨西哥州)仍然要求提供实测报告或满足直接拉伸试验的要求。

可见,PG 规范综合考虑了施工期和使用期的沥青老化问题,低温分级指标与路面开裂性能有较好的相关性,已被美国各州普遍认同并采纳。其低温性能指标蠕变劲度和蠕变速率对于中国有重要的参考价值。

(3)温度敏感性指标

欧洲和中国规范都是以针入度指数作为道路沥青温度敏感性评价指标,前者将其作为选择性指标,后者则视其为强制性指标(表 2.2-19)。美国规范中没有评价温度敏感性的单一指标。

欧洲、中国的针入度指数都是经过计算(回归)得到,但方法不同。欧洲针入度指数(I_p)是以 25℃针入度和软化点为基准经过计算得到的,中国是根据 3 个(或 3 个以上)不同温度下的试验测得的针入度回归计算得到针入度指数(PI),试验温度通常为 15℃、25℃、30℃(当 30℃针入度值较大时以 5℃代替)。因此,I_p 通常反映的是沥青在中等 ~ 较高温度范围内的温度敏感性,PI 反映的则是沥青在中等温度范围内的温度敏感性。

针入度指数的优点是试验操作简便,但许多研究成果表明,针入度并不能表示沥青的真实稠度,而且 PI 是以较窄的温度范围内沥青性质的变化来表征,试验结果不能随意外推,其应用存在一定的局限性。加之针入度的测试是严格的条件试验,在针入度测试方法精密度要求的范围内,试验会对 PI 值产生较大的影响。当出现产品质量纠纷时,仲裁结果的公正性、准确性将受到质疑。因此建议我国取消针入度指数 PI 作为道路沥青强制性指标的规定,将其调整为选择性指标。

(4)耐久性指标

欧洲规范规定以旋转薄膜烘箱试验(RTFOT)作为耐久性评价试验;美国规范中使用了RTFOT和压力老化(PAV)两个试验评价耐久性(表2.2-19),分别模拟沥青胶结料的短期老化、长期老化;而中国只在《公路沥青路面施工技术规范》(JTG F40—2004)中规定道路沥青的老化试验以薄膜烘箱试验(TFOT)为准,也可以RTFOT代替。《重交通道路石油沥青》(GB/T 15180—2010)和《道路石油沥青》(NB/SH/T 0522—2010)中均规定老化试验以TFOT为准。

RTFOT过程中沥青膜的厚度是动态变化的,最小时仅为5~10μm,所以其沥青老化的过程不仅有轻质油分挥发,还发生氧化作用,与TFOT相对静态的较厚沥青膜老化过程相比,RTFOT的老化速度明显更快,但两种试验方法的老化时间差异较大(中国规范规定RTFOT不超过85min、TFOT不超过5.25h)。因此,沥青膜厚度、老化时间两方面的综合效应决定了沥青胶结料在两种老化方式下的老化程度。加之不同来源、不同组成的沥青胶结料老化敏感性不同,故究竟是TFOT还是RTFOT的老化程度更深,因样品特性而异,至今尚无定论。

SHRP研究结果表明,采用RTFOT能够较好地模拟沥青胶结料在混合料拌和、施工过程的老化。20世纪90年代,美国即以RTFOT取代了TFOT。SHRP评价沥青胶结料耐久性的可取之处在于,为了获得与实际使用过程更为接近的老化沥青样品,确定了模拟实践状态的老化条件,即采用RTFOT模拟混合料生产过程的短期老化条件,以PAV老化20h模拟沥青在路面使用五年期间的长期老化过程。再利用动态剪切流变仪(DSR)对老化的沥青进行试验,以测得的中温劲度($G^* \cdot \sin\delta$)作为耐久性评价指标。

在欧洲标准中,主要采用RTFOT,但对于软沥青仍然沿用TFOT。道路沥青耐久性评价指标为RTFOT/TFOT老化后的质量变化、残留针入度比、软化点升高或60℃黏度比。对于针入度20~220(0.1mm)的道路沥青系列产品,采用RTFOT老化后质量变化、残留针入度比、软化点升高三项指标进行评价;对于针入度250~900(0.1mm)的道路沥青系列产品,采用RTFOT老化后质量变化、软化点升高或60℃动力黏度比三项指标进行评价;对于60℃运动黏度1000~16000mm^2/s的软沥青,采用TFOT老化后质量变化、60℃运动黏度比两项指标进行评价。

中国的前述三个道路沥青规范/标准中耐久性评价指标基本相同,即TFOT(RTFOT)老化后的质量变化、残留针入度比和残留延度与欧洲标准中针入度20~220(0.1mm)的道路沥青系列产品评价指标相近,只是以残留延度代替了软化点升高。

由此可见,欧洲偏重于软化点和黏度的变化,中国更重视老化前后延度的变化。

建议在分析和研究的基础上,借鉴美国沥青胶结料性能规范,在中国规范中增加PAV老化试验,以模拟沥青在路面使用过程中的老化。

(5)其他指标

与欧洲和美国道路沥青规范相比,中国道路沥青技术指标缺少135℃黏度的指标要求,多了蜡含量的指标要求(表2.2-19)。

①135℃黏度

黏度是流体流变特性的一种量度,反映流体流动时其内部分子间摩擦阻力的大小。沥青的黏度是表征沥青在黏性区内流变特性的重要指标。测定某一温度下的黏度,或测定不同温度下的黏度,可以考察沥青对温度的敏感性[11]。135℃运动黏度可以表征道路沥青在施工过程中的黏度,即用来评价沥青混合料的施工和易性。

欧洲 EN 12591:2009 中对于25℃针入度 20 ~ 900(0.1mm)的沥青,有 135℃运动黏度的选择性技术指标(下限)要求,详见表 2.2-3、表 2.2-5;美国 AASHTO M226-80(2017)黏度分级规范中对于25℃针入度 20 ~ 220(0.1mm)以上的沥青有 135℃运动黏度的(下限)要求,详见表 2.2-10 ~ 表 2.2-12;AASHTO M320-17、M332-18 性能规范中也有 135℃黏度的(上限)要求;而在我国现行道路沥青标准体系中尚无 135℃黏度的要求。

鉴于 135℃黏度与沥青混合料的施工和易性具有一定的相关性,有利于施工过程质量控制,因此,建议我国道路沥青标准中引进这一指标,具体要求可结合我国道路沥青产品现状,参照欧洲和美国规范制定。

②蜡含量

由于沥青化学组成的复杂性,难以对沥青中的蜡给出准确的定义。原油、渣油或沥青中的蜡泛指样品在冷冻时能结晶析出、熔点在 25℃以上的混合组分,其主要成分是高熔点的烃类混合物。测定方法不同,所得的蜡含量结果及其反映的内涵意义也不同。因此沥青中蜡含量的测定一般都是条件性的,至今国际上还没有一个公认的、统一的测定沥青蜡含量的分析方法。

EN 12591:2009 取消了原有的蜡含量作为选择性指标的技术要求,美国的各种道路沥青规范中也没有关于蜡含量指标的要求,而我国关于道路沥青的标准却都明确规定了蜡含量的指标要求。

沥青的蜡含量是在我国道路沥青产品标准中出现的唯一一项与化学组分有关的指标。道路沥青标准要不要列入蜡含量指标、蜡含量应该限制为多少,一直是 20 世纪我国道路部门和石油化工部门关注的焦点。鉴于此,交通部“七五”国家重点科技项目(攻关)(74-24-02-01)对蜡含量的技术标准做了深入研究。蜡含量指标在《公路沥青路面施工技术规范》(JTJ 032—94)表 C.1 重交通道路石油沥青技术要求中规定为3%。3%的蜡含量是我国“七五”攻关的科研成果,是经过大量的试验研究和工程应用实践而最终确定的技术指标。

蜡含量不大于 2% 技术指标的出现,很大程度上基于这样一个认识:蜡含量越低,沥青路用性能越好。对此,江苏省交通科学研究院在“沥青胶结料路用性能关键指标的研究”中研究了蜡含量与路用性能的关系,采用了 6 种道路沥青,分别进行了高温性能、低温性能及抗水损害性能的试验研究。对混合料路用性能和蜡含量指标之间的数据进行分析,蜡含量大于 2% 的沥青与小于 2% 的沥青,其高温性能、低温性能和抗水损害性能并没有明显的区别。课题组认为蜡含量为 2% 的限制没有太大的必要,建议仍然采用 3% 的蜡含量技术要求。

同时,根据研究,蜡含量只是影响路用性能的一方面因素,而蜡的结晶形态和分子结构的不同使得蜡对路用性能的影响程度也大为不同。另外,采用不同的测试方法,蜡含量的测试结果相差很大,究竟哪种测试方法得到的蜡含量是所界定的影响路用性能的那部分蜡,目前还不清楚。

综合以上分析可以看出,中国比较注重蜡含量指标的测定,与中国沥青资源的特性有关。但是根据研究,用蜡含量指标评价沥青对路用性能的影响存在片面性,蜡含量小于 2% 及蜡含量为 2% ~3% 的沥青的路用性能并没有太大差别,加之蜡的组成成分复杂,难以采用现有的测定方法区分开来,因此,建议我国取消蜡含量指标。

③密度

道路沥青的密度是试样在规定温度下单位体积的质量,其主要用于体积和质量的换算,在产品生产、销售、沥青储罐容量计算和沥青混合料配合比设计中是不可缺少的参数。

在欧洲 EN 12591:2009 中第5.2.7 条有关于测定密度的要求;美国 AASHTO M320-17 和 M332-18 性能规范中虽然没有密度要求,但在20 个州的 PG Plus 中有实测/报告相对密度的要求;中国的道路沥青标准/规范中也都规定实测/报告密度。

2.2.3　中欧美聚合物改性沥青规范

本节对中欧美聚合物改性沥青产品规范进行比较研究,表2.2-20 列出了欧洲、美国和中国的现行改性沥青产品规范。

欧洲、美国、中国现行改性沥青产品规范　　表2.2-20

规范类型	欧洲	美国	中国
	CEN	AASHTO	行业标准/规范
针入度分级	EN 14023:2010 (聚合物改性沥青)	—	SH/T 0734—2003 《聚合物改性道路沥青》 JTG F40—2004 《公路沥青路面施工技术规范》
性能分级	—	M 320-17 (沥青胶结料) M 332-18 (沥青胶结料)	—

欧洲聚合物改性沥青规范 EN 14023:2010 为针入度分级规范,目前只是一个规范框架(Specification framework for polymer modified bitumens),还不是正式的规范,规范框架中许多技术指标的门槛值均未确定。

目前美国 AASHTO 规范体系中没有专门的道路用改性沥青规范,对于道路用改性沥青的技术规范及要求,包含在沥青胶结料性能分级规范 AASHTO M332、M320(即 PG 规范)和 PG Plus 技术要求中。

中国的道路用改性沥青产品现行技术规范有两个:一个是石化行业推荐性标准《聚合物改性道路沥青》(SH/T 0734—2003),另一个是公路工程行业标准《公路沥青路面施工技术规范》(JTG F40—2004)(具体为"表4.6.2　聚合物改性沥青技术要求"),均为针入度分级规范。两者的改性沥青分类方法完全相同,都是SBS(苯乙烯-丁二烯-苯乙烯嵌段共聚物)类(Ⅰ类)、SBR(苯乙烯-丁二烯橡胶)类(Ⅱ类)、EVA(乙烯-醋酸乙烯共聚物)和PE(聚乙烯)类(Ⅲ类)3 种。

从规范实施的时间和修订频度来看,中国明显滞后于欧洲和美国,应重视并加强规范的完善与修订工作。自2004 年至今,中国公路工程行业标准 JTG F40 没有修订过;欧洲 EN 14023 规范自2005 年出台后,于2010 年修订了一次;美国 AASHTO 规范则分别于2005 年(M320-05)、2009 年(M320-09)、2010 年(MP19-10)、2014 年(M332-14)、2017 年(M320-17)和2018 年(M332-18)修订,共有6 次。

2.2.3.1　欧洲聚合物改性沥青规范

EN 14023 是2005 年由欧盟标准化委员会(CEN)发布的聚合物改性沥青规范框架,尚不是正式规范。该规范框架目前已经由2005年版本更新至2010年版本。

EN 14023:2010[15]规定的改性沥青检测项目、试验方法及技术要求包含在3张表中。表2.2-21所列的特性要求与法规或HSE(健康、安全、环境)要求有关,适用于所有聚合物改性沥青等级;表2.2-22所列的特性要求与法规或其他区域性要求有关,适用于有区域性要求的聚合物改性沥青;表2.2-23所列的附加特性要求为非强制性,在一些国家的应用中发现,其用于表征聚合物改性沥青是有效的。表2.2-21将25℃针入度、软化点等9项技术要求划分为2~11共10个可选等级,每项技术要求的具体指标值有多个水平可选,最多的有10个水平;表2.2-22将弗拉斯脆点、25℃弹性恢复、10℃弹性恢复划分为0~10共11个可选等级,每项技术要求的具体指标值有2~9个水平可选,也可以不作要求或不提供实测报告;表2.2-23将塑性区间、RTFOT后软化点下降等6项技术要求划分为0~7共8个可选等级,每项技术要求的具体指标值有1~6个水平可选,也可以不作要求或不提供实测报告。

与2005年第一版EN 14023[16]相比,2010年修订版的主要变化如下:

(1)老化试验方法统一为只采用旋转薄膜烘箱一种方法,取消了旋转蒸发器法。

(2)测力延度试验的条件及其指标要求有所调整。试验的拉伸速度从定性的低速拉伸明确为50mm/min,试验温度在0℃、5℃、10℃ 3个水平基础上又增加了15℃、20℃、25℃ 3个水平;技术指标值从5个水平细化至10个水平。

(3)拉伸试验的条件及其指标要求有所调整。试验的拉伸速度从定性的高速拉伸明确为100mm/min,技术指标值由3个水平细化至5个水平。

2.2.3.2 美国聚合物改性沥青规范

美国AASHTO现行规范中虽然没有专门的改性沥青技术规范,但在前述2.2.1介绍的沥青胶结料性能规范AASHTO M320和M332中包含了对于改性沥青的技术要求(详见表2.2-13~表2.2-18)。即这两个规范中的高温等级、低温等级要求均较高的为改性沥青,高低温等级要求不高的则为非改性的道路沥青。例如PG76-28、PG70E-28为改性沥青,而PG58-22、PG52S-22一般为非改性的道路沥青。

由于SHRP研究期间改性沥青应用较少,随着PG规范(AASHTO M320)的问世,改性沥青应用逐步增加,发现M320规范不能较好地反映改性沥青性质。例如:高温指标$G^*/\sin\delta$不足以表征改性沥青性能,现行Superpave性能规范没有一个关于耐久性疲劳的指标(几乎还没有哪一种沥青不满足现行$G^* \cdot \sin\delta$小于5000kPa的疲劳指标要求,该指标形同虚设)。于是各州为了保证性能,在过去经验基础上推出了PG Plus规范要求,主要意图是能够表征改性沥青弹性响应等特性,如弹性恢复等试验,以便更好地表征改性沥青。

随着研究的深入,在NCHRP 9-10改性沥青的Superpave体系研究基础上,提出了多应力蠕变恢复(MSCR)试验。研究表明,MSCR的试验参数之一——不可恢复蠕变柔量J_{nr},能够与包括改性沥青和非改性沥青在内的所有胶结料的高温车辙良好相关,比M320规范中沥青胶结料的高温性能表征参数$G^*/\sin\delta$与车辙的相关性更好。而且既适用于改性沥青,也适用于非改性沥青胶结料。最新版性能规范AASHTO M332-18[Standard Specification for Performance-graded Asphalt Binder Using Multiple Stress Creep Recovery(MSCR) Test]就是基于这些早期研究成果逐步转化发展形成的。

欧洲标准 EN 14023:2010 中聚合物改性沥青规范框架的通用技术要求

表 2.2-21

特性		单位	所有聚合物改性沥青的等级										试验方法
			2	3	4	5	6	7	8	9	10	11	
针入度(25℃)		0.1mm	10~40	25~55	45~80	40~100	65~105	75~130	90~150	120~200	200~300		EN 1426
软化点		℃	≥80	≥75	≥70	≥65	≥60	≥55	≥50	≥45	≥40		EN 1427
内聚特性[a]	测力延度[a] 或	J/cm²	≥3 (5℃)	≥2 (5℃)	≥1 (5℃)	≥2 (0℃)	≥2 (10℃)	≥3 (10℃)	≥0.5 (15℃)	≥2 (15℃)	≥0.5 (20℃)	≥0.5 (25℃)	EN 13589 和 EN 13703
	拉伸试验[a] 或	J/cm²	≥3 (5℃)	≥2 (5℃)	≥1 (5℃)	≥3 (0℃)	≥3 (10℃)						EN 13587 和 EN 13703
	摆锤式冲击试验[a]	J/cm²	≥0.7										EN 13588
耐久性[b]	残留针入度比	%	≥35	≥40	≥45	≥50	≥55	≥60					EN 12607-1
	软化点升高	℃	≤8	≤10	≤12								
	质量变化[c]	%	≤0.3	≤0.5	≤0.8	≤1.0							
闪点		℃	≥250	≥235	≥220								EN ISO 2592

注:a. 应选择基于最终应用的一种内聚特性试验方法。摆锤式冲击试验(EN 13588)仅用于表面层胶结料。

b. 主要采用 RTFOT(163℃)。黏度太大的高黏聚合物改性沥青进行标准温度(163℃)的 RTFOT 时不可能形成流动膜,在这种情况下,试验温度采用 180℃符合 EN 12607-1 的要求。

c. 质量变化可以是正值或负值。

欧洲标准 EN 14023:2010 中聚合物改性沥青规范框架的区域技术要求

表 2.2-22

特性	单位	区域性要求的等级											试验方法
		0	1	2	3	4	5	6	7	8	9	10	
弗拉斯脆点	℃	不要求[a]	报告[b]	≤0	≤-5	≤-7	≤-10	≤-12	≤-15	≤-18	≤-20	≤-22	EN 12593

续上表

特性		单位	区域性要求的等级											试验方法
			0	1	2	3	4	5	6	7	8	9	10	
弹性恢复	25℃[c]或	%	不要求[a]	报告[b]	≥80	≥70	≥60	≥50						EN 13398
	10℃	%	不要求[a]	报告[b]	≥75	≥50								EN 13398

注:a. 在预期使用地域内没有法规或其他区域性要求时,可以不要求本表所列特性。

b. 没有法规或其他区域性要求,但已经发现该特性对于表征聚合物改性沥青有用时,可以要求提供实测报告。

c. 聚合物改性沥青应符合 25℃或 10℃的弹性恢复要求。

欧洲标准 EN 14023:2010 中聚合物改性沥青规范框架的附加技术要求 表 2.2-23

特性		单位	聚合物改性沥青附加特性的等级								试验方法
			0	1	2	3	4	5	6	7	
塑性区间		℃	不要求[a]	报告	≥85	≥80	≥75	≥70	≥65	≥60	5.2.8.4[c]
RTFOT (EN 12607-1)	软化点下降	℃	不要求[a]	报告	≤2	≤5					EN 1427
	25℃弹性恢复	%	不要求[a]	报告	≥70	≥60	≥50				EN 13398
	10℃弹性恢复	%	不要求[a]	报告	≥50						EN 13398
储存稳定性[b]	软化点差	℃	不要求[a]	报告[b]	≤5						EN 13399 EN 1427
	针入度差	0.1mm	不要求[a]	报告[b]	≤9	≤13	≤19	≤26			EN 13399 EN 1426

注:a. 在预期使用地域内没有要求时,可以不要求本表所列特性。

b. 供应商应给出聚合物改性胶结料的储存条件。聚合物改性沥青的均匀性是必要的。可以借助储存稳定性试验(EN 13399)评估聚合物改性沥青在储存期间的分离倾向。如果产品不满足本表中 2 级 ~5 级的要求,供应商应提供储存条件信息,以避免聚合物改性沥青的组分分离,并确保产品的均匀性。

c. 出自欧洲标准 EN 14023—2010 的条款 5.2.8.4。

目前在美国各州自己的沥青胶结料规范(在美国沥青协会 Asphalt Institute 官方网站 http://www.asphaltinstitute.org/)中,对于改性沥青的技术要求各有不同。已有 23 个州在改性沥青产品技术要求中部分或全部采纳了 MSCR 试验相关指标。例如:阿拉斯加州的 PG52-40、PG58-34、PG64-40 除了要满足 M320 的技术要求之外,还要符合 MSCR 试验的不可恢复蠕变柔量 $J_{nr3.2}$、可恢复率 $\%Rec_{3.2}$ 等指标要求;纽约州的全部 5 种沥青胶结料都须符合 MSCR 试验的指标要求,其中 3 个改性沥青胶结料(PG58E-34、PG64V-22、PG64E-22)除了要满足 M320 的技术要求之外,还要符合 MSCR 试验的 $J_{nr3.2}$、$\%Rec_{3.2}$、J_{nrdiff} 等指标要求。有些州在通常的道路沥青 PG 规范基础上附加 PG Plus 要求,作为改性沥青的技术规范。例如:华盛顿州的 PG64V-28、PG64H-28 改性沥青除了要满足 M332 的技术要求之外,还要符合 PG Plus 要求的 RTFOT 后的 25℃弹性恢复。该州的改性沥青 PG76-28、PG70-28 除了要满足 M320 的技术要求之外,还要按照 PG Plus 的要求报告 15.6℃相对密度。也有些州的改性沥青和非改性道路沥青符合同一规范,只是 PG 等级不同。例如:印第安纳州的 PG64-28、PG70-22 改性沥青与道路沥青 PG58-28、PG64-22 都只需满足 M320 的技术要求即可。还有个别州有专门的改性沥青规范。例如:亚利桑那州的轮胎橡胶改性沥青要求胶粉含量不少于 20%,其技术要求有 177℃旋转黏度、4℃针入度、软化点和 25℃回弹率等。

2.2.3.3　中国聚合物改性沥青规范

聚合物改性沥青在中国的应用始于 20 世纪 90 年代,交通部于 1998 年发布公路工程行业标准《公路改性沥青路面施工技术规范》(JTJ 036—98)。目前改性沥青规范主要由石化行业和交通运输行业主导编制。

2004 年 1 月,国家发展和改革委员会发布了石油化工行业推荐性标准《聚合物改性道路沥青》(SH/T 0734—2003)[17],于同年 6 月 1 日开始实施。该标准修改采用美国 ASTM D5976-00《第Ⅰ类高聚物改性道路沥青胶结料》、ASTM D5840-00《第Ⅱ类高聚物改性道路沥青胶结料》和 ASTM D5841-00《第Ⅲ类高聚物改性道路沥青胶结料》的有关指标,参考《公路改性沥青路面施工技术规范》(JTJ 036—98)中对聚合物改性沥青的要求制定。该标准至今未再修订。

2004 年 9 月,交通部发布了公路工程行业标准《公路沥青路面施工技术规范》(JTG F40—2004),于 2005 年 1 月 1 日开始施行,JTJ 036—98 同时废止。JTG F40—2004 中的"表 4.6.2 聚合物改性沥青技术要求"沿用至今。

虽然 SH/T 0734—2003 为纯粹的改性沥青产品标准,但由于改性沥青的用户绝大多数为交通运输部所属单位,工程实践中须执行公路工程行业标准《公路沥青路面施工技术规范》(JTG F40—2004),所以目前实际应用中普遍采纳 JTG F40—2004 中的"表 4.6.2 聚合物改性沥青技术要求"。该技术要求将改性沥青按照改性剂类型分为 SBS、SBR、EVA 和 PE 三类产品。其中 SBS 改性沥青分为Ⅰ-A、Ⅰ-B、Ⅰ-C、Ⅰ-D 四个型号产品;SBR 改性沥青分为Ⅱ-A、Ⅱ-B、Ⅱ-C 三个型号产品;EVA 和 PE 改性沥青分为Ⅲ-A、Ⅲ-B、Ⅲ-C、Ⅲ-D 四个型号产品。不同类别产品的主要差异在于特性试验不同。例如:SBS 改性沥青有离析试验要求,其他两类改性沥青不要求该试验;SBR 改性沥青要求黏韧性试验,其他两类改性沥青不要求等。同一类但不同型号产品的主要差异在于针入度、软化点两项指标的技术要求不同,依照 A、B、C、D 的顺序,针入度依次递减,软化点依次增高。

与 JTG F40—2004 的改性沥青技术要求相比,SH/T 0734—2003 大同小异且实际应用不多,本书不再述及。

2.2.4 三种改性沥青规范的比较

通过分析比较欧洲、美国、中国改性沥青规范的适用范围、评价体系和评价指标等,了解不同国家和地区评价改性沥青的体系内涵,以供科研人员开展相关研究工作借鉴,为我国改性沥青规范体系的完善和更新奠定基础。

2.2.4.1 适用范围的比较

欧洲改性沥青规范 EN 14023:2010[15]在第1部分中明确了该规范框架适用于道路、机场施工和维护过程中采用的聚合物改性沥青,但并未明确适用于哪些种类的聚合物改性沥青。该规范仅从技术要求的层面提供了产品特征的一些信息,普通的技术人员很难了解或判断哪些等级改性沥青的改性剂类型是相同的、哪些是不同的,故难以依据改性剂所决定的改性沥青产品特性去重点关注其主要的技术指标。由此可见,EN 14023:2010 是为有经验的用户/业主选择适用的改性沥青提供产品技术要求方面的参考信息,同时也为改性沥青生产商的产品质量控制提供指导。

目前,美国各州制定的改性沥青技术规范要求各有不同。有些明确了适用的改性剂类型/含量范围,但多数州并未明确,而是侧重于性能要求。例如:亚利桑那州明确要求 PG76-22TR+、PG70-22TR+两种成品改性沥青至少含有8%轮胎胶粉和2% SBS 改性剂,除了需符合 M320 的相关要求之外,还须满足弹性恢复、软化点和溶解度等 PG Plus 要求;华盛顿特区要求 PG64E-22 改性沥青完全符合 M332 的技术要求,并实测报告 15.6℃相对密度,没有改性剂类型、含量等其他要求。虽然 ASTM 规范体系中关于改性沥青的技术规范是根据改性剂类型的不同分别制定了针对该类改性沥青的技术要求,但已经于2005年废止。

中国有关改性沥青的技术规范(JTG F40—2004)是于2005年正式开始实施的,至今仍在沿用。虽然该规范根据改性剂的类型将改性沥青分为 SBS、SBR、EVA 和 PE 三大类,但在工程实践中绝大多数为 SBS 改性沥青,SBR 改性沥青也有一些应用,而 EVA 和 PE 类改性沥青极少使用。

2.2.4.2 评价体系的比较

(1)欧洲体系的特点

从试验温度范围来看,欧洲体系涵盖的温度范围比较宽。包括了低温(弗拉斯脆点、拉伸、测力延度)、中等温度(针入度、弹性恢复)、较高温度(软化点)等方面的试验评价内容。

从试验及评价方法来看,欧洲针对改性沥青的测试内容比较丰富。除了软化点、弹性恢复、储存稳定性试验等,还提出了以拉伸试验、测力延度等试验评价内聚特性的概念。

拉伸试验和测力延度试验以往常用的方式是将荷载-变形曲线上的特征点作为试验结果。但值得注意的是,欧洲标准 EN 14023 中的规定已经有较大改变,即依据整个荷载-变形曲线来表征试验结果。这种考虑改性沥青胶结料的整个变形过程对其进行性能评价的方式,从理论上讲,更加全面、合理。

(2)美国体系的特点

从试验温度范围来看,美国体系涵盖的温度范围最为宽泛。低温可至-36℃(蠕变劲度试验)、中温多在16~31℃(动态剪切流变试验),高温多在52~100℃(动态剪切流变试验、多应力蠕变恢复试验、压力老化试验),还有135℃黏度试验等。

从评价方法来看,RTFO短期老化与PAV长期老化相结合,突破了单纯依赖温度、时间的改变考察沥青性能变化的传统理念,首次引入加压方式模拟长期老化对沥青性能的影响,使改性沥青耐久性和低温性能的评价效果得以显著改进。多应力蠕变恢复试验、蠕变劲度试验等流变学试验更好地表征了改性沥青材料的黏弹特性。

(3)中国体系的特点

从试验温度范围来看,中国改性沥青没有负温条件下的评价试验。较低温度下只有5℃延度试验,中等温度下有25℃针入度、弹性恢复和黏韧性试验等,较高温度下有软化点试验,高温下有135℃黏度试验等。

除了针入度、软化点、延度等常规试验之外,中国专用于改性沥青的评价试验有弹性恢复、离析和黏韧性试验,根据改性剂的类型不同有选择地进行这些试验。例如:SBS改性沥青要求做弹性恢复和离析试验,不要求做黏韧性试验;SBR改性沥青只要求做黏韧性试验,不要求做弹性恢复和离析试验。

2.2.4.3　技术指标的比较

改性沥青的产品性质是由基质沥青、改性剂及其他添加剂等原材料性质和配方,以及生产工艺和设备决定的。单就基质沥青而言,其来源及组成成分的多样性、复杂性已经使世界各国的沥青科研工作者们长期研究至今,仍有未解之难题。因此,受到更多因素影响的改性沥青性质的规范显然难度更大。本部分试图通过对比分析目前欧洲、美国、中国道路用改性沥青产品规范的评价指标,了解不同国家和地区的重点评价方向及思路,对其多年研究应用积累的经验与成果加深认识,为我国改性沥青的合理评价提供有益的参考,有利于提出更加科学、实用的改性沥青评价指标。

(1)欧洲规范中聚合物改性沥青的检测指标

欧洲EN 14023:2010规范框架中改性沥青的试验检测指标归纳于表2.2-24中。除了常规的针入度、软化点等指标外,还有弹性恢复、储存稳定性(软化点差、针入度差)等专门针对改性沥青的检测指标。

需要指出的是,欧洲体系中对聚合物改性沥青提出了评价内聚特性(cohesion)的技术要求,规定三个方法皆可表征该特性:第一种方法是依据测力延度试验(EN 13589)得到的检测结果,按照EN 13703的方法计算得到一个能量结果,即内聚能,作为评价胶结料变形性能的技术指标;第二种方法是将拉伸试验(EN 13587)得到的检测结果,按照EN 13703的方法计算得到内聚能;第三种方法是进行摆锤式冲击试验(EN 13588),再根据试验结果计算出内聚能。前两种方法是根据应力-变形曲线得到的能量进行评价,其原理与中国规范的黏韧性试验相似,美国的个别州也将黏韧性试验作为PG Plus要求。第三种方法——摆锤式冲击试验(EN 13588)是美国和中国改性沥青规范中所没有的,属于欧洲在试验评价体系中的创新。但EN 14023规定该方法只适用于评价表面层铺装的胶结料。

欧洲改性沥青规范不同于美国、中国规范的另一个技术指标是塑性区间。该指标为软化点和弗拉斯脆点之差,理论上是表征改性沥青产品使用温度范围,目的是对胶结料的温度适应性作出优劣的判别。其理念虽有一定道理,但若要真正发挥其评价效果,还依赖于软化点及脆点试验的准确性。特别是一些改性沥青(如高掺量的SBS改性沥青)的软化点,其检测结果容易受到改性剂的影响而失真。

欧洲 EN 14023:2010 中改性沥青的检测指标 表 2.2-24

检测指标		试验方法
原样沥青		
中温稠度	针入度	EN 1426
高温稠度	软化点	EN 1427
内聚特性(实际应用时右侧列出的3个试验选择1种即可,无须都做;摆锤式冲击试验只适用于表面层胶结料)	测力延度(50mm/min)	EN 13589、EN 13703
	拉伸试验(100mm/min)	EN 13587、EN 13703
	摆锤式冲击试验	EN 13588
低温脆性	弹性恢复(10℃)	EN 13398
	弗拉斯脆点	EN 12593
应变恢复	弹性恢复(25℃)	EN 13398
	弹性恢复(10℃)	EN 13398
其他特性	闪点	EN ISO 2592
	塑性区间	EN 14023 第5.2.8.4条
	储存稳定性,软化点差	EN 13399、EN 1427
	储存稳定性,针入度差	EN 13399、EN 1426
RTFOT老化后的沥青		
耐久性	质量变化	EN 12607-1
	残留针入度比	EN 12607-1、EN 1426
	软化点升高	EN 12607-1、EN 1427
其他特性	软化点下降	EN 12607-1、EN 1427
	弹性恢复(25℃)	EN 12607-1、EN 13398
	弹性恢复(10℃)	EN 12607-1、EN 13398

(2)美国规范中聚合物改性沥青的检测指标

由于美国AASHTO规范中没有专门的改性沥青规范,ASTM规范中根据改性剂的不同制定的聚合物改性沥青的原技术规范已经废止,故目前各个州实行的改性沥青规范尚未形成统一的指标体系。除了个别州制定了专门的改性沥青技术要求之外,其他各州基本是在已经实施的PG规范(M320、M332)基础上增加一些PG Plus指标(表2.2-25),作为改性沥青的技术要求。

美国各州规范中改性沥青的 PG Plus 检测指标　　表 2.2-25

试验项目	试验方法	采用的州的数量
弹性恢复(25℃或10℃)	AASHTO T301、ASTM D6084、ODOT TM 429	20
相对密度(15.6℃或25℃)	AASHTO T228、ASTM D70	20
MSCR($J_{nr3.2}$、$\%Rec_{3.2}$、J_{nrdiff})	AASHTO T350、AASHTO TP70、ASTM D7405	11
溶解度	AASHTO T 44、ASTM D2042	11
离析	ASTM D5976、ASTM D7173、IL DOT	10
聚合物类型/含量	AASHTO T302、AL DOT 408	8
延度(4℃或25℃)	AASHTO T 51	6
4℃测力延度	AASHTO T300、ODOT TM 427	5
黏韧性	ASTM D5801、Nev. T745、CP-L 2210	5
软化点	AASHTO T53	3
25℃针入度	AASHTO T49	2
相位角	AASHTO T315	2
筛分	Nev. T730	2

注:此表数据由笔者整理自美国沥青协会 Asphalt Institute 官方网站 http://www.asphaltinstitute.org/数据库资料(截至2018年8月31日)。

从表 2.2-25 来看,被 2 个及 2 个以上的州采纳作为聚合物改性沥青 PG Plus 评价指标的共有 13 项。其中弹性恢复、相对密度两项指标的使用率最高,分别被 20 个州采纳,占全美近 40%;MSCR、溶解度、离析、延度(包括测力延度)的使用率较高,分别有 10~11 个州采纳,占全美 20% 左右;聚合物类型/含量、黏韧性分别被 8 个州、5 个州采纳,占全美 10%~16%;软化点、针入度、相位角、筛分等指标的使用率较低,还不到 10% 的州。由此可见,影响聚合物改性沥青特性的因素较多,导致对于改性沥青质量评价指标理解的差异性较大,表现为美国各州 PG Plus 指标要求的差异性、分散性均较大。

从单项试验/指标来看,弹性恢复均有具体的指标值下限,用于表征聚合物改性沥青的弹性特点,属于强制性指标。但各州要求的弹性恢复试验温度(25℃或10℃)、试验样品是否经过 RTFO 老化、具体指标值、采用的试验方法等不尽相同。这表明弹性恢复试验的表征意义认可度虽然较高,但对采用哪种试验条件、怎样的指标值表征更合理未能达成共识。相对密度是实测报告指标,没有具体的指标值限制,主要作为产品装运单的必填项,用作体积-质量换算之用,绝大多数州采用 15.6℃的试验温度。其使用率与弹性恢复同为最高,表明相对密度指标的实用价值较高。MSCR 试验的 PG Plus 指标有不可恢复蠕变柔量 $J_{nr3.2}$、可恢复率$\%Rec_{3.2}$和不可恢复蠕变柔量差 J_{nrdiff}三个。三个指标都采纳的有 3 个州,采纳 $J_{nr3.2}$和$\%Rec_{3.2}$两个指标的有 5 个州,只采纳$\%Rec_{3.2}$一个指标的有 3 个州,被纳入 M332 性能规范的是 $J_{nr3.2}$和 J_{nrdiff}两项指标。

需要特别指出的是,除了表 2.2-25 的 11 个州采纳 MSCR 作为改性沥青 PG Plus 指标之外,还有 12 个州将 M332,即采用 MSCR 分级的 PG 规范作为其沥青胶结料规范。也就是说,全美有近 50% 的州不同程度地采用了 MSCR 检测指标。

从沥青胶结料评价方法的发展来看，MSCR 已逐渐为越来越多的州所采纳，PG 分级规范及其流变学评价指标，以其先进的理念已经在全美得到推广应用，原有的技术规范也因其局限性正在慢慢失去其在技术上的优势地位。但是黏度分级规范 AASHTO M226、ASTM D3381/D3381M 仍然保留沿用至今，且 PG 分级规范中还有黏度指标的技术要求，由此不难看出美国对沥青黏度的重视程度。

(3)中国规范中聚合物改性沥青的检测指标

中国规范采用的聚合物改性沥青检测指标见表 2.2-26。从表中可以看出，中国重视针入度、针入度指数、软化点和135℃延度四项指标的检测，所有类型的改性沥青都有这些指标要求。对于弹性恢复、离析、黏韧性等反映改性沥青特性的检测指标，则是有针对性地分别应用于三类不同改性沥青的评价。SBS 改性沥青的高温、低温性能均较好，拉伸后的回弹特性突出，故采用软化点、5℃延度、弹性恢复作为主要检测指标，以离析作为评判聚合物是否自基质沥青中分离的量化控制指标；SBR 改性沥青的低温性能优良，以 5℃延度作为主要检测指标，黏韧性试验能够充分地表征其黏弹特性，作为评价 SBR 改性沥青的重要内容；EVA 及 PE 改性沥青的特点是高温性能突出，故以软化点作为主要指标，改性剂是否自基质沥青中分离易于为肉眼所见，即以目测是否有改性剂析出作为离析的判别方式。

中国规范中聚合物改性沥青的检测指标 表 2.2-26

试验项目	试验方法	SBS 类	SBR 类	EVA 及 PE 类
针入度	T 0604	√AB	√AB	√AB
针入度指数	T 0604	√	√	√
软化点	T 0606	√	√	√
5℃延度	T 0605	√AB	√AB	—
弹性恢复(25℃)	T 0662	√	—	—
135℃黏度	T 0625、T 0619	√	√	√
离析	T 0661	√(软化点差)	—	√(目测)
黏韧性	T 0624	—	√	—
韧性	T 0624	—	√	—
TFOT 或 RTFOT 质量变化	T 0610、T 0609	√A	√A	√A

注：√-原样沥青试验项目；√A-老化后试验项目；√AB-老化前后都进行的试验项目。

对于聚合物改性沥青提出检测针入度指数 *PI* 的要求是中国体系不同于欧洲、美国的显著特点。*PI* 原本用于表征直馏沥青等以原油为初始加工原料、未经改性的传统道路石油沥青的温度敏感性，即沥青的黏稠度随温度变化的特性，以及作为判断沥青的胶体结构是溶胶型、凝胶型还是溶-凝胶型的判据。国内外多年的应用实践已经证明其在表征传统的道路石油沥青方面发挥了较好的作用。

对于 *PI* 应用于聚合物改性沥青的评价效果，江苏省交通科学研究院在“沥青胶结料路用性能关键指标的研究”中开展了针对性的分析工作[11]。课题组持续收集了 8 种 SBS 改性沥青

在不同温度区间的 *PI* 数据,分析了不同改性沥青的温度敏感性特征。研究认为,由于改性沥青是将聚合物加到基质沥青经均匀混熔形成的网络结构,已经不是传统意义上的胶体结构,沥青胶结料的针入度对数与温度已不是严格的直线关系,如果还按照传统的经验公式来确定针入度指数 *PI* 值,并以此来描述改性沥青的感温性必定是不严谨的。即使固定了针入度试验温度范围,不同的改性沥青或相同品牌不同批次的改性沥青在较宽温度范围内的性质变化规律不同,所以难以用较窄温度范围内性质的外延去描述其全貌。因此,建议取消针入度指数 *PI* 作为改性沥青温度敏感性的检测指标。

表 2.2-27 是欧洲、美国和中国改性沥青评价主要指标的对比表。

欧洲、美国和中国改性沥青评价指标对比 表 2.2-27

<table>
<tr><th colspan="2">评 价 指 标</th><th>欧 洲</th><th>美 国</th><th>中 国</th></tr>
<tr><td colspan="5">原样沥青</td></tr>
<tr><td colspan="2">针入度</td><td>√</td><td rowspan="17">各州根据自己的气候条件、交通荷载及实践经验,在 M320 的基础上兼顾 M332 和 PG Plus 的要求,采用的是流变学指标 + 经验指标的组合评价指标体系</td><td>√</td></tr>
<tr><td colspan="2">针入度指数</td><td>—</td><td>√</td></tr>
<tr><td colspan="2">延度</td><td>—</td><td>√</td></tr>
<tr><td colspan="2">软化点</td><td>√</td><td>√</td></tr>
<tr><td rowspan="2">内聚特性</td><td>测力延度(50mm/min)</td><td>√</td><td>—</td></tr>
<tr><td>拉伸性能(100mm/min)</td><td>√</td><td>—</td></tr>
<tr><td colspan="2">135℃运动黏度</td><td>—</td><td>√</td></tr>
<tr><td colspan="2">闪点</td><td>√</td><td>√</td></tr>
<tr><td colspan="2">溶解度</td><td>—</td><td>√</td></tr>
<tr><td colspan="2">弗拉斯脆点</td><td>√</td><td>—</td></tr>
<tr><td colspan="2">储存稳定性,软化点差</td><td>√</td><td>√</td></tr>
<tr><td colspan="2">储存稳定性,针入度差</td><td>√</td><td></td></tr>
<tr><td colspan="2">弹性恢复</td><td>√</td><td>√</td></tr>
<tr><td colspan="2">黏韧性</td><td>—</td><td>√</td></tr>
<tr><td colspan="2">韧性</td><td>—</td><td>√</td></tr>
<tr><td colspan="2">塑性区间(软化点-脆点)</td><td>√</td><td>—</td></tr>
<tr><td colspan="5">老化试验后的沥青</td></tr>
<tr><td colspan="2">质量变化</td><td>√</td><td rowspan="6"></td><td>√</td></tr>
<tr><td colspan="2">残留针入度比</td><td>√</td><td>√</td></tr>
<tr><td colspan="2">软化点升高</td><td>√</td><td>—</td></tr>
<tr><td colspan="2">软化点下降</td><td>√</td><td>—</td></tr>
<tr><td colspan="2">弹性恢复</td><td>√</td><td>—</td></tr>
<tr><td colspan="2">延度</td><td></td><td>√</td></tr>
</table>

注:√-有要求;—-无要求。

综合以上对比可以看出,欧洲体系中针对改性沥青进行的检测手段较多,除了弹性恢复之外,还有测力延度、拉伸试验。且评价方法在原有基础上有了进一步的发展。如测力延度和拉伸试验,其采用的评价指标已经从力的概念发展到能量的概念,从原来的单点评价过渡到了试验全过程的评价。欧洲这些新的测试方法概念和目的比较明确,理论上有所进步,其评价的效果值得进一步研究、考证。

美国改性沥青技术规范涉及的试验温度范围宽泛,涉及的试验方法多为能够较好反映沥青黏弹特性的流变学试验,尤其是 MSCR 试验等,其评价指标较好地体现了与性能相关的先进理念。相信以 MSCR 试验为代表的改性沥青规范将是未来沥青性能规范的发展方向。

中国的改性沥青评价指标与欧洲有许多相同和相似之处,但缺少负温条件下的评价试验方法。除了弹性恢复、黏韧性试验与性能存在一定程度的相关关系之外,其指标与性能的相关性普遍较差。需要更多地从欧洲、美国规范中吸收适用于中国国情的评价方法及指标,完善改性沥青评价体系。

2.2.5 硬质道路沥青规范

按照欧洲沥青标准(EN 12597:2014)的定义,硬质道路沥青是主要用于生产高模量沥青混合料的道路沥青,其针入度不大于 25(0.1mm)。硬质道路沥青最早在法国得到开发,用于法国高模量沥青混合料(EME2)的生产,在道路、机场的建设与维修方面具有多年成功应用的经验(BS EN 13924:2006)。

从 21 世纪以来欧洲沥青标准的演变过程(图 2.2-2)中,可以看出硬质道路沥青在欧洲的受重视程度。2005 年至今,欧洲沥青胶结料的铺路用沥青、工业用沥青两大类产品中,只有铺路用沥青的规范发生了变化,而其变化仅仅表现在硬质道路沥青规范地位的变化,也就是硬质道路沥青的归属、内涵发生变化的过程。2005 年,硬质道路沥青(prEN 13924)从属于道路沥青(EN 12591);2010 年,硬质道路沥青(EN 13924)与道路沥青(EN 12591)为并列关系;2015 年,EN 13924 演变为硬质道路沥青(EN 13924-1)和多级道路沥青(EN 13924-2)两个分支。欧洲对于硬质道路沥青的重视程度由此可见一斑。

硬质道路沥青规范框架(EN 13924-1:2015)[1]规定了用于道路、机场及其他铺路场所建设与维修的硬质道路沥青的特性要求及其相关试验方法等。该规范框架包含 25℃针入度分别为 15 ~25(0.1mm)、10 ~20(0.1mm)和 5 ~15(0.1mm)三个等级的硬质道路沥青。任何一个等级产品的特性要求都分为两大类:通用的强制性要求和区域的选择性要求。强制性要求的特性指标有 25℃针入度、软化点、闪点、溶解度、RTFOT 后的质量变化、针入度比和软化点升高;选择性要求的指标有 60℃动力黏度、135℃运动黏度、弗拉斯脆点、针入度指数等。每一项特性指标有 0 ~4 个不等的可选水平。每个国家/地区可以根据当地的气候和交通状况选择不同的产品等级[针入度 15 ~25(0.1mm)、10 ~20(0.1mm)或 5 ~15(0.1mm)]及特性指标水平(0 ~4),形成各自的国家/地区使用指南。但需要强调的是各个使用指南中必须包括所有强制性指标要求,缺一不可,选择性指标要求则可有可无。

EN 13924-1:2015 与它替代的上一版本硬质道路沥青规范(EN 13924:2006[18])相比,主要差别如下:

(1)新增一个产品等级。2006 版有 15 ~25(0.1mm)、10 ~20(0.1mm)两个针入度产品等

级,2015 版新增了针入度 5 ~ 15(0.1mm)产品等级。

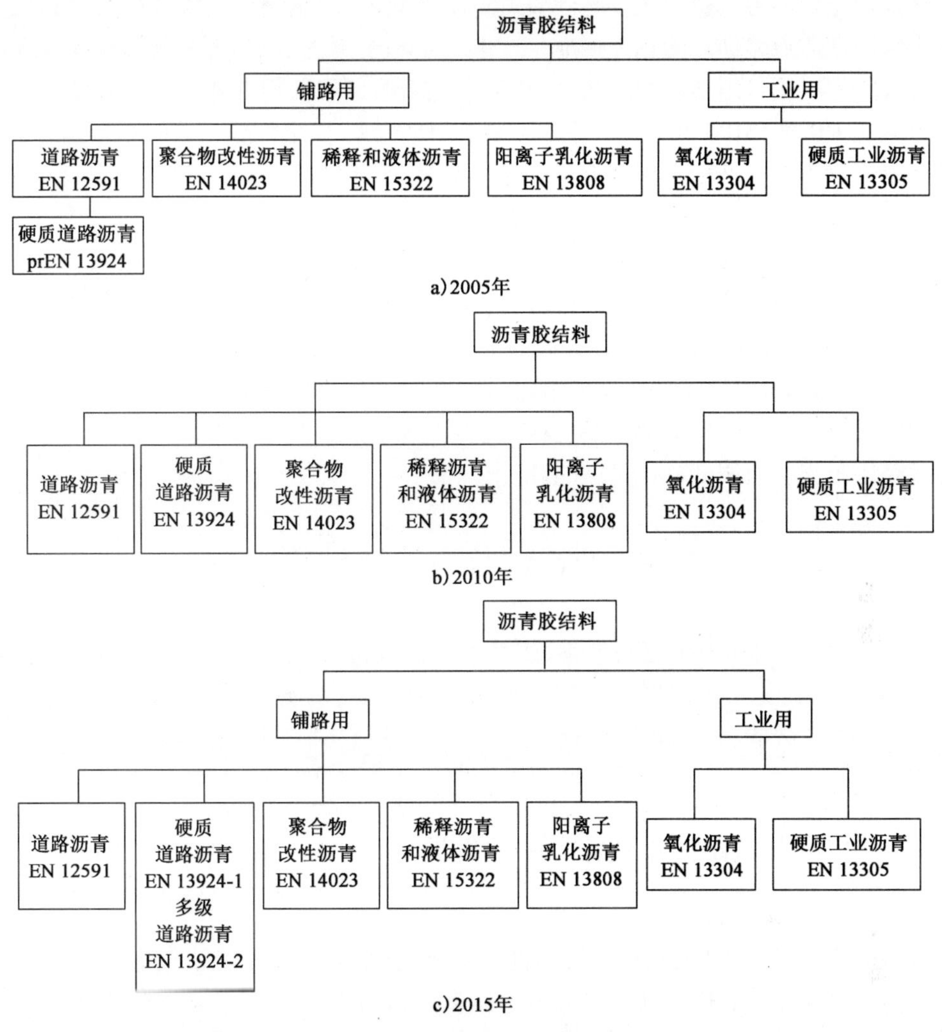

图 2.2-2　欧洲沥青标准的演变

(2)将特性指标严格区分为强制性、选择性两大类。2006 版只有闪点一项指标为强制性要求指标,其他指标既可以有门槛值要求,也可以不作要求或不提供实测报告;2015 版中的七项强制性指标必须有门槛值要求,选择性指标可以不作要求或不提供实测报告。

由此可见,欧洲硬质道路沥青规范有朝着针入度更小且要求更高的方向发展的趋势。

硬质道路沥青规范(EN 13924-1:2015)与道路沥青规范(EN 12591:2009)相比的主要差别是:

(1)产品针入度更小。EN 12591:2009 中针入度最小的道路沥青产品等级是 20/30,而硬质道路沥青针入度最大的产品等级是 15 ~ 25(0.1mm)。

(2)多项强制性指标的门槛值不止一个。例如:每个等级的硬质道路沥青软化点指标有三个可选范围,闪点有两个可选水平,而 EN 12591:2009 中每个等级道路沥青的强制性指标门槛值是唯一的。

目前美国沥青规范中还没有硬质道路沥青规范。

虽然目前中国沥青规范中还没有硬质道路沥青规范，但是交通运输部门及沥青工业界都已经着手编制硬质道路沥青的相关标准。这主要是基于国内近 20 年来低标号沥青和硬质沥青的研究及工程应用日渐增加的现状，以及其表现出的良好使用性能。低标号沥青是指符合现行国家标准 GB/T 15180 或公路工程行业标准 JTG F40 要求的 30 号和 50 号沥青[19]，与硬质道路沥青明显不同。低标号沥青有延度指标要求，而硬质道路沥青没有延度指标要求，符合 EN 13924-1 的要求，主要用于高模量沥青混合料的生产。

江苏省交通科学研究院股份有限公司在低标号沥青和硬质道路沥青的研究及应用方面做了大量工作。其中最为典型的是大型科研项目"中法美沥青路面技术比较及在阿尔及利亚的应用研究"。该项目借鉴法国应用较为成熟的硬质道路沥青用于高模量沥青混合料（EME2）的成功经验，在阿尔及利亚东西高速公路建设中进行了高模量沥青混合料的工程应用。还开展了我国硬质道路沥青高模量沥青混合料的试验研究，并在江苏扬州市政道路交叉口、新疆阿喀高速公路等工程中应用，取得了良好的使用效果。

2.3 沥青试验方法比较研究

本节对欧洲、美国和中国道路沥青、改性沥青涉及的试验方法分别进行梳理，研究其发展与变化历程，对比分析各国沥青主要试验方法的差异，为沥青科研和工程技术人员更好地了解、掌握相关试验方法提供帮助，为更好地开展科研工作、指导工程实践提供理论支撑。

2.3.1 中欧美道路沥青试验方法的发展历程

（1）欧洲

1999 年以前，虽然欧洲没有统一的沥青产品规范，各国有各自的产品规范，但其共同之处是针入度试验或黏度试验作为沥青产品分级试验。1999 年欧洲标准化委员会颁布了统一的欧洲道路沥青胶结料规范，它是历经 9 年协调欧洲各国沥青胶结料规范和试验方法的结果。其道路沥青规范（EN 12591:1999）涉及的沥青试验方法，除了针入度试验、黏度试验之外，还有软化点、闪点、溶解度试验，旋转薄膜加热试验（RTFOT）/旋转瓶蒸发试验（RFT）、薄膜加热试验（TFOT）和针入度指数、蜡含量、弗拉斯脆点、135℃运动黏度等试验。

EN 12591:1999 要求以 25℃针入度分级的道路沥青[20～900（0.1mm）]热老化试验温度为 163℃，既可以采用 RTFOT，也可以采用 RFT 评价其耐久性；以 60℃运动黏度分级的软质道路沥青（1000～16000mm^2/s）热老化试验温度为 120℃，采用 TFOT 评价其耐久性。

2009 年修编的道路沥青规范（EN 12591:2009）取消了旋转瓶蒸发试验（RFT）和蜡含量试验。即 25℃针入度[20～900（0.1mm）]的道路沥青热老化试验只能采用 RTFOT 试验，不再采用 RFT 试验；蜡含量试验不再作为道路沥青的评价试验方法。

欧洲沥青规范面世之后，欧洲仍一直致力于开发与性能相关的胶结料规范体系。EUROBITUME 2012 立场文件最终指出：符合 EN 12591 的流变学简单沥青不需要新规范，因为 EN

12591 被认为与其性能相关性较好。自 2009 年至今,EN 12591 道路沥青规范未再修订,与之相对应的试验方法也没有增减。

(2)美国

与美国道路沥青规范从针入度分级、黏度分级到性能分级的发展历程相对应,其沥青试验方法经历了以针入度试验、黏度试验为主,到目前的与性能相关、以流变学试验为核心的发展历程。

1918 年,美国公共道路局(现为联邦公路局)提出了基于 25℃针入度试验的沥青产品分级体系[20]。除了针入度之外,试验方法还包括闪点、延度、溶解度(三氯乙烯)、薄膜加热试验等。针对不同的气候条件和应用要求规定了不同的产品等级。

20 世纪 60 年代初期,提出的 60℃黏度为分级指标的沥青黏度分级新规范代替了此前的针入度分级规范。试验检测项目包括 60℃黏度、135℃黏度、针入度(25℃)、闪点、延度(25℃)、TFOT 或 RTFOT。该规范中既有按照原样(即未经老化试验的沥青样品)的 60℃黏度值大小对沥青进行分级的 AC 系列,也有依据 TFOT 或 RTFOT 老化试验后样品的 60℃黏度进行分级的 AR 系列。

20 世纪 90 年代初期,为了寻求与路面使用性能的良好相关性,美国基于公路战略研究计划(SHRP)成果,由 AASHTO 出台了沥青胶结料性能分级规范(PG 规范)。首次提出依据道路沥青应用地区的气候条件(路面最高/最低设计温度)及试验温度对沥青胶结料进行分级的新概念,形成了以动态剪切流变仪(DSR)、弯曲梁流变仪(BBR)等流变学试验仪器为核心,以 RTFO 短期老化试验结合 PAV 长期老化试验评价沥青胶结料耐久性的创新评价体系。试验检测项目包括动态剪切流变试验、弯曲蠕变劲度试验、直接拉伸试验、135℃黏度和闪点试验等。

20 多年来,随着 PG 规范在全美各州的广泛推广应用,目前动态剪切流变试验、弯曲蠕变劲度试验等新的试验方法已经成为美国道路沥青胶结料的常规评价试验。

(3)中国

自 1959 年中国首个沥青产品标准《专用石油沥青》(SY 1661)出台以来至今,无论是石油石化行业主编的《重交通道路石油沥青》(GB/T 15180),还是交通部颁布的《公路沥青路面施工技术规范》(JTG F40),其中的相关沥青产品技术要求一直都是以针入度试验作为道路沥青分级试验,以针入度、软化点和延度作为道路沥青性质的三大常规评价试验项目。

2004 年交通部修订《公路沥青路面施工技术规范》(JTG F40)时,吸收了美国性能分级规范中气候分区的概念,将不同针入度等级的沥青分别适用于我国哪些气候分区的地域予以明确,但并未引入 PG 规范的性能指标和技术要求,而是增加了 60℃动力黏度、10℃延度等新的试验项目要求。

2011 年,公路工程行业标准《公路工程沥青及沥青混合料试验规程》(JTG E20)修订时,参照美国 ASTM 和 AASHTO 的相关试验方法,新增了沥青弯曲蠕变劲度试验(弯曲梁流变仪法)、沥青流变性质试验(动态剪切流变仪法)、沥青断裂性能试验(直接拉伸法)和压力老化容器加速沥青老化试验等先进的试验方法,为我国开展道路沥青的 PG 规范试验研究工作提供了充分的依据。

2.3.2 中欧美道路沥青主要试验方法的比较

本部分进行比较的道路沥青试验方法列于表2.3-1中。

欧洲、美国、中国道路沥青试验方法汇总 表2.3-1

试验项目	欧洲	美国	中国(JTG E20)
针入度试验	EN 1426	AASHTO T49 (ASTM D5/ D5M)	T 0604
软化点试验(环球法)	EN 1427	AASHTO T53	T 0606
延度试验	无	AASHTO T51	T 0605
薄膜加热试验	EN 12607-2	AASHTO T179 (ASTM D1754/D1754M)	T 0609
旋转薄膜加热试验	EN 12607-1	AASHTO T240 (ASTM D2872)	T 0610
压力老化试验	EN 14769	AASHTO R28 ASTM D6521	T 0630
闪点和燃点试验	EN ISO 2592	AASHTO T48 (ASTM D92)	T 0611
溶解度试验	EN 12592	AASHTO T44	T 0607
蜡含量试验	EN 12606-1	无	T 0615
弗拉斯脆点试验	EN 12593	无	T 0613
密度试验	EN 15326	AASHTO T228	T 0603
动力黏度试验(真空减压毛细管法)	EN 12596	AASHTO T202 (ASTM D2171/D2171M)	T 0620
运动黏度试验(毛细管法)	EN 12595	AASHTO T201 (ASTM D2170/D2170M)	T 0619
流变性质试验	EN 14770	AASHTO T315	T 0628
弯曲蠕变试验	EN 14771	AASHTO T313	T 0627
断裂性能试验	EN 13587	AASHTO T314	T 0629

通过对比分析上表中的试验方法,发现存在较大差异的试验方法主要是旋转薄膜加热试验(RTFOT),具体差异见表2.3-2。

欧洲、美国和中国 RTFOT 试验方法差异比较 表2.3-2

欧洲	美国	中国(JTG E20)
EN 12607-1	AASHTO T240-09 (ASTM D2872-04)	T 0610
163℃加空瓶,1h足够	163℃加空瓶,至少2h;试样倒入瓶内,立刻放至水平,并至少旋转1周,水平架上冷却60~180min;取出每个试样,关门,加热电源仍开,热空气仍喷射,整个取出时间5min	163℃预热至少16h;时间到达,停止转动和喷射热空气,立即逐个取出盛样瓶

针对美国和中国旋转薄膜加热试验(RTFOT)在方法上存在的差异是否会对试验结果产生影响,江苏省交通科学研究院股份有限公司开展了相关的比对试验[21]。试验采用30号(溶

剂脱)沥青、50 号(中海油)沥青、两种 70 号道路沥青进行中国和美国的旋转薄膜加热试验(RT-FOT),比较试验后的质量变化、残留针入度、残留延度(10℃、15℃)、软化点、60℃黏度的差异,具体结果见表 2.3-3。

中国和美国旋转薄膜加热试验(RTFOT)结果的比较　　表 2.3-3

道路沥青					
试验	试验条件	沥青品种			
		30 号(溶剂脱)	50 号(中海油)	70 号(江苏宝利)	70 号(马鞍山)
质量变化(%)	RTFOT(中国方法)后	-0.53	-0.03	0.12	0.02
残留针入度比(%)		56.1	56.8	64.3	61.5
残留延度(10℃,cm)		脆断	脆断	8	6
残留延度(15℃,cm)		4	14	113	25
软化点(℃)		67	56	52.5	54.5
60℃黏度(Pa·s)		8740	1075	550	653
质量变化(%)	RTFOT(美国方法)后	-0.49	-0.04	0.06	-0.02
残留针入度比(%)		65.2	66.8	67.8	65
残留延度(10℃,cm)		脆断	6	12	7
残留延度(15℃,cm)		5	39	>150	34
软化点(℃)		61	56	52.5	54
60℃黏度(Pa·s)		8570	990	550	650

从以上试验结果可以看出:

(1)老化后沥青的质量变化:中国方法与美国方法差异不大。

(2)残留针入度比:中国方法均比美国方法的试验结果小,表明中国方法试验后沥青的老化比较严重。

(3)残留延度(10℃、15℃):中国方法均比美国方法的试验结果小,表明中国方法试验后沥青的老化比较严重。

(4)软化点:中国方法与美国方法的试验结果相差不大。

(5)60℃黏度:中国方法试验结果有两组数据比美国方法大,另两组数据相当。

因此,从残留针入度比和残留延度两个指标反映出的情况可以看出,中国方法比美国方法的沥青老化更严重,而其他指标的差异不大。总体来看,两种试验方法的差异确实会对试验结果产生一定的影响。

2.3.3　中欧美改性沥青试验方法的发展历程

2.3.3.1　欧洲

尽管已经知道聚合物改性胶结料具有复杂的流变学性质,传统的沥青试验方法通常不适于评价其性能[22],但由于 20 世纪末欧盟开始着手的沥青技术规范工作重点是完成一个各方普遍接受、能在所有欧洲国家使用的“统一规范”体系,所以首次出台欧洲聚合物改性沥青规范框架(EN 14023)时仍采用以针入度、软化点等传统试验方法为主的评价体系。

“TC336 沥青胶结料”欧盟技术委员会于2000 年形成了第二版欧洲升级规范的计划,旨在保证规范与沥青性能更相关(源自 CEN/TR15352:2006)。欧盟和沥青工业界都参与了这项开发工作,前者提出了新的试验方法,后者收集了大量数据以供分析。有关这项工作沥青工业界的观点已发表在 EUROBITUME 2002 和 EUROBITUME 2012 的两篇立场文件中[23-24]。这些立场文件意在促进与欧盟(如 TC336)和其他利益相关者的沟通。

EUROBITUME 2012 立场文件最终指出:未来的新规范仅要求用于像聚合物改性胶结料和硬质道路沥青这样的流变学“复杂”胶结料,符合 EN 12591 规范的流变学简单沥青不需要新规范,因为 EN 12591 规范被认为与其性能较好相关。

EUROBITUME 2012 指出适用于沥青胶结料的基本要求、可能考虑纳入未来试验规范的有:

(1)基本要求 1:力学性能和稳定性(包括耐久性)。

(2)基本要求 2:防火安全。

(3)基本要求 3:卫生、健康和环境。

(4)基本要求 4:使用安全。

由于基本要求 1 的目的是表征产品在使用期间的性能,所以目前在用的若干试验都在考虑之列,详见表 2.3-4。显而易见,美国现行的性能规范采用的主要试验方法都在其考虑范围内。

基本要求 1 考虑采纳的性能试验及参数要求 表 2.3-4

性能参数/要求	备选的试验
力学性能和稳定性	高温条件下 DSR 的劲度模量 G^*(EN 14770) DSR 的 $G^*/\sin\sigma$(EN 14770) 低剪切黏度(CEN/TS 15324) 零剪切黏度(CEN/TS 15324) MSCR(EN 16659)
承载能力	中温条件下 DSR 的劲度模量 G^*(EN 14770)
疲劳开裂	尚未开发出普遍认同的试验方法,正在研究的方法包括: RILEM(国际材料与结构研究实验联合会)在调查的 DSR 试验 IFSTTAR(法国交通发展规划和交通网络科技研究院)在调查的拉伸-压缩疲劳试验 CATALUNA 大学在调查的拉伸-压缩疲劳试验
抗破坏性能	由拉伸试验测得的形变能量(EN 13587、EN 13703) 由测力延度试验测得的形变能量(EN 13589、EN 13703)
低温开裂	低温条件下 DSR 的劲度模量 G^*(EN 14770) BBR 试验(EN 14771) 断裂韧度试验(CEN/TS 15963) 拉伸试验(EN 13587)
耐久性	短期老化: 163℃时的 RTFO 试验(EN 12607-1) 薄膜烘箱试验(TFOT)(EN 12607-2) 旋转瓶蒸发试验(RFT)(EN 12607-3) 163℃时的旋转瓶老化试验(RCAT)(EN 15323) 长期老化:PAV 试验(EN 14769) RCAT 试验(EN 15323)

2.3.3.2　美国

20 世纪 80 年代,由于受到基于针入度和黏度的沥青规范限制,在美国出现了一些问题。这些问题是:

(1)针入度是一个经验性指标。其测定值提供了中温(25℃)条件下胶结料稠度的有关信息,与现场使用性能并不相关。

(2)黏度是一个基础性指标,与路面的高温使用性能相关。然而,聚合物改性沥青不像传统的沥青在路面使用温度范围内主要是黏性状态,而是高弹性状态。由于弹性性质的影响,原设计用来测定沥青黏度的简单黏度计不适用于检测聚合物改性沥青。

因此,1987 年美国启动了耗资 1.5 亿美元研究经费的公路战略研究计划(SHRP),致力于开发与沥青胶结料和热拌沥青性能相关的一系列试验方法和规范,旨在与路面使用性能相关联。通过使用一些 SHRP 开发的性能试验方法/参数作为关键分级指标来实现这一目标:

(1) 采用动态剪切流变仪(DSR)测试未经过老化试验的原样沥青、经过 RTFO 短期老化试验后的老化沥青胶结料,分别进行试验得到的车辙因子($G^*/\sin\delta$,即高温劲度)用来表征高温使用性能(如抗车辙性能)。

(2)采用 DSR 测试经过 RTFO 短期老化试验 + PAV 长期老化试验后的老化沥青胶结料,试验得到的疲劳因子($G^* \cdot \sin\delta$,即中温劲度)用来表征中温条件下的使用性能(如抗疲劳性能)。

(3)采用弯曲梁流变仪(BBR)测试经过 RTFO 短期老化试验 + PAV 长期老化试验后的老化沥青胶结料,试验得到的 S、m 值和直接拉伸试验测得的破坏应变用来表征低温性能(如抗开裂性能)。

新规范设计的性能试验特点是:大多要求胶结料必须经过不同的老化历程之后再进行测试(如开裂与胶结料的老化/硬化更相关),并能表征黏弹性材料的性质,因此能够适用于非改性沥青和聚合物改性沥青的分级/排序。

SHRP 后续改进工作研究表明,MSCR 试验参数——不可恢复蠕变柔量 J_{nr} 与包括改性沥青和非改性沥青在内的所有胶结料的高温车辙能够良好地相关,比现行 PG 规范(AASHTO M320)中沥青胶结料的高温性能表征参数 $G^*/\sin\delta$ 与车辙的相关性更好。

$G^*/\sin\delta$ 不能恰当地表征改性沥青的事实,导致用户将弹性恢复等能够反映弹性响应的试验增加到其胶结料规范中。尽管弹性恢复(ER)试验是评价沥青胶结料中是否含有聚合物改性剂的非常不错的方法,但它难以评价聚合物改性剂是如何发挥改性作用的。MSCR 试验的另一参数——恢复百分率%*Rec* 能够像 ER 试验等其他 PG Plus 试验一样表征沥青胶结料的弹性响应特性,且试验时间显著少于 ER 试验所需的 4h。

所有这些意味着 MSCR 试验及其规范(AASHTO M332)参数 $J_{nr3.2}$ 更接近 PG 胶结料规范的初衷——与性能相关且同样适用于改性沥青和非改性沥青。说明 M332 优于 $G^*/\sin\delta$ 作为高温性能参数的 M320 规范,同时还降低了试验时间等相关成本。

美国沥青协会一直在全力支持 M332 规范的推广应用,从教育、培训到胶结料生产、新的规范试验方法推广等各个方面提供帮助。2018 年全美 50% 的州已经实施和准备实施 MSCR 试验。

2.3.3.3 中国

聚合物改性沥青在中国的应用始于20世纪90年代,其产品规范于1998年形成并纳入交通部发布的公路工程行业标准《公路改性沥青路面施工技术规范》(JTJ 036—98)中,后经修编进入《公路沥青路面施工技术规范》(JTG F40—2004)的表4.6.2,并一直沿用至今。与其相关的公路工程行业试验规范《公路工程沥青及沥青混合料试验规程》经历了从JTJ 052—93到JTJ 052—2000,并进一步更新为现行JTG E20—2011版本的发展过程。

伴随这一历程,聚合物改性沥青试验方法从1993年仅有黏韧性试验方法,到2000年修订了针入度和软化点试验方法,新增离析、布氏旋转黏度(135℃)和弹性恢复(25℃)试验方法,2011年修订了延度、闪点、溶解度、旋转薄膜加热试验方法,完成了与改性沥青产品规范相关试验方法的完善工作。并且新增了沥青弯曲蠕变劲度试验(弯曲梁流变仪法)、沥青流变性质试验(动态剪切流变仪法)、沥青断裂性能试验(直接拉伸法)和压力老化容器加速沥青老化试验等先进的美国PG分级规范相关试验方法。与国际先进试验方法接轨的同时,也为科研人员开展聚合物改性沥青相关研究开发工作提供了基本的试验标准依据。

2.3.4 中欧美改性沥青主要试验方法的比较

总结归纳欧洲、美国和中国规范中所涉及的改性沥青试验方法有针入度、软化点、闪点、延度、老化、弗拉斯脆点、弹性恢复、黏韧性等。本节针对专门用于评价改性沥青的主要试验方法[离析、黏韧性、弹性恢复、多应力蠕变恢复(MSCR)等]进行比较(表2.3-5),以明了不同国家/地区规范中相同试验方法的异同。

欧洲、美国和中国改性沥青主要试验方法汇总表 表2.3-5

试验	法国(欧洲)	美国	中国
离析试验	EN 13399	D5976、D7173	T 0661
黏韧性试验	无	D5801	T 0624
弹性恢复试验	EN 13398	AASHTO T301	T 0662
多应力蠕变恢复(MSCR)试验	EN 16659	AASHTO T350	无

在改性沥青试验方法比较中,发现存在较大差异的试验方法主要是弹性恢复试验和MSCR试验。具体差异见表2.3-6、表2.3-7。

欧洲、美国和中国弹性恢复试验方法差异比较表 表2.3-6

试验	欧洲	美国	中国
弹性恢复试验	EN 13398	AASHTO T301-08	T 0662
	延度仪试模,仍为八字形	延度仪试模,但中间部分换为直线侧模	延度仪试模,但中间部分换为直线侧模
	以5cm/min ±0.25cm/min拉伸试样达200mm ±1mm时停止;在此状态下保持10s,之后用剪刀在中间将试样剪断,保持试样在水中30min,保持水温不变	以5cm/min ±0.25cm/min拉伸试样达20cm时停止;在此状态下保持5min,之后用剪刀在中间将试样剪断,保持试样在水中1h,保持水温不变	以5cm/min ±0.25cm/min拉伸试样达10cm ±0.25cm时停止;拉伸一停止,立即用剪刀在中间将试样剪断,不得有时间间隙,保持试样在水中1h,保持水温不变

欧洲、美国 MSCR 试验方法差异比较表　　表 2.3-7

试　　验	欧　　洲	美　　国
多应力蠕变恢复(MSCR)试验	EN 16659	AASHTO T350-14
	适用于改性沥青、非改性沥青、氧化沥青、稀释沥青、液体沥青、乳化沥青	适用于非改性沥青和聚合物改性沥青
	没有规定试样是否需先进行老化处理再进行本试验	试样必须(按照 T240)经 RTFO 老化后再进行本试验
	在 0.1kPa、3.2kPa 两个应力水平下完成蠕变和恢复循环的总时间是 200s	在 0.1kPa、3.2kPa 两个应力水平下完成蠕变和恢复循环的总时间是 300s

针对弹性恢复试验在模具及方法上存在的差异是否会对试验结果产生影响,江苏省交通科学研究院股份有限公司开展了比对试验。采用两种 SBS 改性沥青进行欧洲、美国和中国的弹性恢复试验,比对试验后的弹性恢复率的差异。具体结果见表 2.3-8。

欧洲、美国和中国的弹性恢复试验结果　　表 2.3-8

试验方法	SBS 改性沥青(浙江嘉悦)			SBS 改性沥青(绍诸)		
	欧洲方法	美国方法	中国方法	欧洲方法	美国方法	中国方法
弹性恢复率(%)	98	98	97	99	99	99

从以上试验结果可以看出,三种试验方法下的试验结果基本没有差异。因此,可以认为虽然欧洲、美国和中国的弹性恢复试验在模具及方法上存在较大的差异,但是这些差异对试验结果影响不大。

由于受到试验仪器设备等条件所限,未能就欧洲、美国 MSCR 试验方法的不同对试验结果的影响进行考察。但从试验方法的差异点来看,试验历程明显不同,其对试验结果造成一定程度影响的可能性较大。

国外大量研究已经表明[25-28],MSCR 试验的不可恢复蠕变柔量 J_{nr} 比 $G^*/\sin\delta$ 与沥青胶结料的高温抗车辙性能相关性更好。D'Angelo 系统研究了不同蠕变应力水平(3.2kPa、12.8kPa、25.6kPa)下胶结料 J_{nr} 值与沥青胶结料的抗车辙性能的关系。在美国密西西比州针对包括聚合物改性沥青在内的 7 种胶结料的现场实地试验研究结果表明,在蠕变应力 3.2kPa 水平下测得的 J_{nr}(即 $J_{nr3.2}$)与现场车辙结果的相关性最大;在蠕变应力 12.8kPa 水平下测得的 J_{nr} 与室内车辙试验结果相关性最大;而 25.6kPa 水平下测得的 J_{nr} 与足尺加速加载设备(ALF)相关性最大。

虽然中国有些单位也开展了 MSCR 试验与高温抗车辙性能方面的研究,但至今尚未出台统一的试验方法规范。

2.4　本 章 小 结

(1)与路用性能相关的产品规范和试验方法规范是沥青规范的发展方向。美国在这方面走在了前头,完成了针入度规范—黏度规范—性能规范的发展历程,形成了基于性能的沥青胶结料规范,但尚未真正实现与路用性能相关的终极目标。

(2)欧洲建立了较为完善的集针入度分级、黏度分级为一体的沥青胶结料规范体系。在持续跟踪、评估美国沥青胶结料性能规范适用性的基础上,已经形成了基于性能的试验方法规范,但产品的性能规范至今仍未出台。

(3)中国的沥青胶结料规范仍处于针入度分级阶段。虽然产品规范中引入了黏度指标,也建立了基于性能的试验规程,但产品规范的修编进程较为缓慢。

(4)欧洲、美国和中国都越来越重视沥青老化/耐久性的评价。其中美国是唯一一个将短期老化和长期老化评价指标都纳入了产品规范的国家,欧洲和中国规范只有短期老化评价指标,没有考虑长期老化。

(5)对于沥青胶结料黏附性的评价,至今仍缺乏有效甄别的试验方法,是沥青业界应该重点突破的科研方向。

(6)建议组织由生产商、高等学校、科研院所和用户组成的沥青产学研用联盟,重点评估MSCR、测力延度、黏韧性等试验方法在我国的适用条件及有效性,加快改进和完善现有规范的步伐,尽快建立适合中国实际情况的沥青性能规范框架。

参考文献

[1] CEN. Bitumen and bituminous binders—Specification framework for special paving grade bitumen (Part 1:Hard paving grade bitumens):EN 13924-1:2015[S]. CEN,2015.

[2] CEN. Bitumen and bituminous binders—Specifications for paving grade bitumens:EN 12591:2009[S]. CEN,2009.

[3] CEN. Bitumen and bituminous binders—Specifications for paving grade bitumens:EN 12591:1999[S]. CEN,1999.

[4] AASHTO. Standard Specification for Viscosity-Graded Asphalt Cement:M226-80 (2017)[S]. AASHTO,2017.

[5] 贾渝,关永胜. Superpave 沥青胶结料性能规范的最新进展[J]. 石油沥青,2008,22(4):35-40.

[6] AASHTO. Standard Specification for Performance-Graded Asphalt Binder: M320-17 [S]. AASHTO,2017.

[7] AASHTO. Standard Specification for Performance-Graded Asphalt Binder Using Multiple Stress Creep Recovery(MSCR) Test:M332-14[S]. AASHTO,2014.

[8] 中华人民共和国国家标准化管理委员会. 重交通道路石油沥青:GB/T 15180—2010[S]. 北京:中国标准出版社,2011.

[9] 中华人民共和国国家能源局. 道路石油沥青:NB/SH/T 0522—2010[S]. 北京:中国标准出版社,2010.

[10] 中华人民共和国交通部. 公路沥青路面施工技术规范:JTG F40—2004[S]. 北京:人民交通出版社,2004.

[11] 江苏省高速公路建设指挥部,江苏省交通科学研究院. 沥青胶结料路用性能关键指标的

研究[Z].2006.

[12] 交通部公路科学研究所,等.道路沥青及沥青混合料路用性能的研究[Z].1995.

[13] AASHTO. Standard Method of Test for Determining the Flexural Creep Stiffness of Asphalt Binder Using the Bending Beam Rheometer (BBR):T313-12[S]. AASHTO,2012.

[14] AASHTO. Standard Method of Test for Determining the Fracture Properties of Asphalt Binder in Direct Tension (DT):T314-12[S]. AASHTO,2012.

[15] CEN. Bitumen and bituminous binders—Specification framework for polymer modified bitumens:EN 14023:2010[S]. CEN,2010.

[16] CEN. Bitumen and bituminous binders—Framework specification for polymer modified bitumens:EN 14023:2005[S]. CEN,2005.

[17] 中华人民共和国国家发展和改革委员会.聚合物改性道路沥青:SH/T 0734—2003[S].北京:中国标准出版社,2004.

[18] CEN. Bitumen and bituminous binders—Specification for hard paving grade bitumens: EN 13924:2006[S]. CEN,2006.

[19] 贾渝.低标号沥青和硬质沥青[J].石油沥青,2012(3):65.

[20] Austroads. Australian and international bituminous binder specifications: AP-T113-08[S]. Austroads,2008.

[21] 李小燕,李豪,关永胜,等.中国、美国和欧洲沥青评价指标及试验方法比较研究[J].中外公路,2015,35(1):248-253.

[22] Austroads. Laboratory study on relationship between binder properties and asphalt rutting:AP-T164-10[R]. Austroads,2010.

[23] European Bitumen Association. Position on future specification system for bituminous paving binders[M]. Brussels:European Bitumen Association,2002.

[24] European Bitumen Association. Position paper: performance related specifications for bituminous binders[M]. 1st edn. Brussels:European Bitumen Association,2012.

[25] D' Angelo J, Kluttz R, Dongré R, etc. Revision of the Superpave high temperature binder specification:the multiple stress creep recovery test[J]. Journal of the Association of Asphalt Paving Technologists,2007,76:123-162.

[26] D' Angelo J. The relationship of the MSCR test to rutting[J]. Road Materials and Pavement Design,2009,10(1):61-80.

[27] Federal Highways Administration. The multiple stress creep recovery (MSCR) procedure: FHWA-HIF-11-038[R]. Federal Highways Administration, Office of Pavement Technology, Washington DC,2011.

[28] Huang W, Tang N, Liu S. Comparative evaluation of dynamic oscillatory test and multiple stress creep recovery test in characterizing polymer-modified asphalt at varying contents[R]. Transportation Research Board annual meeting, 94th, Washington DC., USA, Transportation Research Board, Washington DC.,2015:16.

第3章 集料规范及试验方法比较研究

3.1 概 述

在沥青混合料中，集料质量占沥青混合料总质量的94%～95%，其主要作用是为沥青混合料提供力学性能和骨架支撑，以抵抗路面在荷载作用下的变形，其性质优劣对沥青混合料的质量影响非常显著。

集料分为粗集料、细集料和填料。由于粗集料、细集料和填料在沥青混合料中所起的作用各不相同，其性质要求也各不相同。本章主要针对中、法、美集料规范及试验方法进行比较，寻求它们之间的异同点，为广大工程技术人员熟悉了解该部分并在实际工程中进行应用提供一些技术支撑。

3.2 集料规范比较研究

3.2.1 法国集料规范

3.2.1.1 粗集料

欧洲规范《路面、机场道面及其他交通地区所用的沥青混合料集料及道路表面处治用集料》（EN 13043:2002）[1]规定粗集料为粒径在2～45mm之间的矿料。《法国沥青混合料设计指南》[2]对粗集料的物理特性（力学强度）和生产特性（级配、形状和粉尘含量）进行了规定，具体见表3.2-1。

不同类型混合料用粗集料最低性质要求 表3.2-1

混合料使用范围			底基层	上基层	厚层连接层（≥5cm）	薄层连接层（薄沥青混凝土）	厚表面层和轻型机场道面	薄表面层（超薄沥青混凝土和排水沥青混凝土）和重型机场道面
力学性质	磨耗值[a]（%）		(40,35)	(30,25)	(30,25)	(25,20)	(25,20)	(20,15)
	磨光值（%）		—	—	—	—	≥50	≥50
生产特性	通过率（%）	$2D$	100	100	100	100	100	100
		D[b]	85～99	85～99	85～99	85～99	85～99	85～99
		$D/1.4$	25～80	25～80	25～80	25～80	25～80	20～70
		D[c]	0～20	0～20	0～20	0～20	0～20	0～20
		$d/2$	0～5	0～5	0～5	0～5	0～5	0～5

续上表

混合料使用范围			底基层	上基层	厚层连接层（≥5cm）	薄层连接层（薄沥青混凝土）	厚表面层和轻型机场道面	薄表面层（超薄沥青混凝土和排水沥青混凝土）和重型机场道面
生产特性	通过率（%）	0.063	≤1	≤1	≤1	≤1	≤1	≤0.5
	扁平指数 *FI*（%）		≤25	≤25	≤25	≤25	≤25	≤20

注：a. 磨耗值（a,b）表示材料的洛杉矶磨耗损失 $LA \leqslant a$ 和微狄法尔磨耗损失 $MDE \leqslant b$，LA 和 MDE 之间可以互换，但最多只能互换5个百分点，例如可以把 $LA=25$、$MDE=10$ 的集料归为（*LA*20，*MDE*15）这一等级；可以把 $LA=15$、$MDE=20$ 的集料归为（*LA*20，*MDE*15）这一等级，同时也可以把 $LA=17$、$MDE=18$ 的集料归为（*LA*20，*MDE*15）这一等级。

b. *D* 为集料公称最大粒径。

c. *d* 为集料公称最小粒径。

3.2.1.2　细集料

欧洲规范《路面、机场道面及其他交通地区所用的沥青混合料集料及道路表面处治用集料》（EN 13043:2002）[1]规定细集料为粒径在0.063~2mm之间的矿料。法国《LPC沥青混合料设计指南》[2]主要从集料的粒径分布、粉尘含量、亚甲蓝值、棱角性等指标对细集料进行了具体规定，具体见表3.2-2。

细集料技术指标及要求　　　　表3.2-2

颗粒尺寸指标，筛子尺寸（mm）			膨胀性黏土矿物含量	棱角性（s）	
4	2	0.063	亚甲蓝值 *MBV*（g/kg）	表面层	低交通量的柔性路面
通过率（%）	通过率（%）	通过率（%）	≤10	≥35~38	≥30
100	85~99	12~22			

细集料中粉尘含量≤3%时不需要进行亚甲蓝试验。同时对用于其他基层的混合料，如果要求进行车辙试验，则对棱角性不作限制。对于表面层和联结层沥青混合料（BBSG）圆状颗粒含量要限制在10%以内，同样规范适用于机场道面沥青混凝土（BBA）、"软"沥青混凝土（BBS）、表面层和联结层的高模量沥青混凝土（BBME）。

3.2.1.3　填料

欧洲规范《路面、机场道面及其他交通地区所用的沥青混合料集料及道路表面处治用集料》（EN 13043:2002）[1]规定填料主要是指粒径小于0.063mm、可为沥青混合料提供一定性能的矿料。法国《LPC沥青混合料设计指南》[2]中对填料的粒径分布、亚甲蓝值、干矿粉压实空隙率和软化点差值进行了规定，具体见表3.2-3。对于来自粗、细集料中的填料也应满足表3.2-3关于亚甲蓝值、干矿粉压实空隙率和软化点差值的规定，其填料应采用0.125mm筛干筛获得。

同时，对于含有氢氧化钙的填料的使用还有一个严格的规定，即氢氧化钙的含量不能超过混合料质量的1%。

填料技术指标及要求 表3.2-3

颗粒尺寸指标,筛子尺寸(mm)					有害细料	增强性质	
2	0.125		0.063		亚甲蓝值 MBV(g/kg)	干填料压实空隙率V(%)	软化点差值 ΔR&B(℃)
通过率(%)	通过率(%)	范围(%)	通过率(%)	范围(%)			
≥100	85~100	≤10	≥70	≤10	≤10	28~38	8~16

3.2.2 美国集料规范

《与道路和路面材料有关的术语》(ASTM D8-18c)[3]规定,粗集料是指粒径大于4.75mm的矿料,细集料是指粒径在0.075~4.75mm之间的矿料;填料是指在沥青混合料中起填充作用的粒径小于0.075mm的矿料。而《Superpave混合料体积设计规范》(AASHTO M323-17)[4]规定,粗集料主要指粒径大于2.36mm的矿料。

在Superpave混合料设计体系中将集料特性分为认同特性和料源特性[5]。认同特性是指认同某些集料特性是关键的,并且在任何情况下要想沥青混合料获得好的使用性能,集料所必须达到的性质,这些性质指标在使用和规范值方面得到了广泛的认同,因此被称为"认同特性"。这些特性是:

(1)粗集料的棱角性;

(2)细长、扁平颗粒含量;

(3)细集料的棱角性;

(4)黏土含量。

除了集料的认同特性外,还有某些其他集料特性也很重要,然而这些特性的临界值不能通过认同得到,因为要求的值与料源有关。因此,推荐一组"料源特性",规定值由美国各州确定,因为这些特性与混合料设计有关,所以也可以用作料源接受控制。这些特性是:

(1)韧性;

(2)坚固性;

(3)有害物质。

同时美国对集料的技术要求是根据不同交通量情况确定,具体技术指标如表3.2-4所示。需要说明的是,规范要求与交通量水平和在路面中的位置有关,且此要求是针对最终合成级配的;但也有些设计者发现分别进行每种集料的集料试验是有用的,这可以允许设计人员利用该试验结果在混合料设计时,缩小混合料通过率的可接受范围,也对尝试多种混合料提供了更大的灵活性。每种集料的试验结果可对混合集料进行评价,当设计集料级配选定时,混合物的集料特性则需要通过试验验证。

AASHTO M323-17[4]中集料技术指标要求 表3.2-4

设计累计当量轴次(ESALs)(10^6)	粗集料棱角性[b](最小)(%)		间隙率(最小)(%)		砂当量(最小)(%)	扁平和细长颗粒含量[b](最大)(%)
	<100mm	>100mm	<100mm	>100mm		
<0.3	55/—	—/—	—	—[c]	40	—
0.3~3	75/—	50/—	40	40[d]	40	10
3~10	85/80[a]	60/—	45	40	45	10

续上表

设计累计当量轴次(ESALs)(10^6)	粗集料棱角性[b](最小)(%)		间隙率(最小)(%)		砂当量(最小)(%)	扁平和细长颗粒含量[b](最大)(%)
	<100mm	>100mm	<100mm	>100mm		
10~30	95/90	80/75	45	40	45	10
≥30	100/100	100/100	45	45	50	10

注:a. 85/80 表示 85% 的粗集料有一个破碎面和 80% 的粗集料有两个破碎面。

b. 该指标不适用于集料的公称最大粒径 4.75mm 的混合料。

c. 设计交通量 <0.3ESALs,集料的公称最大粒径为 4.75mm 的混合料,最小间隙率为 40%。

d. 设计交通量≥0.3ESALs,集料的公称最大粒径为 4.75mm 的混合料,最小间隙率为 45%。

《沥青混合料用细集料规范》(ASTM D1073-16)[6]要求细集料通过 0.45mm 筛孔颗粒的塑性指数应不大于 4%。

《沥青混合料用填料规范》[AASHTO M17-11 (2015)][7]仅对填料粒度范围和塑性指数进行规定。为了保证沥青路面不发生水损害,填料塑性指数应小于 4%。

3.2.3　中国集料规范

《公路工程集料试验规程》(JTG E42—2005)[8]规定,对于沥青混合料,粗集料是指粒径大于 2.36mm 的碎石、破碎砾石、筛选砾石和矿渣等;细集料是指粒径小于 2.36mm 的天然砂、人工砂(包括机制砂)及石屑;填料为在沥青混合料中起填充作用的粒径小于 0.075mm 的矿物质粉末。通常是石灰岩等碱性石料加工磨细得到的矿粉,水泥、消石灰、粉煤灰等矿物质有时也可作为填料使用。

《公路沥青路面施工技术规范》(JTG F40—2004)[9]对于粗集料的指标要求较多(见规范中表 4.8.2、表 4.8.5 和表 4.8.7),不仅对集料强度、洁净度、针片状颗粒含量、坚固性、与沥青的黏附性和软弱颗粒含量等进行了具体要求,同时对高速公路、一级公路沥青路面表面层用粗集料的磨光值也进行了规定,对破碎砾石破碎面也进行了明确。

《公路沥青路面施工技术规范》(JTG F40—2004)[9]对细集料的要求亦较多(见规范中表 4.9.2),主要包括密度、洁净度、棱角性等。其中对于细集料洁净程度的规定,天然砂以含泥量(小于 0.075mm 颗粒含量)表示,石屑和机制砂以砂当量(适用于粒径 0~4.75mm)或亚甲蓝值(适用于粒径 2.36mm 或 0~0.15mm)表示。

《公路沥青路面施工技术规范》(JTG F40—2004)[9]主要对填料(矿粉)的表观密度、含水率、粒度范围、亲水系数、塑性指数等进行了规定(见规范中表 4.10.1)。要求矿粉必须是采用石灰岩或岩浆岩中的强基性岩石等憎水性石料经磨细得到。当采用粉煤灰作为填料使用时,其烧失量应小于 12%,并与矿粉混合后的塑性指数应小于 4%,其余技术要求与矿粉相同。同时规定,高速公路、一级公路的沥青面层不宜采用粉煤灰做填料。

3.2.4　三种集料规范的比较

3.2.4.1　粗集料

1)棱角性

粗集料棱角性可以保证集料的高内摩阻力和抗车辙能力,一般采用破碎砾石破碎面积的质量百分数表示。

中、法、美规范对粗集料棱角性的要求差异,主要表现在:

(1)检测指标。法国规范对粗集料棱角性无具体要求,而中、美规范对粗集料破碎颗粒含量进行了规定。

(2)制定依据。美国规范对粗集料棱角性的要求主要是根据设计轴载次数的不同而不同,而中国规范主要是根据公路等级和层位来具体要求,但总体来说,都是根据交通量的大小对粗集料棱角性进行规定。

(3)指标要求。美国规范对粗集料棱角性要求相对宽松一些,对于设计轴载次数在30万次以下的道路,未对两个破碎面颗粒含量进行规定,且一个破碎面颗粒含量最低应不小于55%,而中国规范对于破碎砾石两个破碎面和一个破碎面粗集料颗粒含量均进行了规定,最低应分别不小于50%和70%。

2)针片状颗粒含量

由于针片状颗粒为非理想颗粒,在施工期间和交通状态下有断裂倾向,从而影响混合料性能,因此各国均对该指标进行了规定。比较中、法、美规范对针片状颗粒含量指标的要求发现,三种规范对针片状颗粒含量的要求差异比较大,具体表现在:

(1)检测指标。法国规范仅对片状集料的比例进行了规定,而中、美规范对针状和片状指标都要求进行检测。

(2)制定规范依据。法国主要根据混合料类型制定规范,美国根据设计轴载次数制定规范,而中国主要是根据公路等级和层位,但总体来说,各国都是根据交通量的不同而对针片状颗粒含量进行要求。

(3)具体指标要求。《Superpave 混合料体积设计规范》(AASHTO M323-17)[4]规定最大长度方向与最大厚度方向之比大于5:1的为针片状颗粒,含量不超过10%;法国规范规定最大长度方向与最大厚度方向之比大于2:1的为片状颗粒,含量不超过20%;中国规范规定最大长度方向与最大厚度方向之比大于3:1的为针片状颗粒,含量不超过20%。

3)坚固性

坚固性是表征集料抵抗风化的能力,通过集料表面开口空隙中的水受冰冻膨胀力作用后质量损失来进行模拟。法国规范中无该指标的具体要求。在 Superpave 混合料设计体系中将坚固性视为料源特性,各州根据各地情况制定相关要求。一般情况要求,采用硫酸钠时的试样质量损失不超过12%,采用硫酸镁时的试样质量损失不超过18%。中国则把坚固性作为高速公路、一级公路用粗集料强制性检测指标,主要采用硫酸钠溶液进行试验,要求经过5次浸泡和烘干循环,试样的质量损失不小于12%。

4)粉尘含量(水洗法小于0.075mm颗粒含量)

美国规范对粗集料粉尘含量无具体规定,而中国和法国规范都要求检测粗集料的粉尘含量。由于中国和法国规范筛网尺寸不同,法国规范通常要求小于0.063mm的颗粒含量小于1%,用于薄层沥青混合料的粗集料小于0.5%,中国规范则要求水洗法小于0.075mm的颗粒含量不大于1%。

5)洛杉矶磨耗损失

洛杉矶磨耗损失主要用于评价干燥状态下粗集料抵抗摩擦、撞击的能力。《法国沥青混合料设计指南》[2]中对于不同的混合料类型,其指标要求不同,其中薄表面层和重型机场道面用沥青混合料要求最高。在 Superpave 混合料设计体系中将磨耗损失认为是料源特性,各地应根据实际情况制定相应的要求。《高性能沥青路面(Superpave)基础参考手册》[10]中提到美国典型的最大损失值在35% ~45%,许多州的规范要求在40% ~50%。中国《公路沥青路面施工技术规范》(JTG F40—2004)[9]则根据公路等级和应用层位的不同,其要求也各不相同,其中一级公路、高速公路表面层和中下面层应分别不大于28%和30%,其他公路应分别不大于35%。

6)微狄法尔磨耗损失

洛杉矶磨耗试验是在集料干燥状态下进行的,它不适用于一些细粒软岩集料(例如黏土状碳酸盐岩和页岩),这些集料往往会吸收钢球的冲击能量,洛杉矶磨损试验值较低。然而,这些材料在潮湿时易发生滑塌和颗粒粉碎,从而导致路面性能差。而在洛杉矶研磨机中,在潮湿的条件下无法测试集料,因为细粉会黏附在滚筒的侧面。微狄法尔磨耗损失主要是用于检测集料在有水状态下的抗摩擦和撞击能力。

法国规范中,对于不同的混合料类型,微狄法尔磨耗损失值的规定也不同,其中薄表面层和重型机场道面用沥青混合料要求最高。同时法国规范对磨耗损失要求的最大特点是微狄法尔磨耗损失值和洛杉矶磨耗损失值可以有条件互换,这主要是考虑不同集料在干燥和有水状态下,其磨耗敏感性不同,这样可有效平衡集料试验结果,扩大集料应用范围。美国规范则根据层位的不同对微狄法尔磨耗损失值进行规定,其中表面层要求不大于17%,中、下面层不大于21%。而中国未对微狄法尔磨耗损失进行具体规定。

7)磨光值

集料磨光值是关系到一种集料能否用于沥青路面抗滑磨耗层的重要决定性指标。法国由于气候湿润,对磨光值要求较高,不小于50%。美国规范中对集料磨光值没有具体的要求。而中国则根据年降雨量的大小对集料磨光值进行规定,降雨量越大,磨光值越高,但略低于法国,最小值在36% ~42%之间。

8)密度和吸水率

筑路的一个基本要求就是就地取材,为了最大限度地使用当地材料,法国和美国规范均未对集料的密度和吸水率进行限制,而中国则对其进行了相关要求。一般情况下,石质坚硬致密、吸水率小的集料比较耐磨且耐久性好。但是,这并不是说集料密度越大越好,集料表面必须粗糙,而过分致密的集料破碎面可能比较光滑,缺乏粗糙的凹凸表面,不能吸附较多的沥青胶结料,使沥青膜的厚度变薄,影响混合料的耐久性。

对于吸水率指标,中国在2005年之前要求不大于2%,与日本、英国相同。但由于中国地域广阔,地质构造复杂,该指标不能充分利用当地材料,之后《公路沥青路面施工技术规范》(JTG F40—2004)[9]对其进行了修改,除高速公路及一级公路表面层仍要求不大于2%外,高速公路其层次及其他等级公路放宽到不大于3%。但我们认为这仍不能充分利用当地材料,因为集料采取远运还是就地取材取决于经济因素,而不是吸水率的大小。对于吸水率而言,未有研究表明吸水率小的集料其路用性能更优,而采用吸水率更大的集料仅会增加沥青用量,《公路沥青路面施工技术规范》(JTG F40—2004)[9]已考虑了有效沥青的概念,因此,建议各地应根据当地的情况,合理选用集料。

3.2.4.2 细集料

1)黏土含量

对于细集料中黏土含量,美国规范《Superpave 混合料体积设计规范》(AASHTO M323-17)[4]通过砂当量值进行评价,并随着设计轴载次数的不同而不同。《法国沥青混合料设计指南》[2]通过亚甲蓝值评价细集料的黏土含量,要求不大于10%。中国《公路沥青路面施工技术规范》(JTG F40—2004)[9]则采用砂当量值和亚甲蓝值来表征细集料的黏土含量,其中高速公路、一级公路要求砂当量不小于60%,亚甲蓝不大于25%,其他公路要求砂当量不小于50%,对亚甲蓝值没做具体要求。

2)棱角性

细集料棱角性试验是为了表征细集料的粗糙度,以预测细集料对沥青混合料的内摩擦角和抗流动变形性能的影响,对沥青混合料的体积指标、水敏感性和抗剪阻力等均有重要影响。

美国采用细集料间隙率来评价细集料棱角性,其间隙率越大,意味着有较大的内摩擦角、球状颗粒少、细集料的表面构造粗糙,具体要求与交通量水平和集料在路面中的位置有关。而法国采用流动时间评价细集料棱角性,当用于薄表面层和重型机场道面时,一般分别要求不小于35s和38s,如果用于低交通量的柔性路面时,要求不小于30s。中国采用流动时间对高速公路、一级公路用细集料棱角性进行了规定,要求不小于30s,其他等级公路未作要求。对比中、法两国细集料棱角性(流动时间)要求发现,法国对于细集料棱角性的要求更加严格。

3)粉尘含量(水洗法小于0.075mm颗粒含量)

法国规范对细集料粉尘含量一般要求控制在12%~22%之间,美国规范一般要求控制在5%或10%以内,而中国规范则根据集料规格的不同,一般要求控制在15%以内。

4)坚固性

法国规范对于细集料的坚固性无具体要求。美国Superpave混合料设计体系则将坚固性视为料源特性,各州根据各地情况制定相关要求。一般情况要求,采用硫酸钠时的试样质量损失不超过12%,采用硫酸镁时的试样质量损失不超过18%。中国则把坚固性作为高速公路、一级公路用细集料(大于0.3mm部分)强制性检测指标,主要采用硫酸钠溶液进行试验,要求经过5次浸泡和烘干循环,试样的质量损失不小于12%。

3.2.4.3 填料

法国规范对填料的性质要求与中国差异较大,主要是对填料的亚甲蓝值、干矿粉压实空隙率和软化点差值进行了规定,而这些指标中国均未对其进行要求。其中,亚甲蓝值是表征填料的洁净程度;软化点差值主要是指沥青和填料混合后软化点的变化,此试验是法国特有的;而干矿粉压实空隙率越高,则表明随着沥青用量升高,产生的自由沥青量越多。

美国规范仅对填料的塑性指数进行规定,要求小于4%。主要是考虑塑性指数高的矿粉,吸水性和吸油性较大,并由此发生膨润,将使沥青混合料的强度降低,或者在水的作用下发生剥离,导致沥青路面的损坏。

中国规范主要是对填料(矿粉)的表观密度、含水率、亲水系数、塑性指数和加热安定性进行了规定。和法国和美国相比,中国规范着重强调沥青和矿粉的亲和程度,要求亲水系数小于1。亲水系数是指矿粉在水中膨胀体积与同一试样在煤油中膨胀体积之比,用于评价矿粉与沥青胶结料的黏附性。亲水系数大于1,表示矿粉对水的亲和力大于对沥青的亲和力,反之,则表示对沥青的亲和力大于对水的亲和力。另外,规范也对填料的加热安定性进行了要求,主要是考虑有些矿粉在受热后会发生变质,从而影响矿粉的质量。尤其是火成岩矿粉,在拌和过程中会发生较严重的变质,可采用此方法进行检验。

3.3　集料试验方法比较研究

本节主要对中、欧、美集料主要试验方法进行比较,主要涉及几何和物理特性两个方面进行。对同种性能的各试验方法进行比较后发现,各规范对集料有着各自不同的要求,试验方法均存在差异。

本部分进行比较的集料试验方法列于表3.3-1中。

欧洲、美国、中国集料试验方法汇总　　表3.3-1

试验项目	欧洲	美国	中国
筛分	EN 933-1:2012	AASHTO T27-14(2018) AASHTO T37-07(2016)	T 0302—2005 T 0327—2005 T 0351—2000
密度和吸水率	EN 1097-6:2013	AASHTO T85-14(2018)	T 0304—2005 T 0308—2005
针片状颗粒含量	EN 933-3:2012 EN 933-4:2008	ASTM D4791-10	T 0312—2005
破碎砾石含量	EN 933-5:1998	ASTM D5821-13(2017)	T 0346—2000
洛杉矶磨耗损失	EN 1097-2:2010	AASHTO T96-02(2015)	T 0317—2005
微狄法尔磨耗损失	EN 1097-1:2011	AASHTO T327-12(2016)	—
磨光值	EN 1097-8:2009	ASTM D3319-11(2017)	T 0321—2005
坚固性	EN 1367-2:2009	AASHTO T104-99(2016) AASHTO T103-08(2017)	T 0314—2000
砂当量	EN 933-8: 2012+A1:2015	ASTM D2419-14	T 0334—2005
亚甲蓝值	EN 933-9: 2009+A1:2013	AASHTO T330-07(2015)	T 0349—2005
棱角性	EN 933-6:2014	AASHTO T304-17	T 0344—2000 T 0345—2005

3.3.1　粗集料

3.3.1.1　筛分

欧洲规范中粗集料、细集料、填料采用的筛分方法均按照EN 933-1:2012[11]的规定进行,即对集料先烘干后再水洗筛分。美国规范中粗集料和细集料的筛分方法按照 AASHTO T27-14(2018)[12]的规定进行，填料筛分采用 AASHTO T37-07(2016)[13]规定的方法，其中关于0.075mm筛孔通过率的确定，均需先进行水洗，之后收集 0.075mm 以上集料进行筛分。中国规范《公路工程集料试验规程》(JTG E42—2005)[8]中规定的粗集料、细集料和矿粉筛分试验方法各异，但确定 0.075mm 筛孔通过率都需要进行水洗。

(1)集料烘干温度不同。欧洲和美国采用的温度为 110℃ ±5℃，而中国则是 105℃ ±5℃。

(2)试验筛孔孔径不同。欧洲筛孔尺寸主要包括 0.063mm、0.08mm、0.25mm、0.315mm、1mm、2mm、4mm、6.3mm、8mm、10mm、12.5mm、14mm、16mm、20mm；中国和美国的筛孔尺寸基本一致，主要有 0.075mm、0.15mm、0.3mm、0.6mm、1.18mm、2.36mm、4.75mm、9.5mm、13.2mm、19mm 等，同时中国比美国多一个 16mm 筛孔。在对集料进行水洗时，欧洲规范要求将悬浊液通过 0.063mm 的试验筛，而美国和中国则要求通过 0.075mm 的试验筛。

(3)判断筛分是否充分的条件要求不同。中国规范比欧洲规范和美国规范都要严格，欧洲规范要求每分钟筛出量不超过筛上剩余量的 1%，美国规范为 0.5%，中国规范为 0.1%。

(4)试验结果的有效性和精度要求不同。欧洲规范要求所有各分计筛余量及筛底存量的总和与筛分前试样的干燥总质量相比，相差不超过后者的 1%，中国和美国规范则要求不超过 0.3%。同时中国规范还要求当粗集料两次试验结果 0.075mm 筛孔通过率的差值超过 1%，试验结果无效，应重新进行试验。因此为了满足这个要求，在筛分过程中就要谨慎认真，两次平行操作尽量相近。

3.3.1.2 密度和吸水率

粗集料的密度试验，欧洲规范和中国规范都有网篮法和容量瓶法两种方法来测量，其中欧洲规范 EN 1097-6:2013[14]规定使用哪种方法与集料粒径有关，粒径在 31.5 ~ 63mm 之间的集料应使用网篮法测定，粒径在 0.063 ~ 31.5mm 之间的集料应使用容量瓶法，但粒径在 4 ~ 31.5mm 之间集料也可使用网篮法代替容量瓶法；中国规范《公路工程集料试验规程》(JTG E42—2005)[8]在使用这两种方法时对粒径没有特殊要求，但通常采用网篮法测定。美国规范中粗集料的密度试验只有网篮法一种[AASHTO T85-14(2018)][15]。

另外，三种规范对集料在水中浸泡时间的规定也有所不同，中国和欧洲要求集料在水中浸泡时间不少于 24h，美国时间比较短，一般为 15 ~ 19h。中国规范试验结果的精确度要高于欧洲和美国规范，但只有重复性要求。欧洲规范、美国规范对集料的毛体积密度、表观密度、吸水率有重复性和再现性的要求。

3.3.1.3 针片状颗粒含量试验

通过对比发现，中国、欧洲和美国规范对集料针片状颗粒含量试验方法的规定主要有以下不同点：

(1)欧洲规范对集料针状和片状含量的检测分为两个试验，中国和美国规范都采用一个试验进行。

(2)欧洲规范规定，最大长度方向与最大厚度方向之比大于 2 的为片状颗粒，大于 3 的为针状颗粒。美国规范中对针片状的比例有 2、3 和 5 三种，但是没有明确采用哪个比例，其中

Superpave 混合料对集料的认同特性中针片状比例采用的是5:1(或1/5),中国规范对其的规定比例为3:1(或1/3)。对于片状颗粒,欧洲规范在操作过程中,首先对于特定集料 d/D 进行筛分,确定两个连续规范筛孔 d_i/D_i 之间集料的质量,再对该部分集料采用相应 $D/2$ 进行筛分,通过物即为片状颗粒。因此,相对于中国和美国规范中的针片状比例3:1或5:1而言,欧洲规范的片状颗粒的要求比较苛刻,即会出现在中国和美国规范中不是片状颗粒,而在欧洲规范被认定为片状颗粒的情况。

(3)采用的操作仪器不同。美国规范采用规准仪(ASTM D4791-10)[16],中国规范中T 0312—2005[8]采用游标卡尺,欧洲规范分别用直接筛分(EN 933-3:2012)[17]和游标卡尺测量(EN 933-4:2008)[18]。

(4)取样方法不同,从而导致试验结果的精确度不同。美国规范和中国规范由于要从代表试样中挑选出100个颗粒,这个过程的人为因素对试验的准确性和平行性影响较大。而欧洲规范直接采用筛分的方式取样,得到的试验结果平行性也较好,检测更加客观,受人为因素影响的程度较小。

3.3.1.4 破碎砾石破碎面积含量试验

被机械破碎的砾石破碎面大于或等于该颗粒最大横截面积的1/4者称为破碎砾石破碎面。破碎砾石破碎面积的质量百分比是指具有特定要求数量(具有一个或两个破碎面)的粗集料占粗集料总量的比例。

中国粗集料破碎砾石含量试验(T 0346—2000)[8]主要参照美国规范ASTM D5821[19]编写,通过破碎砾石破碎面积的比例表示。而欧洲的粗集料棱角性试验在EN 933-5:1998[20]中进行了规定,试验方法与中国和美国的方法基本相同,只有粒径方面有差异。

在法国除了测定破碎面积外,更习惯采用另一种试验方法作为专门的棱角性试验(NF XP P18-563[21]),即在频率50Hz、振幅0.5mm的振动台上,将一定体积的各种规格的粗集料放入漏斗中,在打开开关的同时计时,在振动条件下由斜槽全部漏出粗集料的秒数作为该粗集料的粗糙度指标,这个试验和中国细集料棱角性流动时间法原理相近。该试验在欧洲规范《路面、机场道面及其他交通地区所用的沥青混合料集料及道路表面处治用集料》(EN 13043—2002)[1]中没有相关技术要求,而中国基本上也没进行过相关试验,因此,还未列入中国的集料试验方法中。

3.3.1.5 洛杉矶磨耗试验

(1)仪器:中国规范[8]、欧洲规范[22]和美国规范[23]的仪器基本相同。

(2)钢球:欧洲规范明确使用Z30C;对于钢球直径,三个规范的参数要求也很相近,只是对钢球质量的要求上有少许差别,欧洲规范的质量范围相对较窄,质量范围分布宽度为400~445g,中国和美国规范相同,为390~445g。对于集料质量及所需钢球质量,见表3.3-2~表3.3-4。

欧洲规范对试样与钢球的要求 表3.3-2

粒级范围(mm)	试样质量(g)	钢球数量(个)	钢球质量(g)	转动次数
10~14	5000±5	11	4690~4860	500

美国规范对试样与钢球的要求 表3.3-3

粒度类别	粒级组成(mm)	试样质量(g)	试样总质量(g)	钢球数量(个)	钢球质量(g)	转动次数
A	25.0~37.5	1250±25	5000±10	12	5000±25	500
	19.0~25.0	1250±25				
	12.5~19.0	1250±10				
	9.5~12.5	1250±10				
B	12.5~19.0	2500±10	5000±10	11	4850±25	500
	9.5~12.5	2500±10				
C	6.3~9.5	2500±10	5000±10	8	3330±20	500
	4.75~6.3	2500±10				
D	2.36~4.75	5000±10	5000±10	6	2500±15	500

中国规范对钢球质量的要求 表3.3-4

粒度类别	粒级组成(mm)	试样质量(g)	试样总质量(g)	钢球数量(个)	钢球质量(g)	转动次数
A	26.5~37.5	1250±25	5000±10	12	5000±25	500
	19.0~26.5	1250±25				
	16.0~19.0	1250±10				
	9.5~16.0	1250±10				
B	19.0~26.5	2500±10	5000±10	11	4850±25	500
	16.0~19.0	2500±10				
C	9.5~16.0	2500±10	5000±10	8	3330±20	500
	4.75~9.5	2500±10				
D	2.36~4.75	5000±10	5000±10	6	2500±15	500
E	63~75	2500±50	10000±100	12	5000±25	1000
	53~63	2500±50				
	37.5~53	5000±50				
F	37.5~53	5000±50	10000±75	12	5000±25	1000
	26.5~37.5	5000±25				
G	26.5~37.5	5000±25	10000±50	12	5000±25	1000
	19~26.5	5000±25				

中国规范对于9.5~16mm的粒级,采用的钢球个数为8个,这一粒级对照美国规范则采用B级磨耗规范,钢球个数是11个,如果参照欧洲规范,钢球的个数也是11个。因此,对于9.5~16mm的粒级,中国规范与目前其他国家存在较大的试验参数差别,钢球个数差异作为一个重要的试验参数,对磨耗试验的结果有很大的影响。

(3)磨耗值的确定规范:欧洲采用1.6mm筛孔确定,美国及中国采用1.7mm方孔筛确定。

3.3.1.6 微狄法尔磨耗试验

对于微狄法尔试验,中国规范没有该项内容。对于欧洲规范EN 1097-1:2011 [24]和美国规范 AASHTO T327-12(2016)[25],其主要差别体现在 4 个方面:粒级的分类、试样质量、磨料质量及旋转次数,具体见表 3.3-5 和表 3.3-6。

欧洲 Micro-Dival 试验参数 表 3.3-5

粒级(mm)	试样质量(g)	水(L)	钢球质量(g)	转 数	时间(h)
10 ~ 14	500 ± 2	2.5 ± 0.05	5000 ± 5	12000 ± 100	2

美国 Micro-Dival 试验参数 表 3.3-6

粒度(mm)	粒级组成(mm)	试样质量(g)	试样总质量(g)	水(L)	钢球质量(g)	转数	时间(h)
9.5 ~ 19.0	16.0 ~ 19.0	375	1500 ± 5	2.0 ± 0.05	5000 ± 5	12000 ± 100	2
	12.5 ~ 16.0	375					
	9.5 ~ 12.5	750					
6.3 ~ 12.5	9.5 ~ 12.5	750	1500 ± 5	2.0 ± 0.05	5000 ± 5	10500 ± 100	1.75
	6.3 ~ 9.5	375					
	4.75 ~ 6.3	375					
4.75 ~ 9.5	6.3 ~ 9.5	750	1500 ± 5	2.0 ± 0.05	5000 ± 5	9000 ± 100	1.5
	4.75 ~ 6.3	750					

(1)粒级的差异。欧洲规范定义了 1 个粒级,美国规范定义了 3 个粒级,其中有两个粒级在洛杉矶磨耗试验中也有定义。从两种不同磨耗试验条件的粒级分类上来看,主要是考虑各自国家范围内的集料分档使用习惯,两种试验的粒级分类相对应。

(2)在试样质量、磨料质量、旋转次数等试验参数上,欧洲规范和美国规范均有较大的差别。这主要是两种规范根据各自试验的特点,在一定经验基础上确定的技术要求。这一点也是不利于两个规范下相同试验结果的对比参考。对玄武岩和石灰岩进行试验,欧洲规范试验结果比美国规范稍大,这与磨耗筛分粒径有关。

3.3.1.7 磨光值试验

通过比较中国、欧洲和美国的磨光值试验规范发现,欧洲规范 EN 1097-8:2009[26] 和中国规范 T 0321—2005[8] 较为接近,美国规范 ASTM D3319-11(2017)[27] 与它们相比差异较大,下面分别从轮胎、磨料、磨耗时间等多个方面进行比较。

(1)轮胎的差异:欧洲规范和中国规范采用两个实心轮胎,一个用于粗砂磨光,一个用于细砂磨光;美国采用一个充气轮胎,其中给出了两种选择,首先选用仪器自带的 Dunlop 轮胎,充气压力 310.26kPa ± 13.79kPa,在前者不可获取的情况下可以采用工业手推车轮胎,充气压力 241.32kPa ± 13.79kPa。轮胎的硬度,欧洲规范与中国规范相同,为 69IRHD ± 3IRHD,美国的轮胎硬度为55IRHD ± 3IRHD。

(2)磨料的差异:欧洲规范和中国规范采用两种磨料,粗金刚砂与细金刚砂,流速分别为 27g/min ± 7g/min、3g/min ± 1g/min,美国采用 150 号金刚砂,流速为 6g/min ± 2g/min。

(3)对橡胶轮胎施加的荷载差异:美国为 391.44N ± 4.45N,欧洲规范和中国规范都是 725N ± 10N,中国和欧洲施加的荷载较美国要高出很多。

(4)磨光试件采用的集料粒径差异:欧洲规范采用7.2~10mm,美国规范采用9.5~12.5mm,中国规范采用9.5~13.2mm,粒径大小影响到测试过程中轮胎与试件接触的有效面积,也会对最终试验结果产生一定影响,这也可能是欧洲规范试件的规范值与中国存在区别的另外一个原因。

(5)磨耗时间的差异:欧洲规范与中国规范规定的相同,粗砂和细砂磨光时间均为3h,美国规范为10h。

(6)判断试验过程的有效性的差异:欧洲规范通过试验判断规范试件的试验值是否在规范值范围内,从而对试件在试验过程中是否受力均匀进行有效判断;美国规范中没有这样的措施;中国规范中的做法与欧洲规范相同,相对而言,这样的做法更加合理。

(7)欧洲规范及美国规范没有明确金刚砂是否可以重复使用,美国规范没有提出对试件在道路轮上的摆放次序,中国和欧洲规范均有限制,但是次序有所区别。

3.3.1.8 坚固性试验

对于粗集料坚固性试验,中国采用硫酸钠饱和溶液进行该项试验(T 0314—2000)[8],欧洲采用硫酸镁溶液(EN 1367-2:2009)[28],美国两种溶液均可采用[AASHTO T104-99(2016)][29]。同时美国规范还可采用冻融方法对粗集料坚固性进行检测[AASHTO T103-08(2017)][30]。

三种规范对于坚固性试验存在的差异主要在于:

(1)在配制饱和硫酸盐溶液时,欧洲规范要求的对象是密度,中国和美国规范提出的溶液检测要求的对象是相对密度,从其对溶液密度或相对密度的限制要求上看,中国的要求相对欧洲规范宽松。

(2)三种规范在结晶循环过程中细节部分的操作上有些区别。

①在试样浸泡时,欧洲规范要求网篮在液面以下20mm,网篮间距20mm以上,美国规范则要求网篮在液面以下12.5mm,对网篮间距没有提出明确要求,而中国规范则要求液面以下深度及间距均为30mm。

②浸泡期间的溶液温度方面,欧洲规范要求为20℃±2℃,美国规范为20.3~21.9℃,中国要求为20~25℃。在一次循环过程中,三者的浸泡时间有所差异,欧洲与美国规范的要求分别为17h±0.5h、17h±1h,中国规范的要求为首次20h,此后均为4h,完成5次循环。

③在浸泡之后,浸泡试验的烘干处理三者也有区别:欧洲规范是沥水2h±0.25h,在110℃±5℃烘箱中24h±1h,取出在室温下冷却5h±0.25h;美国规范是沥水15min±5min,在110℃±5℃烘干至恒重,取出冷却到20~25℃;中国规范是直接放在105℃烘箱中烘干4h,待冷却到20~25℃,进入下一个循环。

④在新的循环开始,欧洲和美国规范均要求检查溶液是否有沉淀情况并进行可能必要的搅拌,中国规范在这方面没有明确。

⑤在浸泡的次数上,中国与欧洲规范明确要求5次,美国规范没有明确要求。

⑥在循环结束后的集料处理上:欧洲规范要求用水流冲洗后烘干24h;美国规范采用43℃±6℃的水对集料进行清洗,采用$BaCl_2$检查是否干净;中国规范采用20~25℃水冲洗干净,在烘箱中烘干,这个步骤中可以借鉴美国规范的做法,采用试剂检测集料是否漂洗

干净。

3.3.2　细集料

3.3.2.1　砂当量试验

砂当量试验主要是用于测定各种细集料中所含黏性土或杂质的含量,以评定集料的洁净程度。对于砂当量试验,欧洲规范 EN 933-8:2012 + A1:2015 [31]、美国规范 ASTM D2419-14 [32] 及中国规范 T 0334—2005[8] 的试验过程基本相同,主要不同点在于对试样的要求不同:欧洲规范砂当量试验集料要求是 0 ~ 2mm,美国规范及中国规范都是 4.75mm 以下,欧洲规范的集料要细很多,同样的集料砂当量试验结果会比美国规范和中国规范小;在欧洲和中国规范中,测试试样采用质量(120g)来表示,而在美国规范中,采用体积(大约 85mL)来表示;同时欧洲和中国的砂当量值以两次试验结果的平均值,并以整数表示,而美国规范以三次试验结果的平均值表示,并精确到 0.1%。

3.3.2.2　亚甲蓝试验

亚甲蓝试验主要是用于确定集料中是否存在膨胀性黏土矿物,评价集料的洁净程度,以亚甲蓝值 *MBV* 表示。三种规范规定的亚甲蓝试验方法的差异主要表现在:

(1)针对的对象不同。欧洲规范 EN 933-9:2009 + A1:2013 [33] 和中国规范 T 0349—2005[8] 主要针对的是细集料和矿粉,美国规范 AASHTO T330-07(2015)[34] 主要针对的是 0.075mm 以下颗粒。

(2)搅拌器和滤纸的差异。欧洲规范中对于搅拌器参数的设置与中国规范一致,美国规范对搅拌器没有提出要求;欧洲规范中滤纸的参数要求很明确,比美国规范和中国规范都详细,美国规范中的滤纸有固定的型号,中国规范中对滤纸没有具体参数要求。

(3)试样要求不同。欧洲规范采用 0 ~ 2mm 的填料;美国规范采用 0.075mm 以下的颗粒,也就是说可以适用于矿粉等填料,对于石屑中要提取该部分的颗粒进行试验;中国规范适用于小于 2.36mm 或者小于 0.15mm 的细集料,也可采用填料。对于亚甲蓝溶液的浓度,中国和欧洲规范采用 10g/L,美国规范采用 5g/L。对于溶液的配置过程及保质期,中国和欧洲规范都有明确的描述,美国规范没有相关规定。

(4)试验步骤的差异。中国和欧洲规范对试验步骤的规定基本相同,主要包括试样质量、蒸馏水的用量、不同搅拌阶段持续时间及相应速度、试验结束评判规范等;美国规范在操作过程中没有提供搅拌速度信息。欧洲规范相对于中国还增加了一种情况,即在试样的亚甲蓝结果较小时,利用高岭土以保证色晕的出现。

3.3.2.3　棱角性试验

细集料棱角性主要有两种评价方法,即间隙率法和流动时间法。中国间隙率法(T 0344—2000)[8] 是根据美国 AASHTO T304[35] 改编,流动时间法(T 0345—2005)[8] 是参照欧洲规范 EN 933-6[36] 集料流动系数中细集料流动系数试验方法编写。

(1)间隙率法:通过比较发现,中美间隙率法的差异主要体现在美国规范中多两种规范试样(表 3.3-7),而中国规范中之所以没有采用前两种试样,是因为在工程实际中细集料不会再进行筛分后使用,因此在引入美国规范时,只选择它的第三种取样方法。

(2)流动时间法:中国规范中的试验方法直接引用欧洲规范,只在取样时粒级有微小差异,其他完全相同。

美国规范和中国规范间隙率试验取样方法的差异　表3.3-7

美国规范 AASHTO T304-17[35]	中国规范 T 0344—2000[8]
三种取样方法 第一种:0.15~0.3mm,17g 0.3~0.6mm,72g 0.6~1.18mm,57g 1.18~2.36mm,44g 共计190g 第二种:0.3~0.6mm,190g 0.6~1.18mm,190g 1.18~2.36mm,190g 第三种:称取由4.75mm筛过筛的细集料190g	根据最大粒径的不同,称取由2.36mm或4.75mm筛过筛的细集料190g

3.4 本章小结

(1)中、法、美规范由于对筛网尺寸的规定不同,对粗、细集料和填料的定义存在差异。

(2)中、法、美规范根据各自国家气候条件、交通、应用层位等分别对集料特性指标进行了规定,法国和美国规范对集料特性指标要求较少,而中国规范则对集料指标要求更细致。

(3)中、欧、美规范对集料主要试验方法的规定均存在差异,主要体现在试样规格与质量、试剂要求和试验参数等。

参考文献

[1] CEN. Aggregates for bituminous mixtures and surface treatments for roads, airfields and other trafficked areas: EN 13043:2002[S]. CEN, 2002.

[2] Jean-Luc DELORME, Chantal de la ROCHE, Louisette WENDLING. LPC bituminous mixtures design guide[M]. Laboratoire central des ponts et chaussées, 2007.

[3] ASTM. Standard Terminology Relating to Materials for Roads and Pavements: D8-18c[S]. ASTM, 2018.

[4] AASHTO. Standard Specification for Superpave Volumetric Mix Design: M323-17[S]. AASHTO, 2017.

[5] Asphalt Institute. MS-2 Asphalt Mix Design Methods[M]. Asphalt Institute, 2014.

[6] ASTM. Standard Specification for Fine Aggregate for Asphalt Paving Mixtures: D1073-16[S]. ASTM, 2016.

[7] AASHTO. Standard Specification for Mineral Filler for Bituminous Paving Mixtures: M17-11(2015)[S]. AASHTO, 2015.

[8] 中华人民共和国交通部. 公路工程集料试验规程:JTG E42—2005[S]. 北京:人民交通出

版社,2005.

[9] 中华人民共和国交通部. 公路沥青路面施工技术规范:JTG F40—2004[S]. 北京:人民交通出版社,2004.

[10] 美国沥青协会. 高性能沥青路面(Superpave)基础参考手册[M]. 江苏省交通科学研究院,贾渝,曹荣吉,李本京,编译. 北京:人民交通出版社,2005.

[11] CEN. Tests for geometrical properties of aggregates—Part 1:Determination of particle size distribution—Sieving method:EN 933-1:2012[S]. CEN,2012.

[12] AASHTO. Sieve Analysis of Fine and Coarse Aggregates:T27-14(2018)[S]. AASHTO,2018.

[13] AASHTO. Sieve Analysis of Mineral Filler for Hot Mix Asphalt (HMA):T37-07(2016)[S]. AASHTO,2016.

[14] CEN. Tests for mechanical and physical properties of aggregates—Part 6:Determination of particle density and water absorption:EN 1097-6:2013[S]. CEN,2013.

[15] AASHTO. Specific Gravity and Absorption of Coarse Aggregate:T85-14(2018)[S]. AASHTO,2018.

[16] ASTM. Standard Test Method for Flat Particles,Elongated Particles,or Flat and Elongated Particles in Coarse Aggregate:D4791-10[S]. ASTM,2010.

[17] CEN. Tests for geometrical properties of aggregates—Part 3:Determination of particle shape—Flakiness index:EN 933-3:2012[S]. CEN,2012.

[18] CEN. Tests for geometrical properties of aggregates—Part 4:Determination of particle shape—Shape index:EN 933-4:2008[S]. CEN,2008.

[19] ASTM. Standard Test Method for Determining the Percentage of Fractured Particles in Coarse Aggregate:D5821-13(2017)[S]. ASTM,2017.

[20] CEN. Tests for geometrical properties of aggregates—Part 5:Determination of percentage of crushed and broken surfaces in coarse aggregate particles:EN 933-5:1998[S]. CEN,1998.

[21] AFNOR. NF XP P18-563 détermination du coefficient d'écoulement des gravillons[S]. AFNOR,1997.

[22] CEN. Tests for mechanical and physical properties of aggregates—Part 2:Methods for the determination of resistance to fragmentation:EN 1097-2:2010[S]. CEN,2010.

[23] AASHTO. Resistance to Degradation of Small-Size Coarse Aggregate by Abrasion and Impact in the Los Angeles Machine:T96-02 (2015)[S]. AASHTO,2015.

[24] CEN. Tests for mechanical and physical properties of aggregates—Part 1:Determination of the resistance to wear (micro-Deval):EN 1097-1:2011[S]. CEN,2011.

[25] AASHTO. Resistance of Coarse Aggregate to Degradation by Abrasion in the Micro-Deval Apparatus:T327-12 (2016)[S]. AASHTO,2016.

[26] CEN. Tests for mechanical and physical properties of aggregates—Part 8:Determination of the polished stone value:EN 1097-8:2009[S]. CEN,2009.

[27] ASTM. Standard Practice for the Accelerated Polishing of Aggregates Using the British Wheel:D3319-11(2017)[S]. ASTM,2017.

[28] CEN. Tests for thermal and weathering properties of aggregates—Part 2: Magnesium sulfate test: EN 1367-2:2009[S]. CEN,2009.

[29] AASHTO. Soundness of Aggregate by Use of Sodium Sulfate or Magnesium Sulfate: T104-99 (2016)[S]. AASHTO,2016.

[30] AASHTO. Soundness of Aggregates by Freezing and Thawing: T103-08 (2017)[S]. AASHTO,2017.

[31] CEN. Tests for geometrical properties of aggregates—Part 8: Assessment of fines—Sand equivalent test: EN 933-8:2012 + A1:2015[S]. CEN,2015.

[32] ASTM. Standard Test Method for Sand Equivalent Value of Soils and Fine Aggregate: D2419-14[S]. ASTM,2014.

[33] CEN. Tests for geometrical properties of aggregates—Part 9: Assessment of fines—Methylene blue test: EN 933-9:2009 + A1:2013[S]. CEN,2013.

[34] AASHTO Committee on Materials and Pavements. The Qualitative Detection of Harmful Clays of the Smectite Group in Aggregates Using Methylene Blue: T330-07 (2015)[S]. AASHTO, 2015.

[35] AASHTO. Uncompacted Void Content of Fine Aggregate: T304-17[S]. AASHTO,2017.

[36] CEN. Tests for geometrical properties of aggregates—Part 6: Assessment of surface characteristics—Flow coefficient of aggregates: EN 933-6:2014[S]. CEN,2014.

第4章 沥青混合料类型比较研究

4.1 概 述

沥青混合料主要由集料和沥青胶结料组成,其中以质量计,集料约占混合料质量的95%,沥青胶结料约占混合料质量的5%;以体积计,集料则占沥青混合料体积的85%,沥青约占混合料体积的10%,其余部分则为空隙。

一般而言,沥青混合料需具有以下特性:①抗永久变形;②抗疲劳开裂;③提供结构承载力;④抗水损害;⑤良好的工作性和易压实特性;⑥易维修;⑦经济。对于表面层沥青混合料而言,除具有上述特性外,尚需具有以下特性:①抗车轮磨光作用;②抵抗灾害性气候影响;③保证行车舒适性及安全性;④降低噪声。

为实现上述特性要求,世界各国根据不同的工程需求,结合当地的气候环境,开发了多种类型的沥青混合料,以适应交通、气候和材料的需求以及路面各结构层层位分工需求。目前多数国家的沥青混合料以连续密级配AC型沥青混合料为主,同时为满足某些特定功能需求,世界各国经过不断创新,提出了相适宜的混合料类型,例如以排水降噪为主要目标的英国多孔隙沥青混合料,以耐久性提升为主要目标的德国沥青玛琋脂碎石混合料,以降低造价保证性能为目标的法国薄层混合料等[1]。

为指导沥青混合料类型选择及结构设计,本章主要对法国、美国和中国常见沥青混合料的类型、性能及适用条件进行比较,以期为沥青路面从业者提供参考。

4.2 法国沥青混合料类型

经过多年的实践,欧洲国家研究开发了大量的混合料类型,欧洲标准化委员会CEN EN 13108系列规范"沥青混合料—材料规范"中共定义了八种混合料类型[2],主要包括:沥青混合料(Asphalt concrete)、很薄沥青混合料(Asphalt concrete for very thin layers)、软沥青混合料(Soft asphalt)、热碾压沥青混合料(Hot rolled asphalt)、沥青玛琋脂碎石混合料(Stone Mastic Asphalt)、玛琋脂沥青(Mastic Asphalt)、多孔沥青混合料(Porous asphalt)和极薄层沥青混合料(Asphalt for ultra-thin layers)。

表4.2-1为法国道桥中央实验室《LPC沥青混合料设计指南》中列举的法国沥青混合料类型,从表中可以看出,法国沥青混合料类型在欧洲标准化委员会规范中述及的混合料类型的基础上进行了拓展,比欧洲国家沥青混合料类型更加丰富,从而可以更好地满足不同条件的工程需求。

法国沥青混合料类型[3] 表4.2-1

欧标委规范中混合料类型	法国混合料类型	说明
AC	BBSG	半粗沥青混合料
	BBME	高模量沥青混合料联结层
	BBS	轻型交通荷载的柔性路面沥青混凝土
	BBM	薄层沥青混合料
	BBA	机场道面用沥青混凝土
	GB	传统的沥青碎石
	EME	高模量沥青混合料
BBTM	BBTM	很薄层沥青混合料
SMA	SMA	沥青玛瑞脂碎石混合料
PA	BBDr	多孔隙沥青混合料
AUTL	BBUM	超薄层沥青混合料

进一步地，法国的混合料根据永久变形、抗疲劳、劲度模量、旋转压实后空隙率和胶结料含量等进行了更为详细的分级，如表4.2-2所示。

法国沥青混合料分级[3] 表4.2-2

混合料类型	标准	等级	标准
BBSG	永久变形	0	无要求
		1	≤10%(30000次)
		2	≤7.5%(30000次)
		3	≤5%(30000次)
BBME	永久变形	1	≤10%(30000次)
		2	≤7.5%(30000次)
		3	≤5%(30000次)
BBS	永久变形	—	—
BBM	级配曲线类型	A/B/C	—
	永久变形	1	≤15%(3000次)
		2	≤15%(10000次)
		3	≤10%(30000次)
BBA	级配类型	C	连续级配
		D	间断级配(2/6和4/6)
	永久变形	1	≤10%(10000次)
		2	≤7.5%(10000次)
		3	≤5%(10000次)
GB	胶结料含量(经验法)	1	≥3.4%
		2	≥3.8%
		3	≥4.2%

续上表

混合料类型	标　准	等　级	标　准
GB	劲度模量（基本力学法）	2 和 3	≥9000
		4	≥11000
	抗疲劳（基本力学法）	2	$\varepsilon_{6\text{-}80}$[a]
		3	$\varepsilon_{6\text{-}90}$
		4	$\varepsilon_{6\text{-}100}$
EME	抗疲劳	1	$\varepsilon_{6\text{-}100}$
		2	$\varepsilon_{6\text{-}130}$
BBTM	旋转压实空隙率	A	12% ~20%（25 次，BBTM6）
			10% ~18%（25 次，BBTM10）
		B	21% ~25%（25 次，BBTM6）
			19% ~25%（25 次，BBTM10）
BBDr	旋转压实空隙率	1	20% ~25%（40 次） ≥15%（200 次）
		2	25% ~30%（40 次） >20%（200 次）

注：a. $\varepsilon_{6\text{-}80}$表示采用两点梯形梁动态模量试验，加载 100 万次，最小微应变为 80με，标号中的“6”表示 10^6。

4.3　美国沥青混合料类型

相对法国沥青混合料类型，美国沥青混合料类型则比较单一，美国国家沥青路面协会（National Asphalt Pavement Association, NAPA）出版物 *HMA Pavement Mix Type Selection Guideline* 及沥青学会（Asphalt Institute, AI）出版物 *Asphalt Mix Design Methods*（7th edition）中提及的美国沥青混合料类型主要包括密级配、开级配和断级配三种，其中：

（1）密级配是美国沥青混合料中最常见的混合料类型，其适用于路面结构的基层、中间层和表面层，可通过 Superpave 法或马歇尔法进行设计，适合任何交通状况，能满足所有路面设计要求。美国密级配沥青混合料按集料公称最大粒径从粗到细命名，并且根据关键筛孔集料通过率的大小，又分为粗型密级配（DCG）和细型密级配（DFG），如表 4.3-1 所示。需要说明的是，为便于比较，本书中所有美国密级配沥青混合料均采用 Superpave 设计方法[4-5]。

美国粗型密级配和细型密级配分界点[6]　　表 4.3-1

项　目	主要控制筛孔的控制点通过率（通过百分率，%）				
集料的公称最大粒径（mm）	37.5	26.5	19.0	12.5	9.5
关键控制筛孔（PCS）（mm）	9.5	4.75	4.75	2.36	2.36
PCS 控制点（通过百分率，%）	47	40	47	39	47

（2）美国开级配沥青混合料包括传统的 OGFC（开级配抗滑表层）或新一代 OGFC（也叫渗透性磨耗层 PFCs），也包括可用于沥青路面和水泥混凝土路面的沥青处治透水基层（ATPB），

ATPB 经常用作中、重交通路段基层,也可在水泥混凝土路面上铺筑沥青层时用来快速排除地表水[4-5]。

(3)美国断级配(SMA)沥青混合料具有高的集料含量(一般为混合料质量的70%~80%)、高的沥青用量(一般大于混合料质量的6%)和高的填料含量(一般为混合料质量的10%),最终形成具有优异的集料间接触状态和抗车辙性能的耐久性混合料,其核心目标是改善抗车辙性能,提升耐久性[4-5]。

4.4 中国沥青混合料类型

根据交通部发布的公路工程行业标准《公路沥青路面施工技术规范》(JTG F40—2004)所述,中国的沥青混合料类型主要包括密级配、开级配和半开级配三种。具体的混合料类型有AC(沥青混合料)、ATB(沥青稳定碎石)、SMA(间断密级配)、OGFC(开级配)、ATPB(排水式沥青碎石基层)和AM(半开级配),此外还有美国的Superpave,如图4.4-1所示。根据集料公称最大粒径,各混合料又可细分为特粗式、粗粒式、中粒式、细粒式和砂粒式沥青混合料。同美国密级配沥青混合料一样,中国密级配沥青混合料也分为粗型密级配和细型密级配,且与美国对应筛孔的通过率接近,如表4.4-1所示。中国的沥青混合料类型一般根据环境条件、道路等级、所处的层位等因素进行选择[7]。

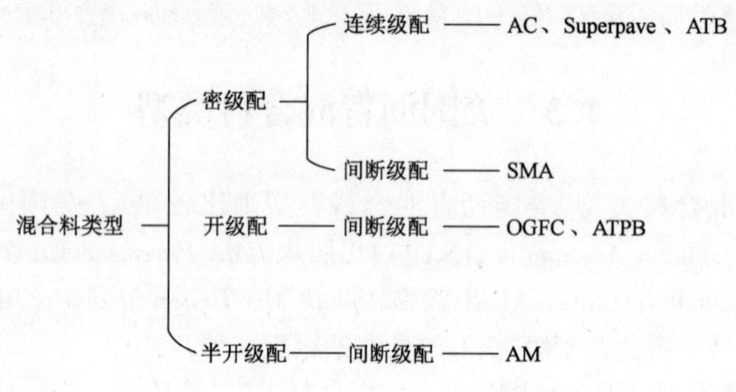

图4.4-1 中国沥青混合料结构

中国粗型密级配和细型密级配分界点[7]

表4.4-1

项目	主要控制筛孔的控制点通过率(通过百分率,%)				
集料的公称最大粒径(mm)	26.5	19.0	16.0	12.5	9.5
关键控制筛孔(PCS)(mm)	4.75	4.75	2.36	2.36	2.36
PCS 控制点(通过百分率,%)	40	45	38	40	45

4.5 中法美沥青混合料类型比较

中法美三个国家关于沥青混合料的分类方式各有不同,美国和中国主要以混合料中集料的颗粒分布特性来表征,如前所述,美国沥青混合料分为密级配、开级配和断级配;而中国的沥青混合料分类则相对复杂，其按级配曲线类型分为连续级配和间断级配，按集料的级配形式则分为密级配、半开级配、开级配等，其中密级配又包含连续级配和间断级配等；法国沥青混合料从名称上不能看出集料的颗粒分布特性如何，但基本也包含了密级配、开级配和断级配三种级配类型，密级配中也有断级配类型，如BBAD。因此，为便于比较，针对前文提及的不同国家的多种混合料类型，本章基于美国的分类方式，从密级配、开级配和间断级配这三个层面展开比较，比较内容主要包括应用层位、粒径及层厚、材料要求[4-7]。

4.5.1　中法美密级配沥青混合料比较

中法美密级配沥青混合料对比主要基于欧洲标准化委员会规范CEN EN13108-1、法国道桥中央实验室 *LPC Bituminous Mixtures Design Guide* 和 *French Design Manual for Pavement Structures*、NAPA出版物 *HMA Pavement Mix Type Selection Guideline*、美国国家公路研究所(National Highway Institute，简称NHI)出版物 *Superpave Fundamentals Reference Manual*、AI出版物 *Asphalt Mix Design Methods* 以及中国公路工程行业标准JTG F40—2004相关条文进行比较。

4.5.1.1　应用层位

为便于理解中法美密级配沥青混合料的应用层位，首先对不同国家路面结构相关术语进行说明(图4.5-1)，法国的沥青面层主要包括磨耗层和联结层；美国的沥青面层则包括表面层和联结层，总体而言，法国和美国的定义基本相同，而中国则包括上面层、中面层和下面层，一般意义上的中下面层即为法国和美国的联结层，有时也包括基层及底基层[4,7-8]。

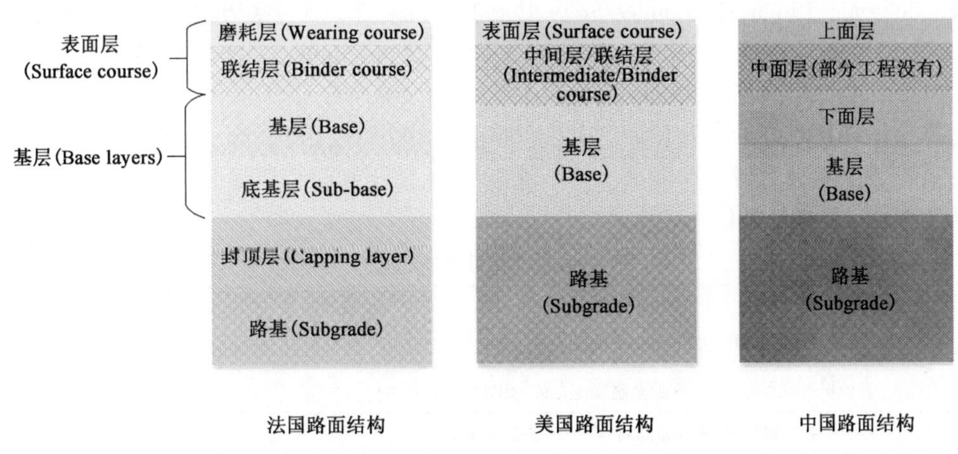

图4.5-1　中法美三个国家典型沥青路面结构

中法美三个国家均有相应的指南、规范等对密级配沥青混合料或沥青碎石的应用层位进行建议或规定，如表4.5-1所示。除法国的沥青碎石、高模量沥青混合料及中国的沥青碎石外，密级配沥青混合料适用范围较广，适用于任何条件下的沥青面层。同时美国的密级配沥青混合料尚适用于基层，法国的高模量沥青混合料和中国的沥青稳定碎石适用于基层。另外，美国和中国建议应用层位时考虑交通等级，法国虽没有明确提出，但法国沥青路面结构设计时，交通量也是一个重要设计依据。

各国建议的密级配沥青混合料应用层位[3-4,7]　表 4.5-1

国家	混合料类型	说　明	适 用 层 位
法国	AC-BBSG	半粗沥青混凝土	表面层或联结层
	AC-BBME	高模量沥青混合料联结层	表面层或联结层
	AC-BBS	轻型交通荷载的柔性路面沥青混凝土	表面层或联结层
	AC-BBM	薄层沥青混合料	表面层和联结层
	AC-BBA	机场道面用沥青混凝土	表面层和联结层
	AC-GB	传统的沥青碎石	底基层和次基层
	AC-EME	高模量沥青混合料	上基层和下基层
美国	密级配 HMA	高性能沥青混合料	各交通等级的面层、联结层和基层
中国	AC	密级配沥青混合料	各交通荷载等级的表面层、中面层和下面层
	ATB	沥青稳定碎石	极重、特重和重交通荷载等级的基层

4.5.1.2　粒径及层厚

关于密级配沥青混合料的粒径，法国与美国及中国的规定方式有所差异，总体而言，法国密级配沥青混合料的集料粒径相对较小，其混合料名称以最大筛网尺寸 D 来定义，D 值一般有 6mm、10mm、14mm 和 20mm 等[3]，每种混合料类型可能的 D 值如表 4.5-2 所示。而美国和中国则以集料的公称最大粒径来表示，其中，美国密级配沥青混合料公称最大粒径包含 37.5mm、26.5mm、19mm、12.5mm、9.5mm 以及 4.75mm[4,6]；中国密级配沥青混合料公称最大粒径包含 26.5mm、19mm、16mm、13.2mm、9.5mm 以及 4.75mm[7]。美国的筛网尺寸和中国基本一致，所不同的是，美国 12.5mm 档对应中国的 13.2mm 档，但美国没有 16mm 尺寸的筛网，这点差异会体现在最终的混合料命名上，对确定的最终级配没有影响。从结构上来看，美国和中国的沥青面层集料的最大粒径从上至下逐渐增加，法国则没有明显的递增趋势，如上基层和下基层均可用 AC-EME 14。

混合料类型和可能的 D 值[3]　表 4.5-2

沥青混合料	D(mm)
表面层和联结层半粗式沥青混凝土(AC-BBSG)	10/14
表面层和联结层高模量沥青混凝土(AC-BBME)	
表面层和联结层机场道面沥青混凝土(AC-BBA)	
薄层沥青混凝土 A 型或 B 型(AC-BBMA 或 AC-BBMB)	
基层沥青混凝土(沥青碎石)(AC-GB)	14/20[a]
基层高模量沥青混凝土(AC-EME)	10/14/20[a]
薄层沥青混凝土 C 型(AC-BBMC)	10

注：a. 有可能用 16mm(欧标)。

三个国家建议的密级配沥青层厚都是与粒径相关，但建议的方式有所不同。*LPC Bituminous Mixtures Design Guide* 中直接给出了不同类型混合料的建议层厚(表 4.5-3)，美国和中国则以集料的公称最大粒径的特定倍数来约定沥青层压实厚度的要求，其中 Superpave 提出沥青层厚度宜为公称最大粒径的 3 倍，对于粗型级配建议大于公称最大粒径的 4 倍[9]，公路工程行业标准 JTG F40—2004 则提出对热拌密级配沥青混合料，沥青层一层的压实厚度不宜小于集料公称最大粒径的 2.5 ~ 3 倍[7]。

法国密级配混合料集料尺寸和厚度[3]　　表 4.5-3

名称	AC-GB		AC-EME		AC-BBSG		AC-BBME		
D(mm)	14	20	10	14	20	10	14	10	14
最小厚度(cm)	6	8	5	6	8	4	5	4	5
平均厚度(cm)	8 ~ 14	10 ~ 16	6 ~ 8	7 ~ 13	9 ~ 15	4 ~ 7	6 ~ 9	5 ~ 7	6 ~ 9

NAPA 出版物 *HMA Pavement Mix Type Selection Guide* 则结合交通量情况进一步提出了不同公称粒径的混合料适宜厚度，如表 4.5-4 ~ 表 4.5-6 所示。

美国相应于各种交通情况的表面层适宜的混合料类型及适宜的层厚(mm)[4]　　表 4.5-4

交通情况		低交通量	中交通量	重交通量
结构层类型		细型密级配	细型密级配	粗型密级配
公称最大粒径(cm)	4.75	12.5 ~ 19	—	—
	9.5	25 ~ 37.5	25 ~ 37.5	30 ~ 50
	12.5	30 ~ 62.5	30 ~ 62.5	37.5 ~ 75
	19	—	50 ~ 70	57 ~ 75

注：低交通情况下，ESALs < 300000；中交通情况下，300000 ≤ ESALs ≤ 10000000；重交通情况下，ESALs > 10000000。

美国相应于各种交通情况的中间层适宜的混合料类型及适宜的层厚(mm)[4]　　表 4.5-5

交 通 情 况		低、中交通量		重 交 通 量	
结构层类型		DFG	DCG	DFG	DCG
公称最大粒径(mm)	19	50 ~ 70	57 ~ 75	50 ~ 70	57 ~ 75
	25	75 ~ 100	75 ~ 100	75 ~ 100	75 ~ 100

美国相应于各种交通情况的下面层结构层适宜的混合料类型及适宜的层厚(mm)[4]

表 4.5-6

交 通 情 况		低、中交通量		重交通量	
结构层类型		DFG	DCG	DFG	DCG
公称最大粒径(mm)	19	50 ~ 70	57 ~ 75	50 ~ 70	57 ~ 75
	25	75 ~ 100	75 ~ 100	75 ~ 100	75 ~ 100
	37.5	100 ~ 150	100 ~ 150	100 ~ 150	100 ~ 150

法国也根据交通量提出了磨耗层和联结层厚度的选择建议，图 4.5-2 为根据累计交通量建议的沥青混合料磨耗层厚度[8]。

进一步地，以美国和中国典型的沥青面层混合料为例，其计算得到的沥青层厚度如表 4.5-7 所示。美国的沥青面层最小厚度相比中国的沥青面层较厚，其中 Sup-20、Sup-25、AC-20/AC-25 的应用层位及功能与 AC-EME14 类似，可以看出用作联结层(中国中下面层)时，法国沥青混合料的集料公称最大粒径远小于美国和中国相应的混合料，其压实厚度也明显大于美国和中国相应的混合料。当用于表面磨耗层(中国上面层)时,三个国家所用混合料粒径基本相近,但法国混合料的压实厚度依旧略大于美国和中国相应的混合料。

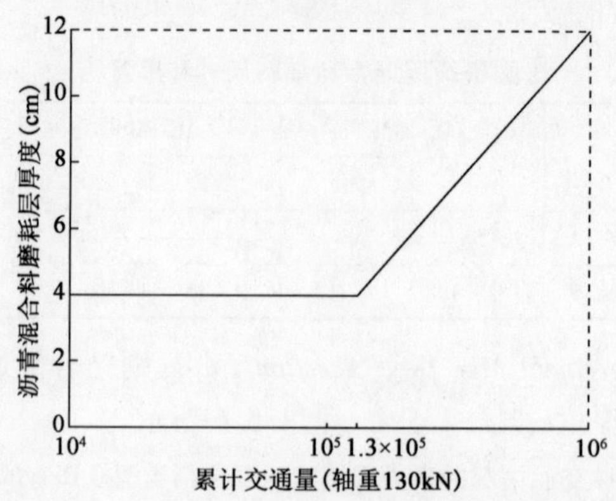

图4.5-2 根据累计交通量建议的沥青混合料磨耗层厚度

美国和中国典型沥青面层厚度 表4.5-7

混合料类型	Superpave						AC		
D(mm)	13	13	20	20	25	25	13	20	25
粗型/细型(F/C)	F	C	F	C	F	C	—	—	—
最小厚度(cm)	3.75	5	5.7	7.6	7.95	10.6	3.3~4.0	4.75~5.7	6.62~7.95

4.5.1.3 材料

法国密级配沥青混合料对沥青胶结料有若干选择,可以为道路沥青、聚合物改性沥青以及硬质沥青,胶结料的选择需根据混合料性能要求的水平确定,且道路沥青等级、改性沥青的种类和等级需满足相应规范要求,高模量沥青混合料 AC-EME 则通常使用硬质沥青或改性低标号沥青,建议的胶结料类型如表4.5-8所示[2-3]。其中道路沥青需满足 EN 12591 要求,改性沥青需满足 EN 14023 要求,硬质沥青需满足 EN 13924 的要求。

法国密级配沥青混合料建议胶结料等级 表4.5-8

沥青混合料类型	建议胶结料类型	
AC-BBSG	50/70 或 35/50	
AC-BBME	—	
AC-BBA	道路沥青	50/70 或 35/50
	聚合物改性沥青	45/80-60 或 40/100-65
AC-BBM	道路沥青	50/70 或 35/50
	聚合物改性沥青	45/80-60 或 40/100-65
AC-GB	道路沥青	35/50 或(50/70)
	聚合物改性沥青	—
AC-EME	硬质沥青	

中国密级配沥青混合料所用沥青胶结料需满足公路工程行业标准 JTG F40—2004 相关要求,具体在本书第 2 章中予以阐述,用于面层的沥青胶结料标号主要为 50 号、70 号、90 号和 110 号,明显高于法国沥青胶结料标号,此外江苏等部分地区也参考 Superpave,在现有 JTG F40—2004 的指标上增加了 SHRP 体系相关指标对沥青的质量予以控制。

美国密级配沥青胶结料则主要通过 SHRP 体系指标进行约束,部分地区采用黏度指标,普通沥青需根据性能等级规范(AASHTO M320)相关要求进行选择,改性沥青尚需按照多应力重复蠕变试验后的沥青胶结料性能等级规范(AASHTO M332)相关要求进行选择,中国部分地区沿用了 SHRP 体系指标,但是法国由于国土面积较小,气候差异不大,其规范中未出现 SHRP 体系指标要求。

图 4.5-3 ~ 图 4.5-5 为新型道路材料国家工程实验室积累的不同标号道路沥青 PG 等级,总体而言,跟常规认知一样,沥青标号越高,PG 高温等级越高,这也从另一程度说明了法国对沥青面层的高温等级要求相对较高。

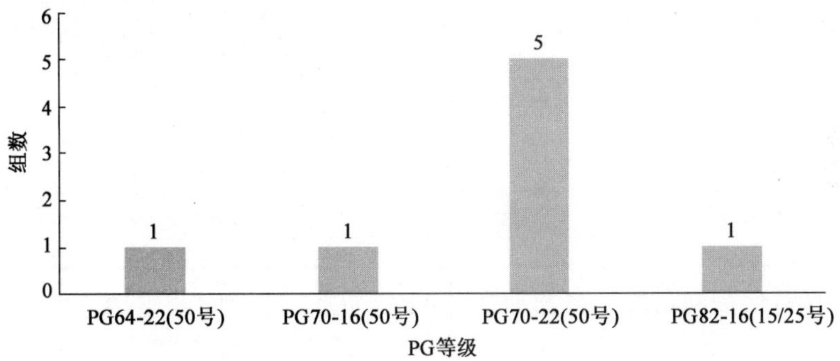

图 4.5-3　国家实验室 2008—2017 年 50 号和 15/25 号道路石油沥青 PG 等级汇总

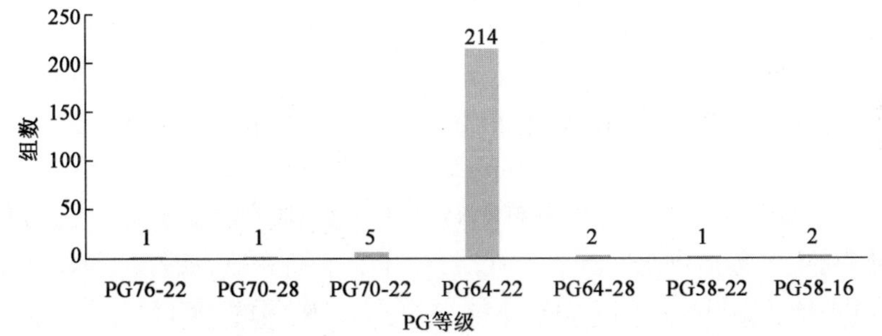

图 4.5-4　国家实验室 2008—2017 年 70 号普通道路石油沥青 PG 等级汇总

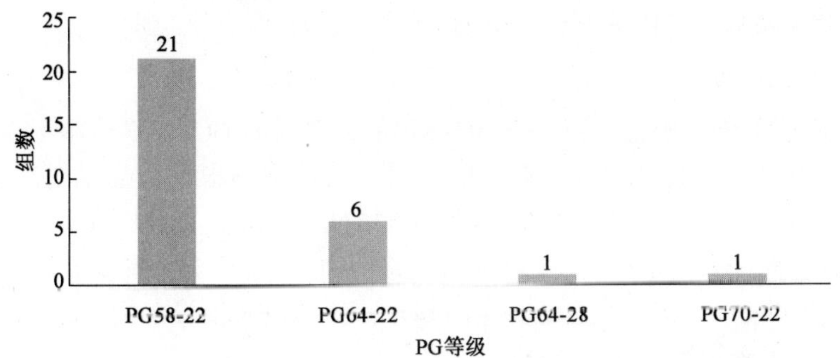

图 4.5-5　国家实验室 2008—2017 年 90 号普通道路石油沥青 PG 等级汇总

4.5.2 中法美开级配沥青混合料比较

本部分主要基于欧洲标准化委员会规范 CEN EN13108-7、法国道桥中央实验室出版物、NAPA 出版物、NCHRP 报告、AASHTO PP 77 规范以及中国公路工程行业标准 JTG F40—2004 相关条文对比中法美开级配沥青混合料。

4.5.2.1 释义

法国的开级配沥青混合料主要指沥青混合料具有非常多的连通孔隙,使得水和空气能够通过,从而使压实混合料的排水性、降噪等性能得到改善,一般欧洲的透水沥青混合料(Porous Asphalt,PA)试件空隙率为 18% ~22%[10],而法国的开级配沥青混合料(PA-BBDr)试件空隙率为采用旋转压实一定次数后不同类型的混合料的空隙率,如表 4.5-9 所示,可以看出 PA-BBDr 空隙率高于一般的 PA。

PA-BBDr 空隙率要求[3] 表 4.5-9

混合料类型	旋转压实次数	空隙率(%)
PA-BBDr1	40	20 ~25
	200	≥15
PA-BBDr2	40	25 ~30
	200	>20

关于美国的开级配沥青混合料的种类,NAPA、NCAT 等不同的机构给出了不同的定义及分类方法[11-19],但是总体而言,不同的分类体现在空隙率及功能需求的差异上,即传统的 OGFC(也叫开级配抗滑表层)和新一代 OGFC(也叫渗透性磨耗层 PFCs),其中前者空隙率一般为 12% ~15%,主要用于罩面改善抗滑性能;后者空隙率则大得多,一般为 18% ~22%,具有排水功能,减少水溅,提高夜间行车可视性及降噪等功能。此外,美国还有沥青处治透水基层(ATPB)和透水沥青混合料(Porous Asphalt,PA),其中,PA 的空隙率与 PFCs 的空隙率基本一致[4]。

中国的开级配沥青混合料主要指由粗集料嵌挤组成、细集料及填料较少、设计空隙率不小于 18% 的混合料,主要包括排水式沥青磨耗层(OGFC)和排水式沥青碎石基层(ATPB)[7]。

因此,中国的 OGFC 与美国的 OGFC 不能混为一谈,中国的 OGFC 与美国的新一代 OGFC 类似,空隙率均不低于 18%,但不包含传统的 OGFC;美国的 OGFC 与法国的 PA-BBDr 相比,美国的 OGFC 空隙率略低于法国的 PA-BBDr。

4.5.2.2 应用层位

关于沥青混合料的应用层位,法国的 PA-BBDr 和中国的 OGFC 只适用于表面层,中国的 ATPB 适用于极重、特重和重载交通荷载量的基层[3,7];美国则根据交通量提出了相应的应用层位建议,与法国的 PA-BBDr 与中国的 OGFC 不同的是,美国的 OGFC 也可以适用于联结层,如表 4.5-10 所示,但主要用于中、重交通量沥青路面中,高速行车可减少孔隙的堵塞。此外,美国的 PA 和欧洲的 PA 应用层位也有一定的差异,美国的 PA 铺设于大空隙渗滤层之上,而欧洲的 PA 一般铺设于密实的沥青混合料层之上[18]。

美国开级配沥青混合料应用建议[4]　　表 4.5-10

结构层类型	低交通量	中交通量		重交通量	
	OGFC/ATPB	OGFC	ATPB	OGFC	ATPB
表面层	×	△	×	○	×
中面层	×	×	×	○	×
基层	×	×	△	×	○

注:○表示推荐采用;△表示根据情况可以使用;×表示不建议采用。

4.5.2.3　粒径及层厚

中法美三个国家的开级配沥青混合料的层厚均与粒径相关,其中:法国开级配沥青混合料 PA-BBDr 的层厚与粒径相关,其最大公称粒径 D 一般为 6.3mm 或 10mm,当 D 为 6.3mm 时,最小厚度为 2cm;当 D 为 10mm 时,最小厚度为 3cm,如表 4.5-11 所示[3]。

法国开级配沥青混合料粒径及层厚[3]　　表 4.5-11

名称	PA-BBDr	
D(mm)	6.3	10
最小厚度(cm)	2	3
平均厚度(cm)	3~4	4~5

对于美国开级配沥青混合料,其 OGFC 公称最大粒径一般为 9.5mm 和 12.5mm,而 ATPB 最大粒径则为 19.0mm[4],NCHRP 报告 531《热拌沥青混合料渗透性与空隙率、层厚的关系》建议开级配沥青混合料的层厚为 19~25mm[20]。NCHRP 报告 640《排水磨耗层的施工与养护实践》提出由于 PFCs 的主要功能为排水,PFCs 混合料厚度应基于预期的降水量和所需的需水量确定,然而大多数机构却是通过经验而非计算直接提出了混合料的厚度建议[11]。2014 年,NCAT 的调查结果表明,PFCs 的厚度范围为 0.5~1.25 英寸(1 英寸 =25.4mm),即 12.7~31.5mm,美国典型的 PFCs 厚度小于 1.0 英寸,即 25.4mm[13]。NAPA 建议的 OGFC 层厚为 19~25mm(OGFC-10)和 25~37.5mm(OGFC-13)[4]。

对于中国开级配沥青混合料,ATPB 的公称最大粒径一般为 37.5mm、31.5mm 和 26.5mm;而 OGFC 的公称最大粒径一般为 16mm、13.2mm 和 9.5mm,JTG F40—2004 中规定,OGFC 等嵌挤型混合料厚度不宜小于公称最大粒径的 2~2.5 倍,即 32~40mm(OGFC-16)、26.4~33mm(OGFC-13)和 19~23.75mm(OGFC-10)[7]。

总体而言,法国开级配混合料 PA-BBDr 粒径相对较小,层厚较大;而美国和中国的 OGFC 粒径与结构层厚度基本相当。

4.5.2.4　材料

关于开级配沥青混合料的胶结料要求,法国未做特别说明,法国开级配沥青混合料 PA-BBDr 可使用的道路沥青范围较广,从 35/50 至 250/330,也允许使用天然沥青和改性沥青[10],而美国和中国分别就劲度和黏度提出了更高的要求[7,14],美国开级配沥青混合料(PFCs)用沥青除需满足 M320 相关要求外,由于其高沥青用量及开级配结构,为满足耐久性需求,沥青材料的劲度要求较高,当美国累计当量轴次超过1000万次时,沥青的高温等级需提高两级;当美国累计当量轴次低于1000万次时,沥青的高温等级需提高一级;中国的OGFC宜采用高黏度改性沥青,60℃黏度要求沿用日本《排水性铺装技术指南》(1996年)中的规定,即要求动力黏度不小于20000Pa·s,而2012年颁布的日本《沥青路面铺装便览》已取消了这一要求,同时,实践证明采用普通改性沥青或纤维稳定剂后能符合当地条件时也允许使用。

4.5.3 中法美断级配沥青混合料比较

法国混合料中的断级配沥青混合料主要包括BBM、BBTM、BBAD、BBUM和SMA,其中BBM又属于密级配范畴;美国规范中的断级配沥青混合料主要指SMA;中国规范中断级配沥青混合料主要包括SMA、OGFC和ATPB,考虑到OGFC和ATPB又属于开级配范畴,本节仅讨论SMA。

4.5.3.1 应用层位

断级配沥青混合料主要应用于表面层,法国的BBM和BBAD也可以用于联结层[3];在重交通等级的路段,美国也将SMA用于联结层[4];中国的SMA则主要应用于极重、特重和重交通荷载等级的表面层、对抗滑有特殊要求的表面层等[7]。

4.5.3.2 粒径及层厚

中法美三国断级配沥青混合料的集料公称最大粒径如表4.5-12所示。总体而言,当用于表面层时,除很薄层沥青混合料BBTM和超薄层沥青混合料BBUM外,三个国家的沥青混合料粒径比较接近,但是当用于联结层时,法国沥青混合料的集料公称最大粒径小于中美沥青混合料。

中法美三国断级配沥青混合料粒径[3,4,7]　　表4.5-12

国　家	混合料类型	公称最大粒径(mm)
法国	BBAD	10、14
	BBMA	10、14
	BBMB	10、14
	BBMC	10
	BBTM	6、10
	BBUM	6、10
	SMA	8、10
美国	SMA	9.5、12.5、19
中国	SMA	10、13、16、19

进一步地,中法美三国断级配沥青混合料的层厚要求如表4.5-13所示。JTG F40—2004规定SMA厚度不宜小于公称最大粒径的2~2.5倍[7]。总体而言,当用于表面层时,除很薄层沥青混合料BBTM和超薄层沥青混合料BBUM外,三个国家断级配沥青混合料的层厚基本相同。

中法美三国断级配沥青混合料厚度[3,4,7]　　表 4.5-13

国　家	混合料类型	最小厚度(mm)	平均厚度(mm)
法国	BBM10	25	30～40
	BBM14	30	35～50
	BBTM	15	20～30
	BBUM	—	10～20
美国	SMA10	25.0～37.5	—
	SMA13	37.5～50.0	—
	SMA19	50.0～62.5	—
中国	SMA10	19.0～23.75	—
	SMA13	26.4～33	—
	SMA16	32～40	—
	SMA19	38～47.5	—

4.5.3.3　材料

表 4.5-14 为不同国家断级配沥青混合料的建议胶结料类型,美国和中国建议使用改性沥青[7,21],法国则可采用道路沥青和聚合物改性沥青,但法国 SMA 不建议使用硬质沥青[3,22]。

不同国家断级配沥青混合料建议胶结料类型[3,7,21-22]　　表 4.5-14

<table>
<tr><th>国　家</th><th>沥青混合料类型</th><th colspan="2">建议胶结料类型</th></tr>
<tr><td rowspan="8">法国</td><td rowspan="2">BBM</td><td>道路沥青</td><td>50/70 或 35/50</td></tr>
<tr><td>聚合物改性沥青</td><td>45/80～60 或 40/100～65</td></tr>
<tr><td rowspan="2">BBAD</td><td>铺路沥青</td><td>50/70 或 35/50</td></tr>
<tr><td>聚合物改性沥青</td><td>45/80～60 或 40/100～65</td></tr>
<tr><td rowspan="2">BBTM</td><td>铺路沥青</td><td>50/70 或 35/50</td></tr>
<tr><td>聚合物改性沥青</td><td>45/80～60 或 40/100～65</td></tr>
<tr><td>BBUM</td><td colspan="2">道路沥青、聚合物改性沥青、多级沥青或天然沥青</td></tr>
<tr><td>SMA</td><td colspan="2">道路沥青、聚合物改性沥青、多级沥青或天然沥青,不建议硬质沥青</td></tr>
<tr><td>美国</td><td>SMA</td><td colspan="2">改性沥青(低交通量可用道路沥青或根据当地经验)</td></tr>
<tr><td>中国</td><td>SMA</td><td colspan="2">改性沥青</td></tr>
</table>

4.6　本 章 小 结

(1)三个国家的混合料类型分类方法均不相同,法国与美国没有相应的混合料与中国的半开级配对应;不同于美国混合料类型分类方法,法国和中国的密级配中均包含了间断级配。

(2)法国的密级配和间断级配比美国和中国的混合料类型更加丰富,美国和中国的混合料类型基本一致(区别主要在于划分方式上)。

(3)密级配沥青混合料一般情况下适用于任何结构层,美国和中国密级配混合料类型、粒径及层厚基本相似,法国密级配沥青混合料用于表面层时,粒径与美国和中国基本相近,层厚略高于美国和中国;当应用于联结层时,其粒径明显小于这两个国家的密级配沥青混合料,厚度则明显大于这两个国家的混合料。

(4)美国的OGFC包括传统的OGFC(空隙率12% ~15%,开级配抗滑表层)和新一代OGFC(空隙率18% ~22%,渗透性磨耗层)。不同于中国的OGFC(空隙率仅大于18%),美国开级配空隙率低于法国的PA-BBDr,且法国开级配混合料PA-BBDr粒径相对较小,层厚较大,美国和中国基本一致。

(5)法国的间断级配混合料允许使用道路沥青,美国和中国的间断级配沥青混合料则主要使用改性沥青。

参考文献

[1] Nikolaides A. Highway Engineering: Pavements, Materials and Control of Quality[M]. Crc Press, 2014.

[2] The British Standards Institution. Bituminous mixtures—Material Specifications—Part 1: Asphalt Concrete:BS EN 13108-1[S]. BSI Standards Limited,2016.

[3] The RST Working Group "Design of bituminous mixtures". LPC Bituminous Mixtures Design Guide[M]. Laboratoire Central des Ponts et Chaussées, 2007.

[4] NAPA. HMA Pavement Mix Type Selection Guideline:IS-128[M]. NAPA and FHWA,2001.

[5] Institute A. Asphalt Mix Design Methods[M]. AI, 2015.

[6] AASHTO. Standard Specifications for Transportation materials and methods of sampling and testing and AASHTO Provisional Standards[S]. AASHTO,2018.

[7] 中华人民共和国交通部. 公路沥青路面施工技术规范:JTG F40—2004[S]. 北京: 人民交通出版社, 2004.

[8] Corte J. French Design Manual for Pavement Structures[M]. Bearing Capacity, 1997.

[9] FHWA. Superpave Fundamentals Reference Manual[M]. National Highway Institute.

[10] The British Standards Institution. Bituminous mixtures—Material Specifications—Part 7: Porous Asphalt:BS EN 13108-7 [S]. BSI Standards Limited,2016.

[11] Mallick R B, Mogawer W S , Poulikakos L D , et al. Construction and Maintenance Practices for Permeable Friction Courses: NCHRP Report 640[R]. Worcester Polytechnic Institute, 2009.

[12] Council N R. A Manual for Design of Hot-Mix Asphalt with Commentary:NCHRP Report 673 [R]. Advanced Asphalt Technologies, LLC,2011.

[13] Watson, Donald. Performance-Based Mix Design for Porous Friction Courses:NCHRP Report 877[R]. National Center for Asphalt Technology—Auburn University,2018.

[14] AASHTO. Standard Practice for Materials Selection and Mixture Design of Permeable Friction Courses (PFCs)[S]. AASHTO, 2014.

[15] Prithvi S Kandhal, Rajib B Mallick,et al. Open-Graded Asphalt Friction Course: State of the

Practice:NCAT report 98-07[R]. NCAT,1998.

[16] Prithvi S Kandhal, Rajib B Mallick, et al. Design of New-Generation Open-Graded Friction Course:NCAT report 99-03[R]. NCAT, 1999.

[17] Rajib B Mallick, Prithvi S Kandhal, et al. Design, Construction, and Performance of New Generation Open-Graded Friction Courses:NCAT report 00-01[R]. NCAT,2000.

[18] FHWA. Porous Asphalt Pavements with Stone Reservoirs[M]. FHWA,2015.

[19] Kent Hansen. Porous Asphalt Pavements for Stormwater Management—Design, Construction and Maintenance Guide:IS-131[M]. NAPA,2011.

[20] Brown E R, Hainin M R, Cooley A, et al. Relationship of Air Voids, Lift Thickness, and Permeability in Hot Mix Asphalt Pavements:NCHRP Report 531[R]. NCHRP, 2004.

[21] AASHTO. Standard Specification for Stone Matrix Asphalt (SMA):M325[S]. AASHTO, 2018.

[22] The British Standards Institution. Bituminous mixtures—Material Specifications—Part 5: Stone Mastic Asphalt:BS EN 13108-5[S]. BSI Standards Limited,2016.

第5章 沥青混合料设计方法比较研究

5.1 概 述

合理的沥青混合料设计方法是保证沥青路面工程特性和经济性实现平衡的重要途径,是满足用户需求的耐久性沥青路面建成的重要保障。目前国际上主流的设计方法主要有基于体积指标的 Superpave 设计方法和基于经验的马歇尔设计方法以及维姆(Hveem)设计方法,同时,基于性能验证和力学指标的法国沥青混合料设计方法因其独特的设计理念及性能评价体系在国际上也受到了越来越多的推崇和借鉴,其设计的高模量沥青混合料由于优异的性能被英国、美国纳入长寿命沥青路面设计之中。

Superpave 设计方法、马歇尔设计方法和维姆设计方法在美国均有应用,其中以 Superpave 设计方法应用最广;中国主要使用马歇尔设计方法,Superpave 设计方法有一定程度应用。为便于比较中法美沥青混合料体系,本书仅用每个国家最具代表性的设计方法予以比较,而针对某个具体设计方法,不同国家间有差异时也会补充说明。本章通过比较高模量沥青混合料设计方法、Superpave 设计方法和马歇尔设计方法三种沥青混合料设计方法,对比中法美三国沥青混合料设计方法的异同,对比内容主要包括材料选择、级配选择、沥青用量选择、目标空隙率、试件制备方法、体积指标测试方法和性能评价等方面,以期为相关从业者在混合料设计方面提供借鉴。

5.2 法国沥青混合料设计方法

法国的沥青路面设计从 20 世纪 50 年代开始进入探索和研究阶段,70 年代起法国已基本形成一套完整的沥青路面设计体系,最早在 SETRA-LCPC 技术文件中进行了规定,随后又列入了法国的规范体系中。

法国沥青混合料设计方法主要考虑三方面因素:一是组成集料的多样性;二是气候条件的多变性,特别是温度的变化;三是汽车轮载作用的破坏性。由于这些因素的变化和公路网的实际要求,使得沥青混合料材料本身及其设计方法均处于不断地变化发展之中。同时,合同化了的业主和承包商之间的关系,要求在满足客户指定的目标需求下,给设计者以充分的选择自由,从而促使了沥青混合料设计方法的实用性研究与开发。

经验表明,法国沥青混合料设计的关键问题是处理好模量、疲劳和高温稳定性三者之间的关系,其核心思想是提高模量和高温稳定性能,减小荷载作用下沥青混凝土的应变,从而达到减薄路面厚度、提高路面抗车辙能力和提高路面耐久性的目的,因此在法国沥青混合料设计方法中,将模量和疲劳应变作为主要设计指标。目前,法国已形成了以水稳性、高温稳定性、模量和抗疲劳为基础的四水平设计法，该设计方法与混合料的路用性能密切相关，且这种方法得到的模量(E)和疲劳的试验结果(ε_6)可直接作为计算参数应用于路面结构设计中，使材料的性能与路面功能结合得更加紧密，也是目前世界上最接近于性能规范的混合料设计方法，其设计出来的产品高模量沥青混合料具有较高的抗车辙能力、抗水损害能力、较高的模量和抗疲劳性能，被广泛应用于沥青路面面层、基层中，其核心成果文件为法国道桥中央实验室的《LPC 沥青混合料设计指南》。

法国沥青混合料的设计流程包括组成选择、初始混合料组成设计、旋转压实试验及性能试验。根据性能试验水平来选择进行哪些试验，若混合料的性能不满足相应水平所要求的性能试验结果，则需要重新进行设计或者对原材料重新进行性能试验。另外，根据合同也可以有一些附加性能试验，附加性能试验的选取通常取决于混合料类型、沥青混合料在路面中的层位、厚度、交通水平、特殊的加载条件(如匝道、交叉口、当地温度)、路面结构以及道路建设项目的性质等，详细设计流程如图 5.2-1 所示。

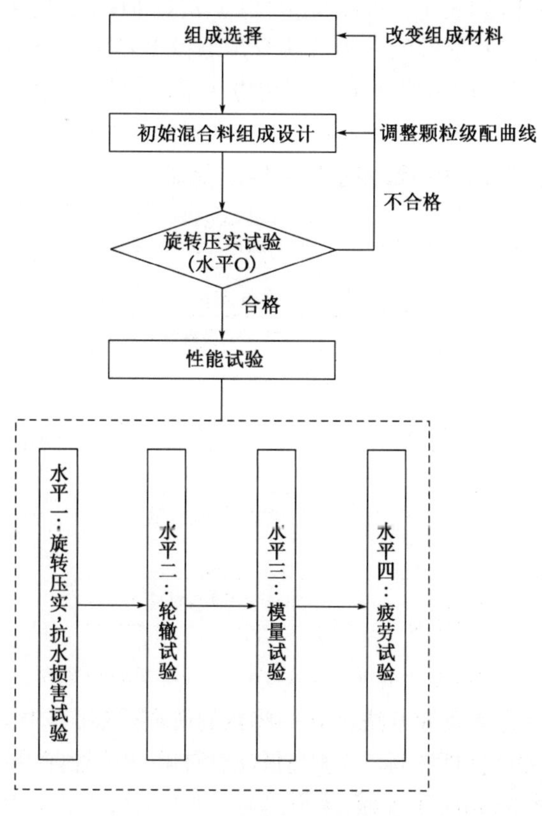

图 5.2-1　法国沥青混合料设计方法

5.3　美国沥青混合料设计方法

1987 年，美国国会批准建立了美国公路战略研究计划(SHRP)，项目历时 5 年，耗资 1.5 亿美元，旨在提高美国道路性能和耐久性，其中，沥青研究项目是整个 SHRP 计划的第一大项，研究经费占整个 SHRP 计划的 1/3,以期制定一个新的沥青和沥青混合料规范、试验和设计方法,其最终研究成果为 Superpave(Superior Performing Asphalt Pavement),即高性能沥青路面,该成果主要包括胶结料性能规范、沥青混合料体积设计方法和沥青混合料性能预测三个方面。

Superpave 的特性在于试验是在更能体现路面实际服务状况的温度和老化条件下进行的,它采取不断提高试验严酷程度和严密性分析的措施为路面项目提供性能优越的混合料。其特点在于:①提出了全新的胶结料性能规范,即 PG 等级规范,相对于传统的胶结料规范,PG 等级规范使用性能指标;②开发出可以模拟路面施工现场的特定压实设备,使得室内设计的 Superpave沥青混合料与路面实际情况具有良好的相关性。可以说,Superpave 代表了美国热拌沥青混合料的国家水平,是解决路面早期损害,特别是车辙问题的有效工具,其"S"形级配曲线、集料的有效密度和有效沥青用量等概念,也被纳入了我国的沥青路面施工技术规范中,推动了我国沥青混合料技术的发展。

Superpave 混合料设计是企图走向性能设计的方法,但由于基于 Superpave 剪切试验机(Superpave Shear Tester,简称 SST)的试验方法及预测模型过于复杂,后来规范中的 Superpave 设计流程中并未进行预测,美国也终止了 SST 相应的推广,目前美国的 Superpave 设计方法依旧是体积设计方法。图 5.3-1 为 Superpave 混合料体积设计方法的基本流程,主要包括材料选择、混合料结构设计、确定胶结料用量和水损害性能验证。

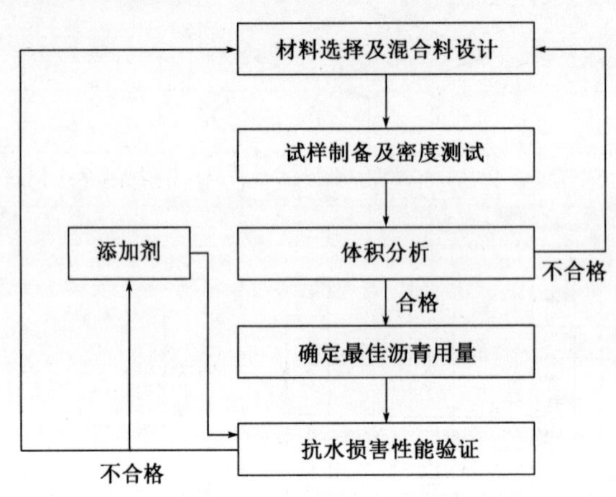

图 5.3-1 Superpave 混合料体积设计方法的基本流程

近年来,Superpave 混合料设计方法也有一些新的研究进展,其中关于平衡设计研究较多,其本质是混合料设计时考虑性能指标,寻求高低温性能和疲劳性能、抗水损害性能间达到相互平衡,其试验方法也有很多,如汉堡车辙、半圆弯曲(SCB)等,但主要用于混合料设计,受限于试验原理、试验设备、试验周期等因素的影响,目前尚未用于施工质量控制。

5.4 中国沥青混合料设计方法

根据公路工程行业标准 JTG F40—2004,中国混合料设计主要采用马歇尔设计方法,也允许采用其他配合比设计方法,但是必须通过马歇尔方法进行检验。马歇尔设计方法是通过重锤击实的方式获得一定的压实功来成型的沥青混合料试件,并用压实试件的体积指标来确定混合料的最佳沥青用量,从而设计出符合耐久性要求的混合料,其基本上属于一种经验体积设计方法,设计流程如图 5.4-1 所示。

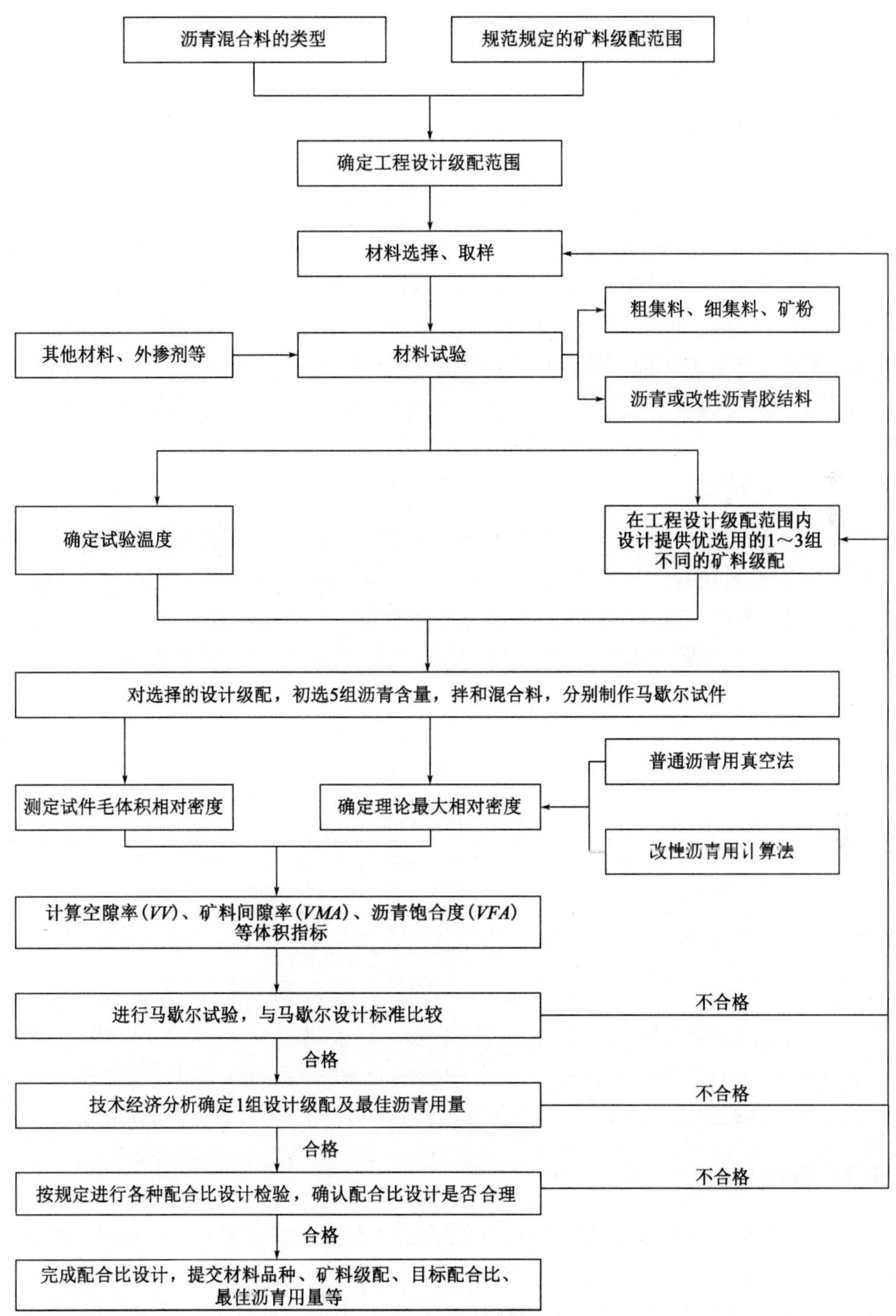

图 5.4-1　马歇尔设计方法流程图

5.5 中法美沥青混合料设计方法比较

5.5.1 材料选择

5.5.1.1 沥青胶结料选择

关于沥青胶结料的选择,中法美三个国家的方式均有一定差异,其中中国和法国都是基于针入度体系进行选择,不同的是,中国沥青混合料设计时所用的沥青通常为50号、70号和90号道路沥青以及改性沥青[1],法国也通常使用道路沥青、改性沥青等,但在一些特殊的场合,如EME设计时使用硬质沥青、低标号沥青+改性剂等[2],突破了传统沥青针入度的限制,扩大了硬质沥青、低标号沥青的应用范围。美国Superpave设计方法中沥青胶结料的选择则摒弃了具有经验性的三大指标,基于沥青胶结料的流变学特性,制定了以使用性能为基础的沥青分级方法,结合交通量、气候等外部环境条件,评价其在工作温度条件下的性能,通过固定沥青胶结料指标标准,改变试验温度的方法,模拟胶结料寿命周期3个重要阶段的性能,确定不同胶结料适宜的工作温度,选择满足相应PG等级的沥青胶结料[3]。

5.5.1.2 集料选择

关于中法美混合料设计时集料指标的比较,本书第3章已进行了详细说明,本部分不再赘述,需要强调的是美国规范中集料的性能指标是针对混合集料的性能指标。法国混合料设计规范中强制使用基本系列筛+1类筛系列或基本系列筛+2类筛系列,一般推荐使用基本系列筛+2类筛系列,法国规范筛孔与美国及中国差异较大,且沥青混合料最大筛孔尺寸相比美国和中国规范较小。美国规范中筛孔尺寸和中国规范基本相近,除25mm档和13mm档筛孔有所差异外,美国规范没有16mm筛孔,但这对最终确认级配没有影响,主要影响在于最大密度线及混合料名称等。中法美集料筛孔尺寸见表5.5-1。

中法美集料筛孔尺寸[1-2,4]　　表5.5-1

法国规范所用筛孔尺寸(基本系列筛+2类筛系列)(mm)											
14	12.5	10	8	6.3	4	2	1	0.5	0.25	0.125	0.063
美国规范所用筛孔尺寸(mm)											
25	19	—	12.5	9.5	4.75	2.36	1.18	0.6	0.3	0.15	0.075
中国规范所用筛孔尺寸(mm)											
26.5	19	16	13.2	9.5	4.75	2.36	1.18	0.6	0.3	0.15	0.075

5.5.2 级配选择

关于法国沥青混合料的级配选择,中、下面层按照连续密实的原则,上面层粗集料相对较多。但是法国高模量沥青混合料设计时没有规定集料颗粒的分布曲线,也没有规定级配选择的程序,仅规定了不同类型混合料的0.063mm、2mm、D和1.4D这几个关键筛孔的目标组成范围,其他筛孔无明确要求,在选择级配时级配曲线要求尽可能靠近关键筛孔的目标组成[2]。

同法国规范一样,美国规范也是通过关键筛孔的目标组成范围进行级配的控制,关键筛孔包括公称最大粒径、中间粒径(2.36mm)和最小粒径(0.075mm),目标组成范围上下限值也随公称最大粒径大小而变化[4]。早期的美国规范关于级配范围还有一个限制区,初衷是避免"驼峰级配"的形成,避免过多的砂或细集料导致混合料变软,压实过程中出现推移问题从而使得混合料在性能寿命周期内抗永久变形能力下降。但是后来的研究表明,通过严格控制原材料的质量,尤其是细集料只要满足了细集料棱角性指标的要求,就不会出现驼峰级配造成的危害,级配也就没必要要求避开限制区[5],AASHTO M323 从 2007 年版的规范开始就取消了对限制区的要求,但是考虑到限制区的作用,实际设计过程中建议能避则避。美国规范与法国规范不同的是,美国规范有级配选择的过程,通过特定旋转压实次数的试件体积指标来选择最终设计级配。

与法国和美国规范只约定关键筛孔的目标组成不同,中国规范最初规定了每一个筛孔合成集料通过率的上下限,且最初没有级配选择的概念,一旦混合料类型确定,当进行配合比设计时,千方百计地调整级配,使合成级配尽可能符合规定范围的中值[6],而后借鉴 Superpave 设计方法和思想,在沥青混合料设计过程中增加了级配选择的过程,改变了以往只走级配范围中值的做法,有利于针对特定的原材料,选择与之最适合的级配组成[1]。

作者认为,级配的范围要求是经验性的总结与建议,实际设计过程中更应考虑目标混合料的体积指标、性能指标等要求。

5.5.3　沥青用量选择

与美国和中国规范不同,法国混合料设计时没有最佳沥青用量的概念,为保证裹覆在集料表面的沥青膜厚度,法国规范提出了最小丰度系数 K 的要求。丰度系数是一个与沥青胶结料裹覆在集料表面的沥青膜厚度成比例的值,与粒料混合料的密度无关,而与油石比有关,通过约束最小丰度系数 K 值,也就可以预估并提出了最小沥青用量的要求(详见 5.5.6)[2]。

美国规范是通过选定设计级配旋转压实试件空隙率达到 4% 时的沥青用量作为最佳沥青用量[4],而中国规范则是综合马歇尔试件的各项体积指标确定合理的沥青用量范围,再结合当地公路等级、气候特点、交通状况,确定最终最佳油石比,总体而言中国的最佳油石比确定含有主观判断的色彩[1]。同时,中国马歇尔设计方法最佳沥青用量的确定有别于美国,AI 的 *Asphalt Mix Design Methods*(2015 年版)一书中提到,一般情况下,美国马歇尔设计方法最佳沥青用量确定方法为首先验证空隙率为 4% 时的沥青用量,如果该沥青用量下混合料所有体积指标均满足要求,那么此时的沥青用量即为最佳沥青用量,否则需要通过相关调整使其满足规范要求[7]。

文献研究表明,对于低标号沥青,采用马歇尔设计方法和法国高模量沥青混合料设计方法确定的沥青用量几乎相等;对于 70 号道路沥青,采用马歇尔设计方法和法国高模量沥青混合料设计方法确定的沥青用量有差别,但差别不大[8]。

5.5.4　目标空隙率

对于目标空隙率要求,法国规范主要通过约定特定旋转压实次数后试件的空隙率,以中国使用较多的 EME2 为例,其规定了旋转压实 80 次、100 次和 120 次后试件空隙率小于 6% 的要求，此外法国规范也从经验性抗车辙的角度考虑，为了避免混合料在压实过程中过于流动和不稳定，提出了旋转压实 10 次时的最小空隙率（10% 左右），也有用 1 次旋转压实次数的空隙率作为反映抗车辙能力的经验指标[2]。

美国规范中沥青混合料在 $N_{设计}$ 时旋转压实空隙率为 4%，同时也增加了初始压实次数 $N_{初始}$ 时和最大压实次数 $N_{最大}$ 时沥青混合料试件空隙率的要求，分别用来检验软弱混合料与预估压实性能（$N_{初始}$）以及保证在超过设计交通量过多时不会发生塑性破坏（$N_{最大}$）[4]。美国沥青混合料（密级配）体积性质设计要求见表 5.5-2。

美国沥青混合料（密级配）体积性质设计要求[4]　　表 5.5-2

设计 ESALs（10^6）	压实度（最大相对密度，%）		
	$N_{初始}$	$N_{设计}$	$N_{最大}$
<0.3	≤91.5	96.0	≤98.0
0.3 ~ 3	≤90.5	96.0	≤98.0
3 ~ 10	≤89.0	96.0	≤98.0
10 ~ 30	≤89.0	96.0	≤98.0
≥30	≤89.0	96.0	≤98.0

注：ESALs 为设计轴载 80kN、20 年的远景累计当量轴次。

中国规范中沥青混合料的空隙率要求与公路等级、交通等级、结构层位置、气候分区有关，见表 5.5-3，而美国的马歇尔设计方法中目标空隙率均为 3% ~5%。

密级配沥青混凝土混合料空隙率标准（%）[1]　　表 5.5-3

结构层位置	高速公路、一级公路				其他等级公路	行人道路
	夏炎热区		夏热区及夏凉区			
	中轻交通	重载交通	中轻交通	重载交通		
深约 90mm 以内	3 ~ 5	4 ~ 6	2 ~ 4	3 ~ 5	3 ~ 6	2 ~ 4
深约 90mm 以下	3 ~ 6		2 ~ 4	3 ~ 6	3 ~ 6	—

总体而言，中国和美国的设计目标空隙率高于法国的设计目标空隙率，但是由于法国混合料中低标号沥青、硬质沥青的使用，依旧可以使混合料具有良好的高温性能。

5.5.5　试件制备方法

5.5.5.1　拌和与成型温度

法国规范中混合料的拌和与压实温度主要根据欧洲规范 CEN EN 12697-35 确定，其关于压实温度的要求如下：对于胶结料采用满足 CEN EN 12591 的道路沥青和满足 CEN EN 13924-1 的硬质沥青时，规范直接根据针入度等级提出了相应的建议；而对于满足 CEN EN 13924-2 的改性沥青或多级沥青，确定压实温度为黏度与表中所述沥青黏度相近的沥青对应的温度或动力黏度为 0.28Pa · s ±0.03Pa · s 时对应的温度，此外还有供应商提供、计算等方式确定温度。而对于拌和温度的确定则为动力黏度为 0.17Pa · s ±0.02Pa · s 时所对应的温度，但要求拌和温度不得超过压实温度 20℃ 以上[9]。

美国规范中道路沥青混合料的拌和与压实温度则是完全根据黏温曲线确定，其中拌和温度对应的黏度为0.17Pa·s±0.02Pa·s,压实温度对应的黏度为0.28Pa·s±0.03Pa·s。改性沥青则采用供应商建议的温度[10]。

中国规范中道路沥青混合料的拌和与压实温度同样根据黏温曲线确定,当缺乏沥青黏度测定条件时,试件的拌和与压实温度可按表5.5-4选用,并根据沥青品种和标号作适当调整。针入度小、稠度大的沥青取高限;针入度大、稠度小的沥青取低限,一般取中值。对改性沥青,根据实践经验、改性剂的品种和用量,适当提高混合料的拌和与压实温度;对大部分聚合物改性沥青,通常在普通沥青的基础上提高10~20℃,掺加纤维时,还需再提高10℃左右[1]。

沥青混合料拌和与压实温度参考表　　表5.5-4

沥青胶结料种类	拌和温度(℃)	压实温度(℃)
石油沥青	140~160	120~150
改性沥青	160~175	140~170

总体而言,中法美规范中道路沥青混合料拌和与压实温度的确定主要还是以黏度为导向进行选择,改性沥青则主要通过经验、公式计算等方式给予建议。

考虑到我国引进了法国沥青混合料设计规范,不同针入度的沥青分别通过黏温曲线和法国规范建议的温度确定,见表5.5-5。可以看出除中海20号沥青外,黏温曲线确定的压实温度明显低于规范建议的温度,考虑到压实温度对混合料成型效果的影响,建议我国在引进法国规范时,采用规范建议的压实温度。

不同方式确定的沥青混合料压实温度[8,11]　　表5.5-5

沥 青 种 类	黏温曲线确定的温度(℃)	规范建议的压实温度(℃)
镇海15号	166.1~170.7	180
中海20号	183~190	180
中海30号	157.9 ~163.0	175
中海50号	148.8~154.0	165
壳牌70号	140.8~145.9	150

5.5.5.2　老化参数

美国和法国规范中混合料压实之前均需在拌和温度条件下进行短期老化,但老化时间要求不一样,法国要求老化时间为0.5~2h[12],美国要求测体积指标时,需短期老化2h[10]。此外美国规范还对用于性能试验的混合料短期老化条件进行了约定,短期老化条件为135℃条件下老化4h[10],中国的规范则没有短期老化的要求。事实上,短期老化正是模拟混合料拌和出来后从运输到碾压的过程,与实际混合料的工作状态更为匹配,且美国早期的研究表明,短期老化前后混合料的体积参数相距甚远(图5.5-1),鉴于这种差距,建议中国规范中增加短期老化过程。

5.5.5.3　成型方法

关于沥青混合料的成型方法,法国(EN 12697-31)和美国(AASHTO T312)都采用旋转压实仪旋转压实成型,而中国则采用马歇尔击实仪击实成型。

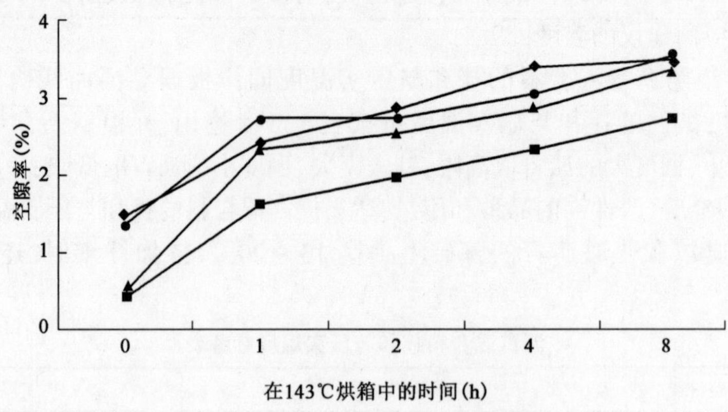

图5.5-1 短期老化时间对空隙率的影响[13]

法国和美国沥青混合料旋转压实的原理是相同的,均是将沥青混合料放到一个圆柱形的模具中,保证沥青混合料的温度在一定范围内,对混合料施加竖向静压力和因旋转产生的剪切力,通过设定一定的旋转压实次数,使沥青混合料试件压实到规定的空隙率,如图5.5-2所示。如表5.5-6所示,两者除在旋转压实角度、旋转压实次数以及空隙率确定方法方面存在差异外,其余参数基本相同[13-14],由于法国规范内部角小,所以压实功小,如果达到相同的压实度,所需的美国旋转压实次数比法国少。中国规范采用马歇尔击实成型,利用重锤下落反复击打试件来施加压实功,击实次数与交通等级、混合料类型有关,对于密级配沥青混合料,一般双面各击实75次,对于其他类型混合料还包括双面击实50次等[1],根据新型道路材料国家工程实验室配合比统计数据,同一混合料分别采用马歇尔击实和旋转压实成型,马歇尔空隙率比旋转压实空隙率大0.8%~1.2%,可见旋转压实的压实功大于马歇尔击实功,旋转压实仪的揉搓作用使混合料更容易被揉搓到一个稳定状态,更符合压路机作业实际情形。

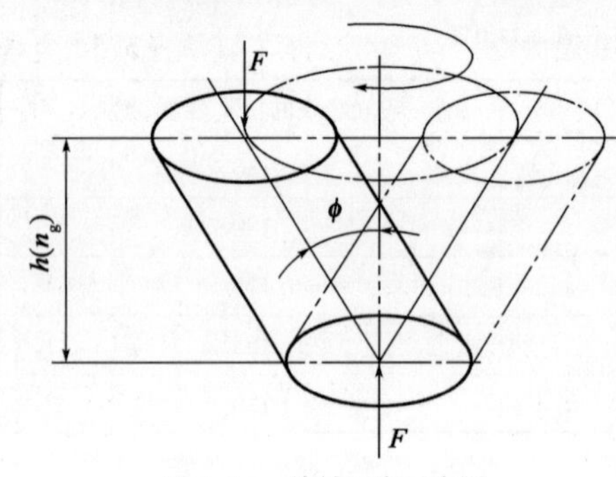

图5.5-2 旋转压实示意图

美国、法国旋转压实参数比较[12,14] 表5.5-6

试验参数	法国旋转压实仪试验 EN 12697-31	美国旋转压实仪试验 AASHTO T312
旋转压实角度	内部角(0.82° ±0.02°) 外部角(1° ±0.02°)	内部角(1.16° ±0.02°)
旋转压实次数	根据混合料类型及粒径确定,粒径越大,旋转压实次数越多	根据交通等级确定(表5.5-7),交通等级越高,旋转压实次数越多
转速	30r/min ±0.5r/min	30r/min ±0.5r/min
竖向压力	0.6MPa ±0.018MPa	0.6MPa ±0.018MPa
试件直径	150mm ±0.1mm	150mm ±0.1mm

续上表

试验参数	法国旋转压实仪试验 EN 12697-31	美国旋转压实仪试验 AASHTO T 312
空隙率确定方法	$V_{法标}=\left(1-\frac{h_{min}}{h_i}\right)\times 100$ 式中:h_{min}——压实试件的最小高度,对应的空隙率为0; h_i——旋转 i 次后试件的高度(mm)	$VV=\left(1-\frac{\gamma_f}{\gamma_t}\right)\times 100$ 式中:VV——试件的空隙率; γ_f——试件的毛体积相对密度; γ_t——试件的理论最大相对密度

美国规范旋转压实次数[4] 表5.5-7

设计 ESALs(10^6)	$N_{初始}$	$N_{设计}$	$N_{最大}$
<0.3	6	50	75
0.3~3	7	75	115
3~30	8	100	160
≥30	9	125	205

注:ESALs为设计轴载80kN,20年的远景累计当量轴次。

需要说明的是,美国的设计ESALs是设计车道20年预估的累计当量轴载次数(不考虑设计寿命,标准轴载为80kN),而中国通常高速公路设计年限为15年(标准轴载100kN),且交通等级分级与美国有所差异,因此,中国在引进Superpave规范时,需要明确压实次数的选择如何与中国设计交通等级进行匹配。

鉴于美国规范在我国相对普及以及减少内部角标定的繁琐过程,探讨使用国内旋转压实成型方法替代法国旋转压实成型方法的可行性,从而为规范引进过程中设备的选择、参数设置等提供参考。为此,苏交科采用三种沥青及两种添加剂制得四种相同沥青用量的EME2混合料,对比法国旋转压实和美国旋转压实后试件的压实度发现,除了初始阶段,在后续的压实过程中,基本呈现出美国旋转压实功大于法国压实功的现象,这与前文的论述基本一致,此外,两种压实方法也不存在对应关系。因此,建议目前国内采用旋转压实设计高模量沥青混合料时,依旧采用法国旋转压实方法。法国旋转压实和美国旋转压实对比试验参数设置见表5.5-8,不同混合料的压实度曲线如图5.5-3所示。

法国旋转压实和美国旋转压实对比试验参数设置 表5.5-8

项目	参数值	
原材料	1	泰州中海50号道路石油沥青+PR Plast高性能添加剂(用量为集料质量的0.65%)
	2	中石化50号沥青+ZQ-1添加剂(用量为集料质量的0.65%)
	3	中石化50号沥青+PR Plast添加剂(用量为集料质量的0.65%)
	4	中石化30号沥青
旋转压实次数	100	
空隙率计算方法	美国标准(法国和美国的计算方式有差异,下文讨论)	

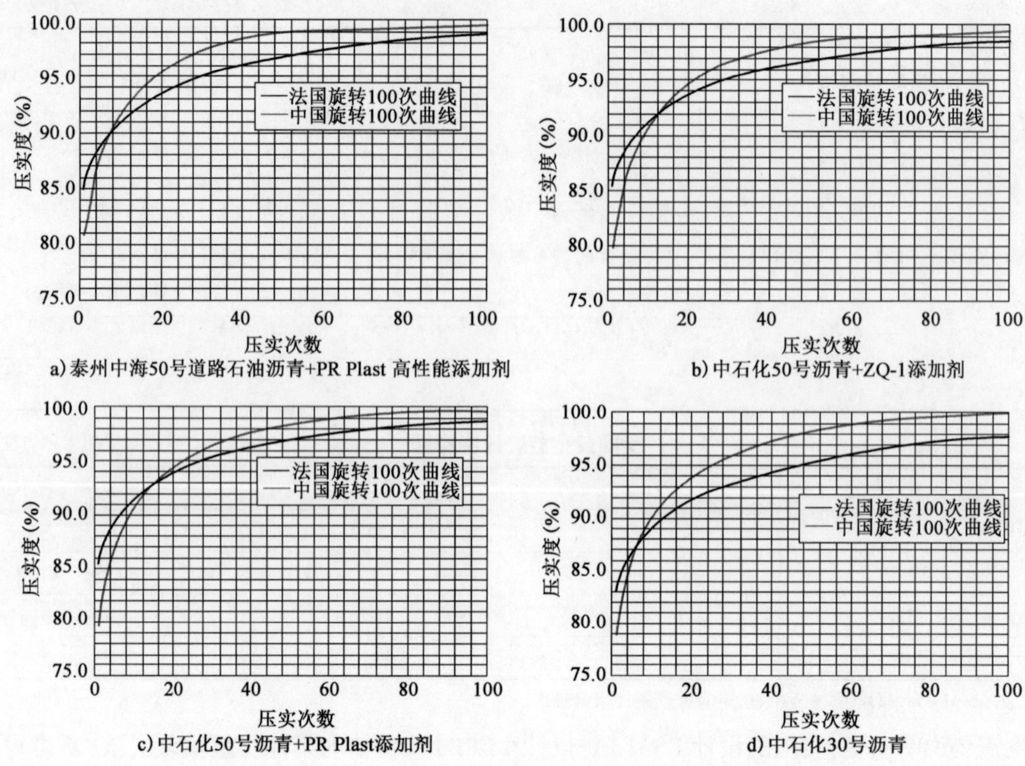

a）泰州中海50号道路石油沥青+PR Plast 高性能添加剂　b）中石化50号沥青+ZQ-1添加剂　c）中石化50号沥青+PR Plast添加剂　d）中石化30号沥青

图 5.5-3　不同混合料的压实度曲线

5.5.6　体积指标

法国、美国和中国沥青混合料设计方法中与体积相关的指标不尽相同（表 5.5-9），美国与中国相似，美国仅少了马歇尔设计方法特有的马歇尔稳定度和流值这两个经验指标，法国的体积指标要求更少，没有 VMA、VFA 和粉胶比的指标要求，只给出了空隙率和丰度系数要求。

法国、美国和中国沥青混合料设计关键指标[1,2,4]　表 5.5-9

试验指标	法　国	美　国	中　国	备　注
空隙率	★	★	★	其中，法国沥青混合料压实试件的空隙率采用的体积法与美国和中国的不同
马歇尔稳定度			★	
流值			★	
丰度系数/沥青用量/油石比	★ 丰度系数	★ 沥青用量	★ 油石比	
VMA		★	★	
VFA		★	★	
粉胶比		★	★	

注：★表示涉及相关指标。

表 5.5-10 列出了法国、美国、中国在体积指标计算方法的差别，可以看出：

（1）中美两国沥青混合料体积指标基本相同，不同仅在于中国采用真空法确定普通沥青混合料理论最大密度，采用计算法确定改性沥青混合料理论最大密度，美国采用真空法确定改性沥青混合料理论最大密度。

(2)法国沥青混合料体积指标计算方法具有明显的不同，主要在于采用体积法确定毛体积密度，采用类似于沥青膜厚度的丰度系数作为评价混合料的关键指标。法国沥青混合料计算有效沥青用量的方法与中美方法有区别，但基本理论是相同的。

(3)中、美两种设计方法对于混合料的体积指标都有严格而且明确的要求，特别是规定VMA、VFA等指标，法国沥青混合料仅规定了空隙率要求，而且相当宽泛。

法国、美国、中国在体积指标计算方法的差别 表5.5-10

指 标	法 国 方 法	美 国 方 法	中 国 方 法	备 注
试件毛体积相对密度 γ_f	体积法测量 静水称重 γ 射线法	表干法或蜡封法 γ_f	表干法或蜡封法 γ_f	中美完全相同，法国可以采用多种方法
混合料最大相对密度 γ_t	真空法或计算法	真空法	普通沥青：真空法 改性沥青：计算法	中美普通沥青相同，改性沥青不同
集料的有效相对密度	—	$\gamma_{sb}=\dfrac{100}{\dfrac{P_1}{\gamma_1}+\dfrac{P_2}{\gamma_2}+\cdots+\dfrac{P_n}{\gamma_n}}$	$\gamma_{sb}=\dfrac{100}{\dfrac{P_1}{\gamma_1}+\dfrac{P_2}{\gamma_2}+\cdots+\dfrac{P_n}{\gamma_n}}$	中美普通沥青相同，改性沥青不同，法国没有
空隙率	$V_{法标}=\left(1-\dfrac{h_{min}}{h_i}\right)\times 100$	$VV=\left(1-\dfrac{\gamma_f}{\gamma_t}\right)\times 100$	$VV=\left(1-\dfrac{\gamma_f}{\gamma_t}\right)\times 100$	要求不同
	不同混合料有不同要求	4%	3%～5%	
VMA	$VMA=\left(1-\dfrac{\gamma_f}{\gamma_{sb}}\times P_s\right)\times 100$	$VMA=\left(1-\dfrac{\gamma_f}{\gamma_{sb}}\times P_s\right)\times 100$	$VMA=\left(1-\dfrac{\gamma_f}{\gamma_{sb}}\times P_s\right)\times 100$	完全相同
VFA	$VFA=\dfrac{VMA-VV}{VMA}\times 100$	$VFA=\dfrac{VMA-VV}{VMA}\times 100$	$VFA=\dfrac{VMA-VV}{VMA}\times 100$	完全相同
有效沥青用量	$V_{ba}=100\times MVa(\dfrac{1}{MVR}-\dfrac{1}{MVRc})$	$P_{be}=P_b-\dfrac{P_{ba}}{100}\times P_s$	$P_{be}=P_b-\dfrac{P_{ba}}{100}\times P_s$	中美完全相同，法国采用吸收沥青体积
丰度系数	$TL_{ext}=K\times\alpha\sqrt[5]{\Sigma}$	—	—	中美没有，法国有

注：γ_{sb}-集料的有效相对密度；$P_1,P_2,\cdots,P_n$-各种矿料占矿料总质量的百分率(%)，其和为100；$\gamma_1,\gamma_2,\cdots,\gamma_n$-各种矿料的相对密度，无量纲；$V_{法标}$-法国设计方法中沥青混合料的空隙率；$h_{min}$-压实试件的最小高度，对应的空隙率为0(mm)；$h_i$-旋转 i 次后试件的高度(mm)；VV-沥青混合料空隙率；γ_f-试件毛体积相对密度；γ_t-沥青混合料理论最大相对密度；γ_{sb}-矿料的合成毛体积相对密度，无量纲；P_s-各种矿料占沥青混合料总质量的百分率之和(%)；P_{be}-有效沥青用量；P_b-沥青用量；V_{ba}-有效沥青体积；MVa-密度(法国标准，蜡封法测得)；MVR-体积法测得的最大密度(法国标准)；$MVRc$-计算得到的最大密度(法国标准)；TL_{ext}-油石比(法国标准)；K-丰度模量；α-丰度系数；Σ-比表面积。

5.5.7 性能评价

表5.5-11列出了法国、美国和中国沥青混合料设计方法规范中的性能评价体系。从表中可以看出，法国沥青混合料设计对性能要求较高，且性能中有模量等设计输入参数，可以保证

与结构设计紧密结合，但是没有低温性能指标。美国混合料性能评价仅提出了抗水损害性能验证要求，因考虑到可靠性、经济性、实用性等因素，未将所研究的性能试验方法纳入混合料设计规范中，但是 AI 建议混合料设计过程中，特别是一些重大工程需要增加汉堡车辙、沥青路面分析仪（Asphalt Pavement Analyzer，简称 APA）等性能试验验证[7]。中国的性能评价体系相对全面，但是不同于法国基于性能的设计，中国的性能试验也仅限于体积设计完成后的验证，与设计相关性不高，关于同一性能不同试验方法的比较将在本书的第 6 章予以讨论。

法国、美国和中国沥青混合料性能评价体系 表 5.5-11

试验指标	法国	美国	中国
压实特性	旋转压实 内部角 0.82° ±0.02°	旋转压实 内部角 1.16° ±0.02°	马歇尔击实
抗水损害性能	多列士试验 EN 12697-12	冻融劈裂试验 AASHTO T283	浸水马歇尔试验 T 0709—2011 冻融劈裂试验 T 0716—2011
抗车辙性能	轮碾车辙试验 EN 12697-22	—	中国车辙试验（动稳定度） T 0719—2011
模量性能	两点弯曲模量 EN 12697-26	—	—
疲劳性能	两点弯曲疲劳 EN 12697-24	—	—
低温性能	—	—	低温小梁弯曲 T 0715—2011

综上，法国、美国和中国沥青混合料设计理念比较概括如表 5.5-12 所示。

法国、美国和中国沥青混合料设计理念比较[1,2,4] 表 5.5-12

关键环节	法国	美国	中国
胶结料选择	以针入度分级体系为主	基于性能评价的 PG 分级试验	以针入度分级体系为主
混合料压实	旋转压实，依据混合料粒径和现场压实确定	旋转压实，依据交通量确定	马歇尔击实，一般采用双面 75 次
短期老化	0.5 ~2h	2h	没有明确要求
级配选择	无级配选择过程，采用典型级配曲线	有控制点，有级配选择过程	有级配范围，有级配选择过程
沥青用量选择	丰度系数确定最小沥青用量	采用 4% 的空隙率确定（Superpave和马歇尔）	依据空隙率等指标综合确定
性能评价	需要进行系统的水损害、高温、模量和疲劳性能评价	目前仅有 AASHTO T283 水损害性能评价。已有其他研究评价方法，但是没有纳入规范	具有较为系统的性能评价方法，但是没有力学指标要求

5.6 本章小结

(1)法国沥青混合料设计包括体积分析、经验指标、性能指标和力学指标,是基于性能和力学指标的设计方法,与结构设计结合得最为紧密。

(2)法国和美国都是采用旋转压实仪器成型试件,但是理念不同。美国方法中不同交通量采用不同压实次数,法国设计方法中,不同混合料选用不同的压实次数。

(3)与体积性质相关的指标,中国沥青混合料设计方法的要求最多,美国沥青混合料设计方法次之,法国沥青混合料设计方法中虽然也有相应技术指标的定义,但是没有 *VMA*、*VFA* 的技术要求。

(4)美国马歇尔设计方法沥青用量选择过程中增加了4%空隙率时的体积指标验证工作,以此确定最佳沥青用量,建议我国开展相关研究,论述该方法的适用性,必要时在我国规范中予以相应调整。

(5)法国和美国混合料压实前都进行了短期老化,鉴于短期老化对体积指标的影响,建议中国规范中引入短期老化的概念。

参考文献

[1] 中华人民共和国交通部. 公路沥青路面施工技术规范:JTG F40—2004[S]. 北京:人民交通出版社, 2004.

[2] The RST Working Group "Design of bituminous mixtures ". LPC Bituminous Mixtures Design Guide[M]. Laboratoire Central des Ponts et Chaussées, 2007.

[3] AASHTO. Grading or Verifying the Performance Grade (PG) of an Asphalt Binder:R29[S]. AASHTO, 2015

[4] AASHTO. Superpave Volumetric Mix Design:M323[S]. AASHTO,2017

[5] 赵延庆, 潘友强. 限制区对 Superpave 混合料性能的影响[J]. 交通科学与工程, 2008, 24(4):22-26.

[6] 中华人民共和国交通部. 公路沥青路面施工技术规范:JTJ 032—94[S]. 北京:人民交通出版社, 1994.

[7] Institute A. Asphalt Mix Design Methods[M]. AI,2015.

[8] 邢宝东, 程毅, 樊超. 中国与法国沥青混合料设计方法中最佳沥青用量的确定及比较[J]. 山东交通科技, 2013(3):15-20.

[9] The British Standards Institution. Bituminous mixtures — Test methods—Part 35: Laboratory mixing:BS EN 12697-35[S]. BSI Standards Limited, 2016

[10] AASHTO. Mixture Conditioning of Hot Mix Asphalt (HMA):R30[S]. AASHTO, 2015.

[11] 李小燕, 韩超, 安丰伟,等. 美国和法国旋转压实法对高模量混合料的影响比较研究[J]. 现代交通技术, 2017, 14(2):1-3.

[12] The British Standards Institution. Bituminous mixtures—Test methods for hot mix asphalt speci-

men preparation by gyratory compactor:BS EN 12697-31[S]. BSI Standards Limited, 2007.

[13] Prithvi S Kandhal, W S Kochler. Marshall Mix Design Method: Current Practice [J]. Proceeding of Asphalt Paving Technologists,1985,54.

[14] AASHTO: Preparing and Determining the Density of Asphalt Mixture Specimens by Means of the Superpave Gyratory Compactor:T312[S]. AASHTO, 2015.

第 6 章　沥青混合料性能试验方法比较研究

6.1 概　　述

本书第 5 章提到，中法美三国关于沥青混合料每种性能试验均有多种方法，如表 6.1-1 所示。本章主要针对中法美三国混合料设计规范中的性能试验方法进行比较，考虑到美国混合料设计规范中仅有抗水损害性能验证以及我国引进法国设计方法的现实需求，本章重点比较法国和中国的性能试验方法，高温和疲劳性能引入美国具有代表性的试验方法参与比较，低温试验仅有中国规范中提出，本章不予考虑。

中法美沥青混合料性能试验方法　　表 6.1-1

性　　能	试 验 方 法	相 关 标 准
抗水损害性能	多列士	EN 12697-12
	AASHTO T283	AASHTO T283
	浸水马歇尔	JTG E20—2011 T 0709
	冻融劈裂	JTG E20—2011 T 0729
	汉堡车辙	AASHTO T324
高温性能	法国轮胎车辙	EN 12697-22
	中国车辙	JTG E20—2011 T 0719
	重复荷载蠕变	AASHTO T378
	汉堡车辙	AASHTO T324
	沥青路面分析仪（APA）	AASHTO T340
模量	两点梯形梁动态模量	EN 12697-26
	四点弯曲模量	JTG E20—2011 T 0739
	动态模量	AASHTO T378 AASHTO T342
	回弹模量	JTG E20—2011 T 0713
疲劳	两点梯形梁疲劳寿命	EN 12697-24
	循环疲劳	AASHTO TP107
	四点弯曲疲劳	JTG E20—2011 T 0739
低温性能	小梁弯曲	JTG E20—2011 T 0715
	半圆弯曲	AASHTO TP105

6.2 抗水损害性能试验方法

6.2.1 法国多列士（Duriez）试验

法国多列士试验需要8个圆柱体试件，试件尺寸与混合料的公称最大粒径有关，共有80mm、100mm、120mm、150mm和160mm几种，试件的空隙率不小于规范规定的空隙率要求。试件共分为两组，且保证每组试件尺寸和毛体积密度尽可能相等。其中一组在温度为18℃±1℃，相对湿度为50%±10%的空气中保存7d；另一组在47kPa±2.35kPa的负压条件下保存60min±5min后继续饱水2h，随后在水中保持7d。最后在18℃±1℃的条件下根据两组试件的抗压强度比来评价混合料的水敏感性[1]。

6.2.2 AASHTO T283试验

AASHTO T283试验至少要求6个试件，根据混合料工程最大粒径的不同，试件尺寸为ϕ100mm×63.5mm或ϕ150mm×95mm，压实前，松散混合料在室温条件下冷却2h±0.5h，随后在60℃±3℃条件下老化16h±1h，并在压实温度±3℃的条件下老化2h±10min，压实试件至空隙率为7%±0.5%。随后将试件分为干湿两组，其中干组室温下保存，湿组将试件先在13～67kPa下真空饱水5～10min，饱水率要求为70%～80%，然后将饱水试件用塑料膜裹好，再将裹好的试件放入防水塑料袋中，将塑料袋放入-18℃±3℃冰箱保持16h，随后在60℃±1℃水箱保温24h±1h。再将两组同时浸入温度为25℃±0.5℃的水中保温2h±10min，最后计算两组试件的劈裂强度比[2]作为评价指标，该方法条件严苛，但由于约定了空隙率和饱水率要求，制作满足要求的试件比较费时[3]。

6.2.3 浸水马歇尔稳定度试验

进行浸水马歇尔稳定度试验时，双面击实75次成型2组标准马歇尔试件，试件直径为101.6mm±0.2mm，高度为63.5mm±1.3mm。设置试验水箱温度60℃±1℃，试件分为两组，一组在水箱中存放0.5h，一组存放48h后测试马歇尔稳定度，评价指标为浸水残留稳定度，即两者的比值[4]。

6.2.4 冻融劈裂试验

进行冻融劈裂试验时，采用马歇尔方法双面击实50次成型2组试件，试件直径、高度分别为101.6mm±0.2mm、63.5mm±1.3mm。试件分为两组，一组在室温下保存，另一组先在98.3～98.7kPa真空饱水15min，然后在-18℃±2℃条件下保持16h±1h，再在60℃±0.5℃水箱中保温24h，最后将两组试件同时浸入25℃±0.5℃水中保温2h，评价指标为劈裂强度比[4]，其与AASHTO T283的区别主要体现在：①空隙率未明确要求；②饱水率未明确要求；③缺少60℃条件下的老化。

6.2.5 抗水损害性能试验方法比较

综合上述四种试验方法的参数如表6.2-1所示。

中法美抗水损害性能试验方法参数汇总 表6.2-1

试验方法	法国多列士	AASHTO T283	浸水马歇尔	冻融劈裂
国家	法国	美国	中国	中国
标准编号	EN 12697-12	AASHTO T283	JTG E20—2011 T 0709—2011	JTG E20—2011 T 0729—2000
成型方法	静压成型	旋转压实	马歇尔双面击实75次	马歇尔双面击实50次
老化	—	60℃ ±3℃烘箱中老化16h±1h	—	—
空隙率	—	7% ±0.5%	—	—
条件	47kPa±2.35kPa的负压饱水2h后在水中保持7d	13~67kPa下真空饱水5~10min(饱水率要求为70%~80%);-18℃ ±3℃冰箱保持16h,再在60℃ ±1℃水箱保温24h±1h	60℃ ±1℃存放48h	98.3~98.7kPa下真空饱水15min,然后在-18℃ ±2℃冰箱保持16h ±1h,再在60℃ ±0.5℃水箱保温24h
试验温度	18℃	25℃	60℃	25℃
评价指标	抗压强度比	劈裂强度比	浸水残留稳定度	劈裂强度比

通过表6.2-1可知,不同的抗水损害性能试验方法具有不同的特点:

(1)成型条件:可以分为固定空隙率和固定压实功两种方法。

(2)老化条件:AASHTO T283试验更接近实际情况。

(3)环境条件:法国多列士试验更接近实际情况。

(4)评价指标:劈裂强度比、抗压强度比和浸水残留稳定度,前两种是力学指标,与路面受力更为符合。

需要说明的是,我国抗水损害性能评价指标为冻融劈裂强度比和浸水马歇尔残留稳定度两个指标,总体来看:

中国现行规范中的浸水马歇尔试验是在规定的马歇尔击实次数下成型试件的,对于不同的沥青混合料,用于水稳定性试验的试件空隙率则会不同,这说明浸水马歇尔试验不能在相同的基准面上对不同混合料的水稳定性进行比较分析。在实际施工过程中,混合料的压实以空隙率为控制指标,而不是以压实功为控制指标,故均采用相同击实次数的浸水马歇尔试验的试验条件与施工实际情况不符。同时,对于浸水马歇尔试验来说,75次马歇尔击实仪双面击实,试件空隙率为3%~5%,水很难浸入,更难浸入沥青膜和集料之间,没有足够的水,水损坏也就无从说起,如果要用浸水残留稳定度作为指标,需要让空隙率接近现场空隙率,也就是说试件空隙率应为6%～8%。由于这方面的局限性,目前该方法在欧美国家应用较少。

中国现行规范中的冻融劈裂试验是采用简化的 Lottman 法,虽然通过降低击实次数达到更高的空隙率更接近现场空隙率,但是对压实试件的最终空隙率并没有明确要求,并且对饱水率也没有明确要求。

20 世纪 90 年代,沪宁高速公路发生了水损害,沥青路面经检测压实度基本满足我国指标要求,混合料水稳定性全部满足我国指标要求,但是 AASHTO T283 试验结果不合格(冻融劈裂强度比仅为64.0%)[5],这也说明了中国引入 AASHTO T283 检测的必要性。

除上述水损害试验方法外,美国还用汉堡车辙评价沥青混合料的抗水损害性能,但是该方法在 Superpave 设计规范中没有体现。同时,该方法也可以用来评价高温性能,故在高温性能试验方法中部分对汉堡车辙试验予以详细说明。

6.3 高温性能试验方法

6.3.1 法国轮胎车辙试验

法国轮胎车辙试验试件尺寸为长 500mm、宽 180mm、高 100mm(针对 EME、BBME)和高 50mm(针对 BBMA)。使试件达到试验温度 60℃,用安装在模具壁上的探测器测得的空气温度不应超过 75℃。试验前,试件应放置在试验环境中 12～16h。在测试过程中保持试件内的温度为目标温度 ±2℃。一般情况下,当试件达到目标荷载循环次数 100 次、300 次、1000 次、3000 次、10000 次、30000 或车辙深度超过 18mm 后,停止试验。根据图 6.3-1 所示的 15 个测试点,计算每个测点的变形值 m_{ij}和试件的厚度 h,根据式(6.3-1)计算试件的车辙变形率 P_i[6]:

$$P_i = 100 \times \sum_{j=1}^{15} \frac{m_{ij} - m_{0j}}{15 \times h} \tag{6.3-1}$$

式中:P_i——测得运行 i 次的车辙变形率(%);

m_{ij}——变形值(mm);

m_{0j}——在 j 点的初始测量值(mm);

h——试件的厚度(mm)。

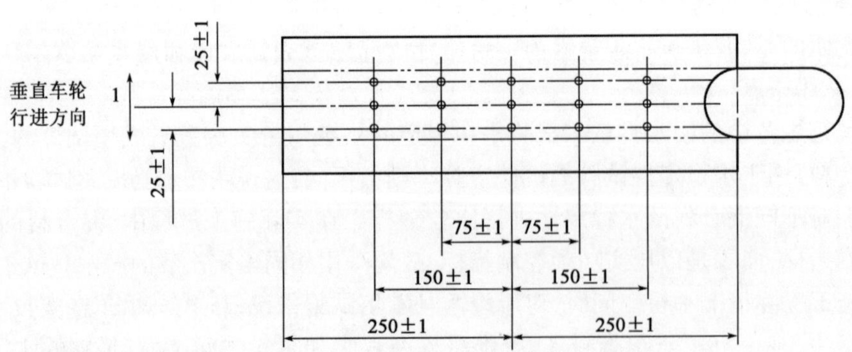

图 6.3-1 法国轮胎车辙测点布置图(尺寸单位:mm)

6.3.2 汉堡车辙试验

汉堡车辙试验仪是由德国的 Helmut-Wind Incorporated of Hamburg 公司研发。在德国,该试验作为规范的一个要求,用于评估一些交通量大的行车道路沥青混合料的抗车辙和抗剥落性能。汉堡车辙试验可采用板式和圆柱体两种形式,其中板式试件由线性揉搓压实机压实,宽260mm,长 320mm,高 40mm,圆柱体试件由旋转压实仪成型并截取试件高 60mm。试件空隙率为 7% ±0.5%,试验可在 25 ~70℃的水浴中进行,其中最常用的温度是 45℃或 50℃。试验时,通过在 47mm 宽的钢轮上施加 705N 的荷载实现对试件的加载,钢轮在板块试件上做往复运动,一般每分钟往返 52 次 ±2 次,当加载次数达到 20000 次或者车辙深度达到规范要求上限时(各州要求不一致)即停止试验,汉堡车辙试验的评价指标包括车辙深度(Rutting Depth)、蠕变斜率(Creep Slope)、剥落拐点(Stripping Inflection Point)和剥落斜率(Stripping Slope)。其中蠕变斜率是指车辙发展过程中车辙深度增长较缓的蠕变线的斜率,剥落拐点是相应于蠕变曲线和剥落曲线交点的钢轮往复运动次数[7],这两个指标均有变化率的含义。汉堡车辙试验能够测试高温和荷载共同作用下的沥青混合料的变形,目前在德州等地取得了广泛的应用,不足的是其加载轮为钢轮,与实际车辆的胶轮有所差异。汉堡车辙设备如图 6.3-2 所示,典型的汉堡车辙曲线如图 6.3-3 所示。

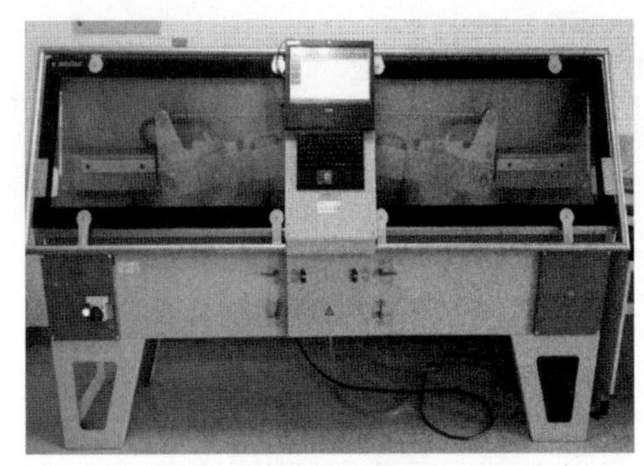

图 6.3-2 汉堡车辙设备

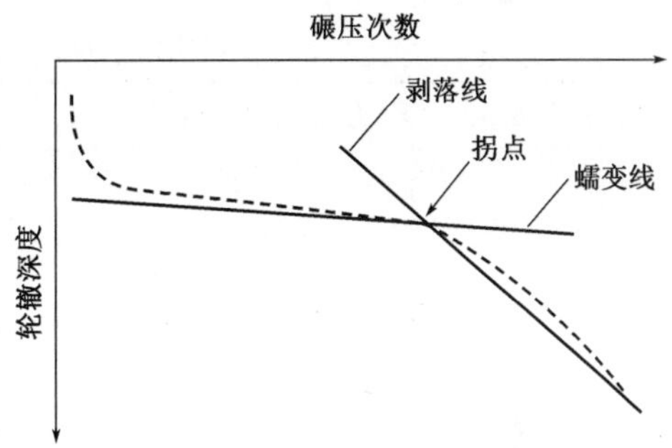

图 6.3-3 典型的汉堡车辙曲线

6.3.3 重复荷载蠕变试验

重复荷载蠕变试验也叫 Flow Number 试验。一般情况下,试验在规定温度(路面设计高温)条件下进行,对试件施加轴向正弦波荷载,荷载周期为 1s,其中加载 0.1s,间歇 0.9s,加载至试件破坏,试件尺寸为 ϕ100mm ×150mm,最大加载次数为 10000 次,通常情况下不设置围压,由仪器自动得出试件破坏点,记录相应的应变,其评价指标为应变速率达到最低点时的加载次数,即为流变次数[8],如图 6.3-4 所示。

6.3.4 中国车辙试验

中国车辙试验轮碾成型机成型长 300mm、宽 300mm、高 50mm 板块状试件。试验温度为60℃,轮压为0.7MPa,根据需要,在寒冷地区也可采用45℃,在高温条件下试验温度可采用70℃,对重载交通的轮压可增加至 1.4MPa,评价指标为 45 ~60min 内的单位变形,即动稳定度[4]。

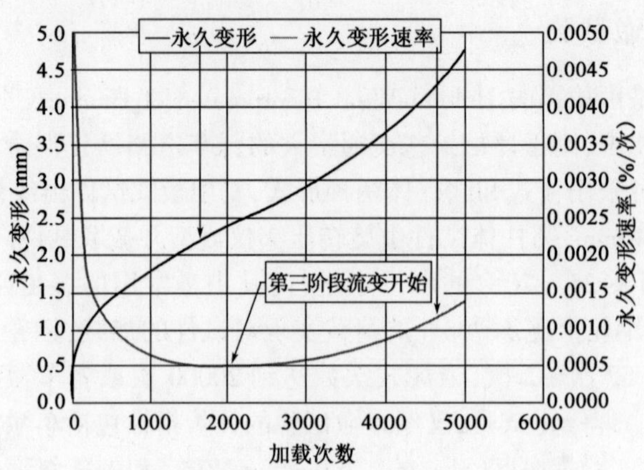

图 6.3-4　循环加载试验过程中试件永久变形的演变规律

6.3.5　高温性能试验方法比较

综合对比几种高温性能试验方法的试验参数如表 6.3-1 所示,从表中可以看出几种方法采用的试件都用于模拟现场条件。

中法美高温性能试验方法参数汇总　　表 6.3-1

试验方法	法国轮胎车辙试验	中国车辙试验	汉堡车辙试验	重复荷载蠕变试验
国家	法国	中国	美国	美国
标准编号	EN 12697-22	JTG E20—2011 T 0719—2011	AASHTO T324	AASHTO T378
空隙率	—	—	7% ±0.5%	—
试验温度	60℃	60℃	50℃	路面设计高温
试验环境	空气	空气	水浴	空气
荷载	0.6MPa	0.7MPa	0.7kN	0.6MPa
作用次数	30000	2620	不超过 20000	不超过 10000
评价指标	车辙率 (车辙深度/厚度)	次/mm	荷载作用次数/ 车辙深度	流变次数 F_n

关于中国车辙试验,目前仍值得商榷,孙祖望在《橡胶沥青路面技术应用手册》一书中指出:

(1)抗车辙性能较强的混合料在 15min 内车辙深度的变化很小,以动稳定度为 3000 次/mm 的试件为例,其 15min 内车辙深度变化为 0.21mm,而这种变化极有可能被试件表面起伏不平、试验轮表面黏附沥青等因素淹没。

(2)对抗车辙性能较强的混合料来说,45 ~ 60min(碾压 1890 ~ 2520 次)时车辙深度变化曲线的斜率正处在急剧变化的过渡过程,且试验 60min 以后车辙深度还在快速增加,而国内的车辙试验机则自动终止了试验,数据不能连续,如图 6.3-5 所示,曲线 1 和曲线 4 动稳定度一致,但是后期车辙发展态势完全不一样。故用如此狭窄的区间计算的动稳定度来表征沥青混合料的抗车辙性能并不可靠。现行规范提出的车辙试验方法是20世纪80年代从日本引进的,沥青路面的面层材料主要是普通热拌沥青混合料,其车辙试验的动稳定度基本不超过1000次/mm,在碾压1890~2520次内的车辙深度变化量在1mm左右,因此此种车辙试验方法对普通热拌沥青混合料还是可以适用的。但是随着改性沥青等新沥青材料的大量使用,上述试验方法已难以用于评价高性能沥青混合料的车辙性能[9]。

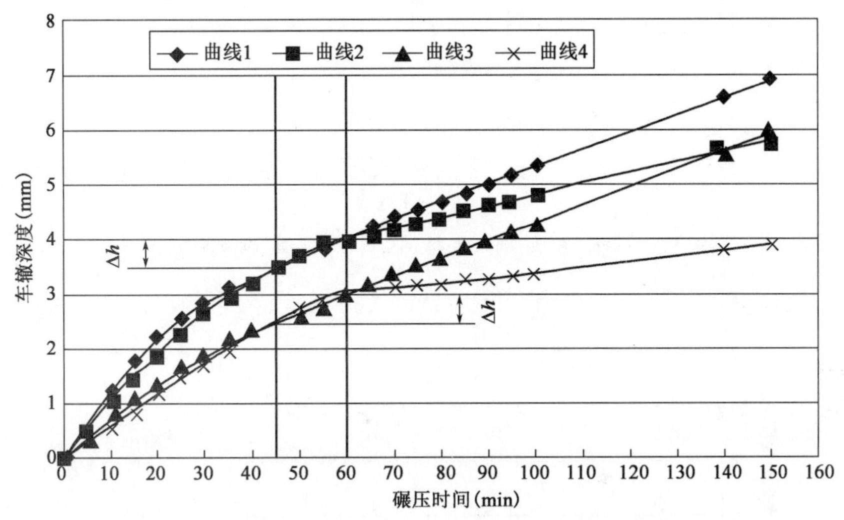

图6.3-5 在相同的动稳定度下,可能产生完全不同的试验结果[9]

美国广泛使用的汉堡车辙试验,其试验时间为6~7h,能够更好地模拟沥青混合料在轮载作用下车辙深度的持续变化,美国关于汉堡车辙的指标均为车辙深度为12.5mm对应的最小作用次数,且相应的标准与沥青胶结料的PG等级有关。美国得克萨斯州2004年标准中,提出的汉堡车辙标准如表6.3-2所示,设置了三种PG等级对应的评价指标。通过研究“新型道路材料国家工程实验室”汉堡车辙试验(芯样)数据(图6.3-6~图6.3-8),得出:其中Sup-25对应的沥青胶结料PG等级为PG64,Sup-20对应的沥青胶结料等级为PG70,SMA-13对应的沥青胶结料等级为PG76,按美国得克萨斯州评价标准,从图中可以看出,Sup-25沥青混合料合格比例为71.4%;对Sup-20和SMA-13沥青混合料则全部合格,可以看出目前的指标并不能判定能否用于指导国内沥青混合料性能控制,同时考虑到美国50℃水浴的条件,并不能完全适应中国的气候特征,因此在引进汉堡车辙试验时,需要进行相关比对试验,提出适合中国的汉堡车辙试验方法及指标标准。

美国得克萨斯州汉堡车辙评价标准[10] 表6.3-2

沥青PG等级	车辙深度12.5mm对应的最小作用次数(次)
64	10000
70	15000
76	20000

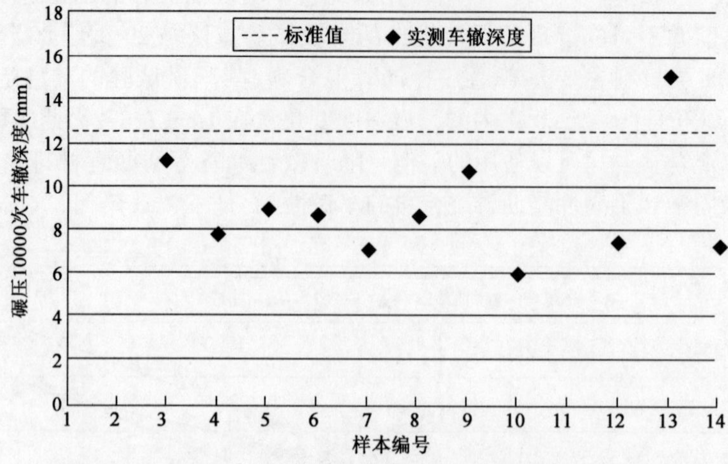

图 6.3-6 江苏省高速公路 Sup-25 沥青混合料汉堡车辙试验结果[11]

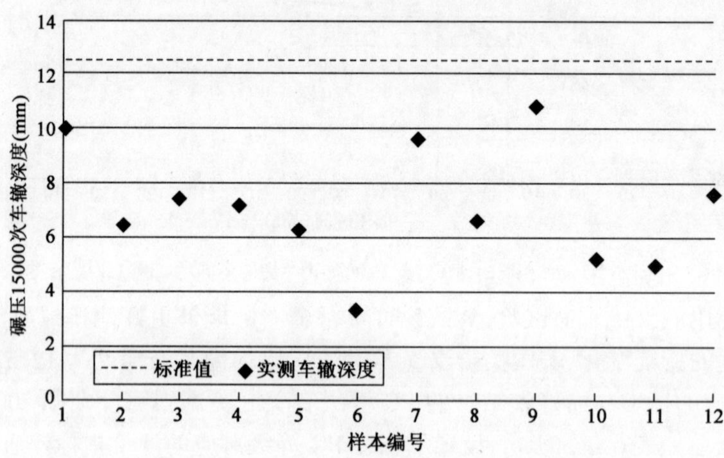

图 6.3-7 江苏省高速公路 Sup-20 沥青混合料汉堡车辙试验结果[11]

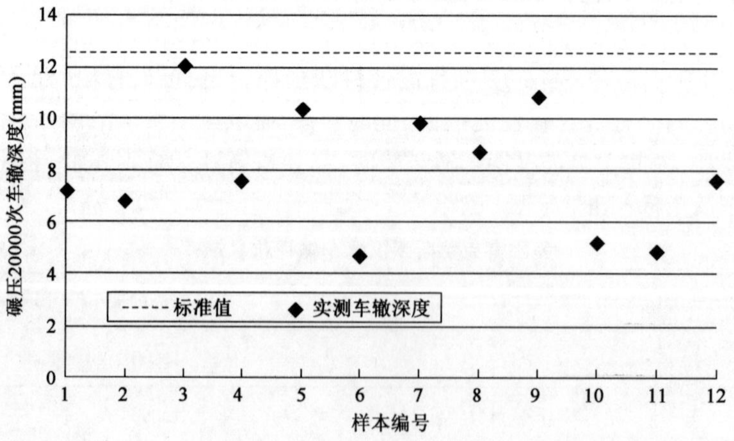

图 6.3-8 江苏省高速公路 SMA-13 沥青混合料汉堡车辙试验结果[11]

6.4　模量试验方法

6.4.1　两点梯形梁动态模量试验

法国两点梯形梁动态模量试验是法国沥青混合料设计的关键试验，试件尺寸如图 6.4-1 所示。其一组试验要求 3 个试件，空隙率要求为 3% ~6%(EME2)，试验温度为 15℃，试验频率为 10Hz[12]。

6.4.2　四点弯曲模量试验

试件经静压成型后切割至长 380mm ± 6mm、宽 63mm ± 6mm、高 50mm ±6mm 的小梁。试件制作完毕后在环境箱中放置 6h 以上，使试件各部分达到恒定的温度，四点弯曲模量试验是在 15℃ ±1℃的温度下进行的，取不同应变，频率为 10Hz[4]。

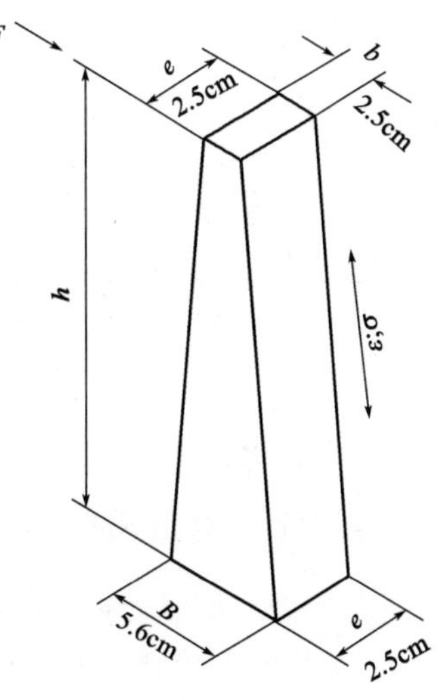

图 6.4-1　梯形梁试件尺寸

F-荷载；*ε*-应力；*σ*-应变；*b*-梯形上底宽；*e*-厚度；*B*-梯形下底宽

6.4.3　动态模量试验

沥青混合料的动态模量采用 Superpave 简单性能试验机(SPT)测定，动态模量试验可以采用应变控制方式或应力控制方式。若采用应变控制方式，对试件施加正弦荷载，一组试验 4 个试件，试验温度可选取 4℃、15℃、20℃、37℃和 54℃，试验频率可选取 25Hz、20Hz、10Hz、5Hz、2Hz、1Hz、0. 5Hz、0. 2Hz、0. 1Hz和 0. 01Hz，围压可选取 0MPa、100MPa 和 200 MPa，测试试件的动态模量[13]。动态模量为《公路沥青路面设计规范》(JTG D50—2017)的设计关键输入参数，其在国内应用越来越广泛。

6.4.4　回弹模量试验

回弹模量试验试件直径 100mm ±2. 0mm、高度 100mm ±2. 0mm。一组试验 6 个试件，其中 3 个用于测抗压强度，3 个用来做回弹模量，关于试验温度，用于计算弯沉的抗压回弹模量标准温度为 20℃，用于验算弯拉应力的抗压回弹模量标准温度为 15℃，加载速率均为 2mm/min[4]。回弹模量最初用于《公路沥青路面设计规范》(JTG D50—2006)的设计参数，但由于《公路沥青路面设计规范》(JTG D50—2017)设计输入参数已由回弹模量变为动态模量，且由于其测试目的并不明确，目前应用较少。

6.4.5　模量试验方法比较

综合对比四种模量试验方法的试验参数如表 6. 4-1 所示。其中两点梯形梁动态模量和四点弯曲模量属于弯拉模量，可与疲劳试验结合起来；其他模量属于抗压或间接拉伸模量，不能与疲劳试验结合起来。目前两点梯形梁动态模量试验主要用于法国高模量沥青混合料模量测试，其他类型的混合料模量测试则用四点弯曲模量。随着《公路沥青路面设计规范》(JTG

D50—2017）的推行，动态模量应用越来越多，而回弹模量则几乎没有应用。

中法美模量试验方法参数汇总　表6.4-1

试验方法	两点梯形梁动态模量试验	四点弯曲模量试验	动态模量试验	静态回弹模量试验
国家	法国	中国	美国	中国
标准编号	EN 12697-26 Annex A（2PB-PR）	JTG E20—2011 T 0739—2011	AASHTO T378-17 T342-11（2015）	JTG E20—2011 T 0713—2000
试件空隙率	设计空隙率	设计空隙率	目标空隙率	目标空隙率
试件尺寸	梯形梁见图6.4-1	长380mm、宽63.5mm、高50mm	ϕ100mm×150mm	ϕ100mm×100mm
试验温度	15℃	15℃、20℃	-10~60℃	15℃、20℃
加载条件	10Hz等频率	10Hz等频率	10Hz等频率	2mm/min
波形	正弦波	偏正弦	正弦波	静态

6.5　疲劳性能试验方法

6.5.1　两点梯形梁疲劳寿命试验

法国两点梯形梁疲劳寿命试验采用欧标试验方法EN 12697-24，具体的试验尺寸如图6.4-1所示，试验要求控制3个应变，且每个应变对应6个试件，EME试件的空隙率在3%~6%，试验温度10℃，试验频率25Hz[14]。

6.5.2　循环疲劳试验

将旋转压实成型后的试件切割至高度为130mm（127.5~132.5mm），试件制作完毕后，根据AASHTO R30短期老化4h后给试件施加拉-压循环荷载，试验温度可根据目标位置采用LTPPBind模型确定的98%可靠性PG等级来选择，但是不能超过21℃。试验温度应为PG高温温度和PG低温温度的平均值再减去3℃，如果计算结果高于21℃，则使用21℃，加载频率为10Hz，根据指纹动态模量选择对应的应变，以试件表面出现明显的宏观裂缝为标准，并根据第一次加载次数，确定后续试验的应变[15]。

6.5.3　四点弯曲疲劳试验

试件经静压成型后切割至长380mm±6mm、宽63mm±6mm、高50mm±6mm的小梁。试件制作完毕后在环境箱中放置6h以上，使试件各部分达到恒定的温度，试验温度为15℃，取不同应变，频率为10Hz，以小梁试件劲度模量下降至初始劲度模量的50%为疲劳破坏标准，其作用次数越大，则疲劳寿命越长，表明小梁试件抵抗疲劳破坏的能力越强[4]。

6.5.4　疲劳性能试验方法比较

综合对比以上三种疲劳试验方法的试验参数（表6.5-1），两点梯形梁疲劳寿命试验温度较低,频率较高,目前主要用于高模量沥青混合料疲劳性能的评价,而四点弯曲疲劳试验用于常规沥青混合料的疲劳性能的评价;美国循环疲劳试验的判定标准则与中法不同,其以试件表面出现明显的宏观裂缝为判定标准,比起模量损失的判定标准更直观,但同时也存在着一定的主观性。

中法美疲劳试验参数汇总　　表6.5-1

试验方法	两点梯形梁疲劳寿命试验	循环疲劳试验	四点弯曲疲劳试验
国家	法国	美国	中国
标准编号	EN 12697-24 Annex A	AASHTO TP107-18	T 0739—2011
试件成型	现场空隙率	目标空隙率 ±0.5%	现场空隙率
试件尺寸	梯形梁见图6.4-1	高130mm	长380mm、宽63mm、高50mm
试验条件	10℃,25Hz	(PGH + PGL)/2 - 3 或 21℃,15Hz	15℃,10Hz
疲劳标准	模量为初始模量的1/2	试件表面出现明显的裂缝	模量为初始模量的1/2

注:PGH-沥青高温性能等级,PGL-沥青低温性能等级。

6.6 本章小结

(1)浸水马歇尔试件空隙率较低,水难以渗入;冻融劈裂试验缺乏空隙率及饱水率的要求,考虑到冻融劈裂试验与AASHTO T283试验设备一样,建议中国混合料设计过程中可引入AASHTO T283试验方法,建议废除残留稳定度指标。

(2)动稳定度用于评价改性沥青混合料的高温性能时可靠度较低,建议参考美国标准,加强汉堡车辙试验及其指标标准的研究。

参考文献

[1] The British Standards Institution. Bituminous mixtures — Test methods for hot mix asphalt Part 12: Determination of the water sensitivity of bituminous pecimens:BS EN 12697-12[S]. BSI Standards Limited, 2008.

[2] AASHTO. Resistance of Compacted Asphalt Mixtures to Moisture-Induced Damage:T283[S]. AASHTO, 2014.

[3] 贾渝. 沥青混合料水损害试验方法及其评价[J]. 石油沥青, 1993(1):12-18.

[4] 中华人民共和国交通运输部. 公路工程沥青及沥青混合料试验规程:JTG E20—2011[S]. 北京:人民交通出版社,2011.

[5] 贾渝, 张全庚. 沥青路面水损害的研究[J]. 石油沥青, 1999(1):22-27.

[6] The British Standards Institution. Bituminous mixtures — Test methods for hot mix asphalt — Part 22: Wheel tracking:BS EN 12697-22 [S]. BSI Standards Limited, 2003.

[7] AASHTO. Hamburg Wheel-Track Testing of Compacted Asphalt Mixtures:T324[S]. AASHTO, 2017.

[8] AASHTO. Determining the Dynamic Modulus and Flow Number for Asphalt Mixtures Using the

Asphalt Mixture Performance Tester (AMPT):T378[S]. AASHTO,2017.

[9] 孙祖望,等. 橡胶沥青路面技术应用手册[M]. 北京:人民交通出版社, 2014.

[10] Texas Department of Transportation. Standard Specifications for Construction and Maintenance of Highways, Streets, and Bridges[S]. 2004.

[11] 江苏省交通工程建设局,苏交科集团股份有限公司,中交一公局桥隧工程有限公司. 江苏省高速公路沥青混合料汉堡车辙评价指标研究[R]. 2017.

[12] The British Standards Institution. Bituminous mixtures — Test methods for hot mix asphalt—Part 26:Stiffness:BS EN 12697-26-2012[S]. BSI Standards Limited, 2012.

[13] AASHTO. Determining Dynamic Modulus of Hot Mix Asphalt (HMA):T342[S]. AASHTO, 2015.

[14] The British Standards Institution. Bituminous mixtures—Test methods for hot mix asphalt—Part 24:Resistance to fatigue:BS EN 12697-24-2012[S]. BSI Standards Limited, 2012.

[15] AASHTO. Determining the Damage Characteristic Curve of Asphalt Mixtures from Direct Tension Cyclic Fatigue Tests:TP107[S]. AASHTO,2016.

附录 A 基于归口管理部门的标准分类

A.1 欧洲标准化委员会(CEN)标准

European Committee for Standardisation(CEN)

A.1.1 集料技术委员会 (CEN/TC 154 aggregates)

集料技术委员会管理的热拌沥青混合料相关标准 表 A.1-1

标 准 编 号	标 准 名 称
EN 1097-1:2011	Tests for mechanical and physical properties of aggregates—Part 1: Determination of the resistance to wear (micro-Deval) 集料力学和物理性质的测定 第1部分:耐磨性的测定(微狄法尔法)
EN 1097-2:2010	Tests for mechanical and physical properties of aggregates—Part 2: Methods for the determination of resistance to fragmentation 集料力学和物理性质的测定 第2部分:抗破碎能力测定
EN 1097-3:1998	Tests for mechanical and physical properties of aggregates—Part 3: Determination of loose bulk density and voids 集料力学和物理性质的测定 第3部分:毛体积密度和空隙率的测定
EN 1097-4:2008	Tests for mechanical and physical properties of aggregates—Part 4: Determination of the voids of dry compacted filler 集料力学和物理性质的测定 第4部分:干压实填料空隙率的测定试验方法
EN 1097-5:2008	Tests for mechanical and physical properties of aggregates—Part 5: Determination of the water content by drying in a ventilated oven 集料力学和物理性质的测定 第5部分:用烘干法测集料含水率
EN 1097-6:2013	Tests for mechanical and physical properties of aggregates—Part 6: Determination of particle density and water absorption 集料力学和物理性质的测定 第6部分:颗粒密度和吸水率的测定

续上表

标准编号	标准名称
EN 1097-7:2008	Tests for mechanical and physical properties of aggregates—Part 7: Determination of the particle density of filler—Pyknometer method 集料力学和物理性质的测定　第7部分:填料粒子密度的测定　比重瓶法
EN 1097-8:2009	Tests for mechanical and physical properties of aggregates—Part 8: Determination of the polished stone value 集料力学和物理性质的测定　第8部分:磨光值的测定
EN 1097-9:2014	Tests for mechanical and physical properties of aggregates—Part 9: Determination of the resistance to wear by abrasion from studded tyres—Nordic test 集料力学和物理性质的测定　第9部分:通过轮胎的磨损测定耐磨损性　北欧试验
EN 1097-10:2014	Tests for mechanical and physical properties of aggregates —Part 10: Determination of water suction height 集料力学和物理性质的测定　第10部分:吸水高度的测定
EN 1097-11:2013	Tests for mechanical and physical properties of aggregates—Part 11: Determination of compressibility and confined compressive strength of lightweight aggregates 集料力学和物理性质的测定　第11部分:轻集料压缩系数和极限抗压强度的测定
EN 13043:2002	Aggregates for bituminous mixtures and surface treatments for roads, airfields and other trafficked area 路面、机场道面及其他交通地区所用的沥青混合料集料及道路表面处治用集料
EN 13043:2002/AC:2004	Aggregates for bituminous mixtures and surface treatments for roads, airfields and other trafficked areas 路面、机场道面及其他交通地区所用的沥青混合料集料及道路表面处治用集料
EN 1367-1:2007	Tests for thermal and weathering properties of aggregates—Part 1: Determination of resistance to freezing and thawing 集料的耐热性和耐候性试验　第1部分:抗冻融性的测定
EN 1367-2:2009	Tests for thermal and weathering properties of aggregates—Part 2: Magnesium sulfate test 集料的耐热性和耐候性试验　第2部分:硫酸镁试验
EN 1367-3:2001/AC:2004	Tests for thermal and weathering properties of aggregates—Part 3: Boiling test for Sonnenbrand basalt 集料的耐热性和耐候性试验　第3部分:"Sonnenbrand 玄武岩"的沸腾试验
EN 1367-4:2008	Tests for thermal and weathering properties of aggregates—Part 4: Determination of drying shrinkage 集料的耐热性和耐候性试验　第4部分:干缩测定

续上表

标准编号	标准名称
EN 1367-5:2011	Tests for thermal and weathering properties of aggregates —Part 5: Determination of resistance to thermal shock 集料的耐热性和耐候性试验　第5部分:抗热冲击性的测定
EN 1367-6:2008	Tests for thermal and weathering properties of aggregates—Part 6: Determination of resistance to freezing and thawing in the presence of salt (NaCl) 集料的耐热性和耐候性试验　第6部分:在盐(NaCl)条件下测定抗冻融性
EN 1367-7:2014	Tests for thermal and weathering properties of aggregates—Part 7: Determination of resistance to freezing and thawing of lightweight aggregates 集料的耐热性和耐候性试验　第7部分:轻质集料的抗冻融性测定
EN 1367-8:2014	Tests for thermal and weathering properties of aggregates—Part 8: Determination of resistance to disintegration of lightweight aggregates 集料的耐热性和耐候性试验　第8部分:轻质集料抗崩解性的测定
EN 13055:2016	Lightweight aggregates 轻质集料
EN 13179-1:2013	Tests for filler aggregate used in bituminous mixtures—Part 1: Delta ring and ball test 沥青混合料用填料试验　第1部分:三角环和球试验
EN 13179-2:2000	Tests for filler aggregate used in bituminous mixtures—Part 2: Bitumen number 沥青混合料用填料试验　第2部分:沥青数
EN 16236:2018	Assessment and Verification of the Constancy of Performance (AVCP) of aggregates—Type testing and factory production control 评估和验证集料性能稳定性(AVCP)—型式试验和工厂生产控制
EN 1744-3:2002	Tests for chemical properties of aggregates —Part 3: Preparation of eluates by leaching of aggregates 集料的化学性质试验　第3部分:通过浸出物溶液制备
EN 1744-4:2005	Tests for chemical properties of aggregates —Part 4: Determination of water susceptibility of fillers for bituminous mixtures 集料的化学性质试验　第4部分:沥青混合料填料的水敏感性测定
EN 932-1:1996	Tests for general properties of aggregates—Part 1: Methods for sampling 集料的一般性质的测定　第1部分:取样方法
EN 932-2:1999	Tests for general properties of aggregates—Part 2: Methods for reducing laboratory samples 集料的一般性质的测定　第2部分:缩分试验样品方法
EN 933-1:2012	Tests for geometrical properties of aggregates—Part 1: Determination of particle size distribution—Sieving method 集料几何特性的测定　第1部分:颗粒尺寸分布的确定筛分法

续上表

标准编号	标准名称
EN 933-2:1995	Tests for geometrical properties of aggregates—Part 2: Determination of particle size distribution—Test sieves, nominal size of apertures 集料几何特性的测定　第2部分:颗粒尺寸分布的确定　试验筛和筛孔的尺寸
EN 933-3:2012	Tests for geometrical properties of aggregates—Part 3: Determination of particle shape—Flakiness index 集料几何特性的测定　第3部分:颗粒形状的测定　片状指数
EN 933-4:2008	Tests for geometrical properties of aggregates—Part 4: Determination of particle shape—Shape index 集料几何特性的测定　第4部分:颗粒形状的测定　形状指数
EN 933-5:1998/A1:2004	Tests for geometrical properties of aggregates—Part 5: Determination of percentage of crushed and broken surfaces in coarse aggregate particles 集料几何特性的测定　第5部分:粗集料颗粒破碎面百分率测定
EN 933-6:2014	Tests for geometrical properties of aggregates—Part 6: Assessment of surface characteristics—Flow coefficient of aggregates 集料几何特性的测定　第6部分:集料的表面特征评估　集料的流动系数
EN 933-7:1998	Tests for geometrical properties of aggregates—Part 7: Determination of shell content—Percentage of shells in coarse aggregates 集料几何特性的测定　第7部分:碎屑含量的测定　粗集料中碎屑的百分率
EN 933-8:2012+A1:2015	Tests for geometrical properties of aggregates —Part 8: Assessment of fines—Sand equivalent test 集料几何特性的测定　第8部分:细集料的评价　砂当量试验
EN 933-9:2009+A1:2013	Tests for geometrical properties of aggregates—Part 9: Assessment of fines—Methylene blue test 集料几何特性的测定　第9部分:细集料评价　亚甲蓝法
EN 933-10:2009	Tests for geometrical properties of aggregates—Part 10: Assessment of fines—Grading of filler aggregates (air jet sieving) 集料几何特性的测定　第10部分:细集料的评价　填料分级(喷气筛)
EN 933-11:2009	Tests for geometrical properties of aggregates—Part 11: Classification test for the constituents of coarse recycled aggregate 集料几何特性的测定　第11部分:粗再生集料组分的分类试验
EN 933-11:2009/AC:2009	Tests for geometrical properties of aggregates—Part 11: Classification test for the constituents of coarse recycled aggregate 集料几何特性的测定　第11部分:粗再生集料组分的分类试验

注:来源于 https://standards.cen.eu/dyn/www/f?p=204:105:0:::::。

A.1.2 道路材料技术委员会(CEN/TC 227 road materials)

道路材料技术委员会管理的热拌沥青混合料相关标准 A.1-2

标准编号	标准名称
EN 12697-1:2012	Bituminous mixtures—Test methods for hot mix asphalt—Part 1: Soluble binder content 沥青混合料 热拌沥青混合料试验方法 第1部分:可溶胶结料含量(抽提)
EN 12697-2:2015	Bituminous mixtures—Test methods—Part 2: Determination of particle size distribution 沥青混合料 试验方法 第2部分:粒径分布的测定
EN 12697-2:2015/prA1	Bituminous mixtures—Test methods—Part 2: Determination of particle size distribution 沥青混合料 试验方法 第2部分:粒径分布的测定
EN 12697-3:2013	Bituminous mixtures—Test methods for hot mix asphalt—Part 3: Bitumen recovery: Rotary evaporator 沥青混合料 热拌沥青混合料试验方法 第3部分:沥青回收:旋转蒸发器法
EN 12697-3:2013/FprA1:2018	Bituminous mixtures—Test methods—Part 3: Bitumen recovery: Rotary evaporator 沥青混合料 试验方法 第3部分:沥青回收:旋转蒸发器法
EN 12697-4:2015	Bituminous mixtures—Test methods—Part 4: Bitumen recovery: Fractionating column 沥青混合料 试验方法 第4部分:沥青回收:分馏柱
EN 12697-5:2009/AC:2012	Bituminous mixtures—Test methods for hot mix asphalt—Part 5: Determination of the maximum density 沥青混合料 热拌沥青混合料试验方法 第5部分:最大密度测定
EN 12697-6:2012	Bituminous mixtures—Test methods for hot mix asphalt—Part 6: Determination of bulk density of bituminous specimens 沥青混合料 热拌沥青混合料试验方法 第6部分:沥青试件毛体积密度的测定
EN 12697-7:2014	Bituminous mixtures—Test methods for hot mix asphalt—Part 7: Determination of bulk density of bituminous specimens by gamma rays 沥青混合料 热拌沥青混合料试验方法 第7部分:通过伽马射线法确定沥青试件毛体积密度
EN 12697-8:2003	Bituminous mixtures—Test methods for hot mix asphalt—Part 8: Determination of void characteristics of bituminous specimens 沥青混合料 热拌沥青混合料试验方法 第8部分:沥青试样空隙特性测定
EN 12697-10:2017	Bituminous mixtures—Test methods—Part 10: Compactability 沥青混合料 试验方法 第10部分:压实性
EN 12697-11:2012	Bituminous mixtures—Test methods for hot mix asphalt—Part 11: Determination of the affinity between aggregate and bitumen 沥青混合料 热拌沥青混合料试验方法 第11部分:集料与沥青亲和性测定

续上表

标准编号	标准名称
EN 12697-12:2018	Bituminous mixtures—Test methods—Part 12: Determination of the water sensitivity of bituminous specimens 沥青混合料　试验方法　第12部分:沥青试件水敏感性测定
EN 12697-13:2017	Bituminous mixtures—Test methods—Part 13: Temperature measurement 沥青混合料　试验方法　第13部分:温度测量
EN 12697-14:2000/AC:2001	Bituminous mixtures—Test methods for hot mix asphalt—Part 14: Water content 沥青混合料　热拌沥青混合料试验方法　第14部分:含水率
EN 12697-15:2003	Bituminous mixtures—Test methods for hot mix asphalt—Part 15: Determination of the segregation sensitivity 沥青混合料　热拌沥青混合料试验方法　第15部分:离析敏感性的测定
EN 12697-16:2016	Bituminous mixtures—Test methods—Part 16: Abrasion by studded tyres 沥青混合料　试验方法　第16部分:防滑钉轮胎的磨损试验
EN 12697-17:2017	Bituminous mixtures—Test methods—Part 17: Particle loss of porous asphalt specimens 沥青混合料　试验方法　第17部分:透水沥青混合料(PA)试件粒料损失
EN 12697-18:2017	Bituminous mixtures—Test methods—Part 18: Binder drainage 沥青混合料　试验方法　第18部分:沥青析漏试验
EN 12697-19:2012	Bituminous mixtures—Test methods for hot mix asphalt—Part 19: Permeability of specimen 沥青混合料　热拌沥青混合料试验方法　第19部分:试件的渗水性试验
EN 12697-20:2012	Bituminous mixtures—Test methods for hot mix asphalt—Part 20: Indentation using cube or cylindrical specimens (CY) 沥青混合料　热拌沥青混合料试验方法　第20部分:使用立方体试件或马歇尔试件进行压痕试验
EN 12697-21:2012	Bituminous mixtures—Test methods for hot mix asphalt—Part 21: Indentation using plate specimens 沥青混合料　热拌沥青混合料试验方法　第21部分:使用平板试件进行压痕试验
EN 12697-22:2003+A1:2007	Bituminous mixtures—Test methods for hot mix asphalt—Part 22: Wheel tracking 沥青混合料　热拌沥青混合料试验方法　第22部分:车辙试验
EN 12697-23:2017	Bituminous mixtures—Test methods—Part 23: Determination of the indirect tensile strength of bituminous specimens 沥青混合料　试验方法　第23部分:沥青试件的间接拉伸强度试验
EN 12697-24:2018	Bituminous mixtures—Test methods—Part 24: Resistance to fatigue 沥青混合料　试验方法　第24部分:抗疲劳能力试验
EN 12697-25:2016	Bituminous mixtures—Test methods—Part 25: Cyclic compression test 沥青混合料　试验方法　第25部分:重复压缩试验

续上表

标准编号	标准名称
EN 12697-26:2018	Bituminous mixtures—Test methods—Part 26: Stiffness 沥青混合料 试验方法 第26部分:模量试验
EN 12697-27:2017	Bituminous mixtures—Test methods—Part 27: Sampling 沥青混合料 试验方法 第27部分:取样方法
EN 12697-28:2000	Bituminous mixtures—Test methods for hot mix asphalt—Part 28: Preparation of samples for determining binder content, water content and grading 沥青混合料 热拌沥青混合料试验方法 第28部分:测定胶结料含量、含水率和级配的样品制备方法
EN 12697-29:2002	Bituminous mixtures—Test method for hot mix asphalt—Part 29: Determination of the dimensions of a bituminous specimen 沥青混合料 热拌沥青混合料试验方法 第29部分:沥青试样尺寸测定
EN 12697-30:2012	Bituminous mixtures—Test methods for hot mix asphalt—Part 30: Specimen preparation by impact compactor 沥青混合料 热拌沥青混合料试验方法 第30部分:击实法成型方法
EN 12697-31:2007	Bituminous mixtures—Test methods for hot mix asphalt—Part 31: Specimen preparation by gyratory compactor 沥青混合料 热拌沥青混合料试验方法 第31部分:旋转压实成型方法
EN 12697-32:2003 + A1:2007	Bituminous mixtures—Test methods for hot mix asphalt—Part 32: Laboratory compaction of bituminous mixtures by vibratory compactor 沥青混合料 热拌沥青混合料试验方法 第32部分:振动压实成型方法
EN 12697-33:2003 + A1:2007	Bituminous mixtures—Test methods for hot mix asphalt—Part 33: Specimen prepared by roller compactor 沥青混合料 热拌沥青混合料试验方法 第33部分:轮碾成型方法
EN 12697-34:2012	Bituminous mixtures—Test methods for hot mix asphalt—Part 34: Marshall test 沥青混合料 热拌沥青混合料试验方法 第34部分:马歇尔试验
EN 12697-35:2016	Bituminous mixtures—Test methods—Part 35: Laboratory mixing 沥青混合料 试验方法 第35部分:试验室拌和试验
EN 12697-37:2003	Bituminous mixtures—Test methods for hot mix asphalt—Part 37: Hot sand test for the adhesivity of binder on precoated chippings for HRA 沥青混合料 热拌沥青混合料试验方法 第37部分:热碾压沥青混凝土(HRA)用预拌沥青碎石与胶结料附着力的热砂试验
EN 12697-39:2012	Bituminous mixtures—Test methods for hot mix asphalt—Part 39: Binder content by ignition 沥青混合料 热拌沥青混合料试验方法 第39部分:燃烧法测定胶结料含量
EN 12697-41:2013	Bituminous mixtures—Test methods for hot mix asphalt—Part 41: Resistance to deicing fluids 沥青混合料 热拌沥青混合料试验方法 第41部分:耐防冻液性能试验方法

续上表

标 准 编 号	标 准 名 称
EN 12697-42:2012	Bituminous mixtures—Test methods for hot mix asphalt—Part 42: Amount of foreign matter in reclaimed asphalt 沥青混合料　热拌沥青混合料试验方法　第 42 部分:回收沥青中杂质含量
EN 12697-43:2014	Bituminous mixtures—Test methods for hot mix asphalt—Part 43: Resistance to fuel 沥青混合料　热拌沥青混合料试验方法　第 43 部分:耐油腐蚀性试验
EN 12697-44:2010	Bituminous mixtures—Test methods for hot mix asphalt—Part 44: Crack propagation by semi-circular bending test 沥青混合料　热拌沥青混合料试验方法　第 44 部分:用半圆弯曲(SCB)试验进行裂纹扩展
EN 12697-45:2012	Bituminous mixtures—Test methods for hot mix asphalt—Part 45: Saturation Ageing Tensile Stiffness (SATS) conditioning test 沥青混合料　热拌沥青混合料试验方法　第 45 部分:饱和老化拉伸劲度(SATS)调节试验
EN 12697-46:2012	Bituminous mixtures—Test methods for hot mix asphalt—Part 46: Low temperature cracking and properties by uniaxial tension tests 沥青混合料　热拌沥青混合料试验方法　第 46 部分:通过单轴拉伸试验测定低温开裂性质
EN 12697-47:2010	Bituminous mixtures—Test methods for hot mix asphalt—Part 47: Determination of the ash content of natural asphalts 沥青混合料　热拌沥青混合料试验方法　第 47 部分:天然沥青灰分含量的测定
EN 12697-49:2014	Bituminous mixtures—Test methods for hot mix asphalt—Part 49: Determination of friction after polishing 沥青混合料　热拌沥青混合料试验方法　第 49 部分:抛光后摩擦力的测定
CEN/TS 12697-50:2018	Bituminous mixtures—Test methods—Part 50: Resistance to scuffing 沥青混合料　试验方法　第 50 部分:抗划痕试验
CEN/TS 12697-51:2017	Bituminous mixtures—Test methods—Part 51: Surface shear strength test 沥青混合料　试验方法　第 51 部分:表面剪切强度试验
CEN/TS 12697-52:2017	Bituminous mixtures—Test methods—Part 52: Conditioning to address oxidative ageing 沥青混合料　试验方法　第 52 部分:氧化老化处理条件
EN 13108-1:2016	Bituminous mixtures—Material specifications—Part 1: Asphalt Concrete 沥青混合料　材料规范　第 1 部分:沥青混凝土
EN 13108-2:2016	Bituminous mixtures—Material specifications—Part 2: Asphalt Concrete for Very Thin Layers (BBTM) 沥青混合料　材料规范　第 2 部分:超薄层沥青混凝土 BBTM
EN 13108-3:2016	Bituminous mixtures—Material specifications—Part 3: Soft Asphalt 沥青混合料　材料规范　第 3 部分:软质沥青混凝土

续上表

标 准 编 号	标 准 名 称
EN 13108-4:2016	Bituminous mixtures—Material specifications—Part 4: Hot Rolled Asphalt 沥青混合料　材料规范　第 4 部分:热碾压沥青混凝土
EN 13108-4:2016/AC:2017	Bituminous mixtures—Material specifications—Part 4: Hot Rolled Asphalt 沥青混合料　材料规范　第 4 部分:热碾压沥青混凝土
EN 13108-5:2016	Bituminous mixtures—Material specifications—Part 5: Stone Mastic Asphalt 沥青混合料　材料规范　第 5 部分:沥青玛𤥂脂碎石混合料
EN 13108-6:2016	Bituminous mixtures—Material specifications—Part 6: Mastic Asphalt 沥青混合料　材料规范　第 6 部分:沥青玛𤥂脂混合料
EN 13108-7:2016	Bituminous mixtures—Material specifications—Part 7: Porous Asphalt 沥青混合料　材料规范　第 7 部分:透水沥青混合料(PA)
EN 13108-8:2016	Bituminous mixtures—Material specifications—Part 8: Reclaimed asphalt 沥青混合料　材料规范　第 8 部分:再生沥青混合料
EN 13108-9:2016	Bituminous mixtures—Material specifications—Part 9: Asphalt for Ultra-Thin Layer (AUTL) 沥青混合料　材料规范　第 9 部分:极薄层沥青(AUTL)混合料
EN 13108-20:2016	Bituminous mixtures—Material specifications—Part 20: Type Testing 沥青混合料　材料规范　第 20 部分:型式试验
EN 13108-21:2016	Bituminous mixtures-Material specifications—Part 21: Factory Production Control 沥青混合料　材料规范　第 21 部分:工厂生产控制

注:来源于 https://standards.cen.eu/dyn/www/f?p=204:105:0:::::。

A.1.3　沥青胶结料技术委员会(CEN/TC 336 bituminous binders)

沥青胶结料技术委员会管理的热拌沥青混合料相关标准　　表 A.1-3

标 准 编 号	标 准 名 称
EN 12591:2009	Bitumen and bituminous binders—Specifications for paving grade bitumens 沥青和沥青胶结料　铺路沥青的规范
EN 12592:2014	Bitumen and bituminous binders—Determination of solubility 沥青和沥青胶结料　溶解度的测定
EN 12593:2015	Bitumen and bituminous binders—Determination of the Fraass breaking point 沥青和沥青胶结料　弗拉斯脆点试验
EN 12594:2014	Bitumen and bituminous binders—Preparation of test samples 沥青和沥青胶结料　试验样品制备

续上表

标准编号	标准名称
EN 12595:2014	Bitumen and bituminous binders—Determination of kinematic viscosity 沥青和沥青胶结料　运动黏度测定
EN 12596:2014	Bitumen and bituminous binders—Determination of dynamic viscosity by vacuum capillary 沥青和沥青胶结料　真空毛细管法测定动力黏度
EN 12597:2014	Bitumen and bituminous binders—Terminology 沥青和沥青胶结料　术语
EN 12606-1:2015	Bitumen and bituminous binders—Determination of the paraffin wax content—Part 1: Method by distillation 沥青和沥青胶结料　蜡含量测定　第1部分:蒸馏法
EN 12606-2:1999	Bitumen and bituminous binders—Determination of the paraffin wax content—Part 2: Method of extraction 沥青和沥青胶结料　蜡含量测定　第2部分:萃取法
EN 12607-1:2014	Bitumen and bituminous binders—Determination of the resistance to hardening under influence of heat and air—Part 1: RTFOT method 沥青和沥青胶结料　热和空气作用下沥青材料的老化测定　第1部分:RTFOT法
EN 12607-2:2014	Bitumen and bituminous binders—Determination of the resistance to hardening under influence of heat and air—Part 2: TFOT method 沥青和沥青胶结料　热和空气作用下沥青材料的老化测定　第2部分:TFOT法
EN 12607-3:2014	Bitumen and bituminous binders—Determination of the resistance to hardening under influence of heat and air—Part 3: RFT method 沥青和沥青胶结料　热和空气作用下沥青材料的老化测定　第3部分:RFT法
EN 13301:2010	Bitumen and bituminous binders—Determination of staining tendency of bitumen 沥青和沥青胶结料　沥青染色倾向测定方法
EN 13302:2018	Bitumen and bituminous binders—Determination of dynamic viscosity of bituminous binder using a rotating spindle apparatus 沥青和沥青胶结料　用旋转黏度计测定沥青动力黏度试验
EN 13303:2017	Bitumen and bituminous binders—Determination of the loss in mass after heating of industrial bitumen 沥青和沥青胶结料　沥青加热后质量损失的测定
EN 13398:2017	Bitumen and bituminous binders—Determination of the elastic recovery of modified bitumen 沥青和沥青胶结料　改性沥青弹性恢复试验
EN 13399:2017	Bitumen and bituminous binders—Determination of storage stability of modified bitumen 沥青和沥青胶结料　改性沥青的储存稳定性的测定

续上表

标准编号	标准名称
EN 13587:2016	Bitumen and bituminous binders—Determination of the tensile properties of bituminous binders by the tensile test method 沥青和沥青胶结料　用拉伸试验法测定沥青胶结料拉伸性质
EN 13588:2017	Bitumen and bituminous binders—Determination ofcohesion of bituminous binders with pendulum test 沥青和沥青胶结料　沥青胶结料内聚特性的测定试验方法(摆锤法)
EN 13589:2018	Bitumen and bituminous binders—Determination of the tensile properties of modified bitumen by the force ductility method 沥青和沥青胶结料　用测力延度法测定改性沥青的拉伸性质
EN 13632:2010	Bitumen and bituminous binders—Visualisation of polymer dispersion in polymer modified bitumen 沥青和沥青胶结料　聚合物改性沥青中聚合物分散性的可视化试验
EN 13702:2018	Bitumen and bituminous binders—Determination of dynamic viscosity of bitumen and bituminous binders by the cone and plate method 沥青和沥青胶结料　锥板法测定改性沥青动力黏度的试验
EN 13924-1:2015	Bitumen and bituminous binders—Specification framework for special paving grade bitumen—Part 1: Hard paving grade bitumens 沥青和沥青胶结料　特殊铺装等级沥青的规范框架　第1部分:硬质道路沥青
EN 13924-2:2014	Bitumen and bituminous binders—Specification framework for special paving grade bitumen—Part 2: Multistage Paving Grade Asphalt 沥青和沥青胶结料　特殊铺装等级沥青的规范框架　第2部分:多级道路沥青
EN 14023:2010	Bitumen and bituminous binders—Specification framework for polymer modified bitumens 沥青和沥青胶结料　聚合物改性沥青规范框架
EN 1425:2012	Bitumen and bituminous binders—Characterization of perceptible properties 沥青和沥青胶结料　外观特性描述
EN 1426:2015	Bitumen and bituminous binders—Determination of needle penetration 沥青和沥青胶结料　针入度测定
EN 1427:2015	Bitumen and bituminous binders—Determination of the softening point—Ring and Ball method 沥青和沥青胶结料　软化点测定　环球法
EN 14769:2012	Bitumen and bituminous binders—Accelerated long-term ageing conditioning by a Pressure Ageing Vessel (PAV) 沥青和沥青胶结料　压力老化容器(PAV)试验

续上表

标准编号	标准名称
EN 14770:2012	Bitumen and bituminous binders—Determination of complex shear modulus and phase angle—Dynamic Shear Rheometer (DSR) 沥青和沥青胶结料　测定复数剪切模量和相位角的动态剪切流变试验(DSR)
EN 14771:2012	Bitumen and bituminous binders—Determination of the flexural creep stiffness—Bending Beam Rheometer (BBR) 沥青和沥青胶结料　测定弯曲蠕变劲度试验(BBR)
EN 15323:2007	Bitumen and bituminous binders—Accelerated long-term ageing/conditioning by the rotating cylinder method (RCAT) 沥青和沥青胶结料　旋转筒法加速长期老化试验(RCAT)
CEN/TS 15324:2008	Bitumen and bituminous binders—Determination of equiviscous temperature based on low shear viscosity using a Dynamic Shear Rheometer(DSR) in low frequency oscillation mode 沥青和沥青胶结料　在低频振荡模式下使用动态剪切流变仪(DSR)测定基于低剪切黏度的等温温度
CEN/TS 15325:2008	Bitumen and bituminous binders—Determination of Zero-Shear Viscosity (ZSV) using a Shear Stress Rheometer in creep mode 沥青和沥青胶结料　在蠕变模式下使用剪切应力流变仪测定零剪切黏度(ZSV)
EN 15326:2007 + A1:2009	Bitumen and bituminous binders—Measurement of density and specific gravity—Capillary-stoppered pycnometer method 沥青和沥青胶结料　测定密度和相对密度　毛细管塞比重瓶法
CEN/TS 15963:2014	Bitumen and bituminous binders—Determination of the fracture toughness temperature by a three point bending test on a notched specimen 沥青和沥青胶结料　通过在缺口试样上进行三点弯曲试验测定断裂韧性温度
EN 16659:2015	Bitumen and Bituminous Binders—Multiple Stress Creep and Recovery Test (MSCRT) 沥青和沥青胶结料　多应力蠕变恢复试验(MSCRT)
EN 58:2012	Bitumen and bituminous binders—Sampling bituminous binders 沥青和沥青胶结料　沥青胶结料取样

注:来源于 http://standards.cen.eu/dyn/www/f?p=204:105:0:::::。

A.2　美国各州公路与运输官员协会(AASHTO)标准

American Association of State Highway and Transportation Officials(AASHTO)

材料和路面技术委员会(COMP)

Committee on Materials and Pavements(COMP)

A.2.1 土和非胶结再生材料分技术委员会(COMP TS 1a-Soil and Unbound Recycled Materials)

土和非胶结再生材料分技术委员会管理的热拌沥青混合料相关标准 表 A.2-1

标准类别	标准编号	标准名称
标准试验方法(T) Standard Method of Test	T 100-15	Specific Gravity of Soils 土的密度
	T 176-17	Plastic Fines in Graded Aggregates and Soils by Use of the Sand Equivalent Test 集料和土的砂当量试验方法
	T 90-16	Determining the Plastic Limit and Plasticity Index of soils 土的塑限和塑性指数

注:来源于 https://materials.transportation.org/technical-subcommittees/comp-ts-1a-soil-and-unbound-recycled-materials/。

A.2.2 集料分技术委员会(COMP TS 1c-Aggregates)

集料分技术委员会管理的热拌沥青混合料相关标准 表 A.2-2

标准类别	标准编号	标准名称
标准规范(M) Standard Specification	M 29-12 (2016)	Standard Specification for Fine Aggregate for Bituminous Paving Mixtures 沥青混合料用细集料规范
	M 43-05 (2018)	Standard Specification for Sizes of Aggregate for Road and Bridge Construction 道路和桥梁建设用集料规格规范
标准实践(R) Standard Practice	R 76-16	Standard Practice for Reducing Samples of Aggregate to Testing Size 将集料样品减少到试验要求的数量(缩分)实践
标准试验方法(T) Standard Method of Test	T 2-91 (2015)	Standard Method of Test for Sampling of Aggregates 集料取样试验方法
	T 11-05 (2018)	Standard Method of Test for Materials Finer Than 75-μm (No. 200) Sieve in Mineral Aggregates by Washing 水洗法测定矿质集料中小于0.075mm的试验方法
	T 19M/T 19-14(2018)	Standard Method of Test for Bulk Density ("Unit Weight") and Voids in Aggregate 集料毛体积密度(单位质量)和空隙率测定试验方法

续上表

标准类别	标准编号	标准名称
标准试验方法(T) Standard Method of Test	T 27-14(2018)	Standard Method of Test for Sieve Analysis of Fine and Coarse Aggregates 粗细集料筛分试验方法
	T 84-13 (2017)	Standard Method of Test for Specific Gravity and Absorption of Fine Aggregate 细集料的相对密度和吸水率试验方法
	T 85-14(2018)	Standard Method of Test for Specific Gravity and Absorption of Coarse Aggregate 粗集料的相对密度和吸水率试验方法
	T 96-02 (2015)	Standard Method of Test for Resistance to Degradation of Small-Size Coarse Aggregate by Abrasion and Impact in the Los Angeles Machine 用洛杉矶磨耗试验机评定小尺寸粗集料的抗磨耗阻力试验方法
	T 103-08 (2017)	Standard Method of Test for Soundness of Aggregates by Freezing and Thawing 用冻融法测集料的安定性试验方法
	T 104-99 (2016)	Standard Method of Test for Soundness of Aggregate by Use of Sodium Sulfate or Magnesium Sulfate 使用硫酸钠或硫酸镁法测定集料的坚固性试验方法
	T 112-00 (2017)	Standard Method of Test for Clay Lumps and Friable Particles in Aggregate 集料中的黏质土和易碎颗粒试验方法
	T 113-18	Standard Method of Test for Lightweight Pieces in Aggregate 集料轻质颗粒的试验方法
	T 210-15	Standard Method of Test for Aggregate Durability Index 集料耐久性指数试验方法
	T 255-00 (2017)	Standard Method of Test for Total Evaporable Moisture Content of Aggregate by Drying 用烘干法测集料的总蒸发水量试验方法
	T 304-17	Standard Method of Test for Uncompacted Void Content of Fine Aggregate 细集料未压实空隙率测定试验方法
	T 326-05 (2018)	Standard Method of Test for Uncompacted Void Content of Coarse Aggregate (As Influenced by Particle Shape, Surface Texture, and Grading) 粗集料未压实空隙率测定试验方法(颗粒表面形状、表面纹理和级配的影响)

续上表

标 准 类 别	标 准 编 号	标 准 名 称
标准试验方法(T) Standard Method of Test	T 327-12 (2016)	Standard Method of Test for Resistance of Coarse Aggregate to Degradation by Abrasion in the Micro-Deval Apparatus 采用微狄法尔试验机测定粗集料抵抗磨耗阻力试验方法
	T 330-07 (2015)	Standard Method of Test for The Qualitative Detection of Harmful Clays of the Smectite Group in Aggregates Using Methylene Blue 采用亚甲蓝法测定集料中有害蒙脱土含量试验方法
	T 335-09 (2018)	Standard Method of Test for Determining the Percentage of Fracture in Coarse Aggregate 粗集料破碎率测定试验方法
	T 354-17	Standard Method of Test for Specific Gravity and Absorption of Aggregate by Volumetric Immersion Method 用水浸法测定集料相对密度和吸水率试验方法
	T381-18	Determining Aggregate Shape Properties by Means of Digital Image Analysis 通过数字图像分析确定集料的形状特性
暂行标准试验方法(TP) Provisional Standard Method of Test	TP 120-16(2018)	Standard Method of Test for Pore Index for Carbonate Coarse Aggregate 碳酸盐粗集料的孔隙指数的试验方法

注:来源于 https://materials.transportation.org/technical-subcommittees/comp-ts-1c-aggregates/。

A.2.3 乳化沥青分技术委员会(COMP TS 2a-Emulsified Asphalts)

乳化沥青分技术委员会管理的热拌沥青混合料相关标准 表 A.2-3

标 准 类 别	标 准 编 号	标 准 名 称
标准实践(R) Standard Practice	R 66-16	Sampling Asphalt Materials 沥青材料取样
试验方法	T 300-11(2016)	Standard Method of Test for Force Ductility Test of Asphalt Materials 沥青材料测力延度试验法
	T 301-13 (2017)	Elastic Recovery Test of Asphalt Materials by Means of a Ductilometer 用延度仪进行沥青材料的弹性恢复试验
	T 382-18	Standard Method of Test for Determining the Viscosity of Emulsified Asphalt by a Rotational Paddle Viscometer 用旋转桨式黏度计测定乳化沥青试验方法

续上表

标准类别	标准编号	标准名称
试验方法	T 72-10 (2015)	Saybolt Viscosity 赛波特黏度试验
	T 50-14(2018)	Float Test for Bituminous Materials 沥青材料浮漂度试验

注:来源于 https://materials.transportation.org/technical-subcommittees/comp-ts-2a-emulsified-asphalts/。

A.2.4 液体沥青分技术委员会(COMP TS 2b-Liquid Asphalts)

液体沥青分技术委员会管理的热拌沥青混合料相关标准 表 A.2-4

标准类别	标准编号	标准名称
标准规范(M) Standard Specification	M 226-80 (2017)	Standard Specification for Viscosity-Graded Asphalt Cement 黏稠沥青的黏度分级规范
	M 320-17	Standard Specification for Performance-Graded Asphalt Binder 沥青胶结料的性能分级(PG)规范
	M 332-18	Standard Specification for Performance-Graded Asphalt Binder Using Multiple Stress Creep Recovery (MSCR) Test 采用多应力蠕变恢复(MSCR)试验确定沥青胶结料性能分级的标准规范
暂行规范(MP) Provisional Standard Specification	MP 37-18	Performance-Graded Asphalt Binder for Surface Treatments 表层处理沥青胶结料性能分级暂行规范
标准实践(R) Standard Practice	R 15-18	Standard Practice for Asphalt Additives and Modifiers 沥青添加剂和改性剂实践
	R 26-01 (2018)	Standard Practice for Certifying Suppliers of Performance-Graded Asphalt Binders 性能分级(PG)的沥青胶结料供应商认证实践
	R 28-12 (2016)	Standard Practice for Accelerated Aging of Asphalt Binder Using a Pressurized Aging Vessel (PAV) 采用压力老化容器(PAV)加速沥青胶结料老化实践
	R 29-15	Standard Practice for Grading or Verifying the Performance Grade (PG) of an Asphalt Binder 沥青胶结料性能分级(PG)和验证实践

续上表

标准类别	标准编号	标准名称
标准实践(R) Standard Practice	R 49-09 (2018)	Standard Practice for Determination of Low-Temperature Performance Grade (PG) of Asphalt Binders 沥青胶结料低温性能等级的确定实践
	R 92-18	Evaluating the Elastic Behavior of Asphalt Binders Using the Multiple Stress Creep Recovery (MSCR) Test 用多应力蠕变恢复(MSCR)试验评价沥青胶结料的弹性实践
标准试验方法(T) Standard Method of Test	T 44-14(2018)	Standard Method of Test for Solubility of Bituminous Materials 沥青胶结料溶解度试验方法
	T 48-18	Standard Method of Test for Flash Point of Asphalt Binder by Cleveland Open Cup 沥青胶结料闪点试验方法(克利夫兰开口杯法)
	T 49-15	Standard Method of Test for Penetration of Bituminous Materials 沥青材料的针入度试验方法
	T 51-09 (2018)	Standard Method of Test for Ductility of Asphalt Materials 沥青材料的延度试验方法
	T 53-09 (2018)	Standard Method of Test for Softening Point of Bitumen (Ring-and-Ball Apparatus) 沥青软化点(环球法)试验方法
	T 102-09 (2018)	Standard Method of Test for Spot Test of Asphaltic Materials 沥青材料的斑点试验方法
	T 111-11 (2015)	Standard Method of Test for Mineral Matter or Ash in Asphalt Materials 沥青材料中矿物质或灰分含量测定试验方法
	T 179-05 (2018)	Standard Method of Test for Effect of Heat and Air on Asphalt Materials (Thin-Film Oven Test) 热和空气作用下沥青材料的老化[沥青薄膜烘箱试验(TFOT)]试验方法
	T 201-15	Standard Method of Test for Kinematic Viscosity of Asphalts (Bitumens) 沥青胶结料运动黏度试验方法
	T 202-15	Standard Method of Test for Viscosity of Asphalts by Vacuum Capillary Viscometer 真空毛细管法测定动力黏度的试验方法
	T 228-09 (2018)	Standard Method of Test for Specific Gravity of Semi-Solid Asphalt Materials 半固态沥青材料相对密度试验方法

续上表

标准类别	标准编号	标准名称
标准试验方法(T) Standard Method of Test	T 240-13 (2017)	Standard Method of Test for Effect of Heat and Air on a Moving Film of Asphalt Binder (Rolling Thin-Film Oven Test) 热和空气作用下沥青材料的老化[旋转薄膜烘箱试验(RTFOT)]试验方法
	T 313-12 (2016)	Standard Method of Test for Determining the Flexural Creep Stiffness of Asphalt Binder Using the Bending Beam Rheometer (BBR) 用弯曲梁流变仪(BBR)测定沥青胶结料弯曲蠕变劲度试验方法
	T 314-12 (2016)	Standard Method of Test for Determining the Fracture Properties of Asphalt Binder in Direct Tension (DT) 用直接拉伸仪(DT)测定沥青胶结料的断裂性质试验方法
	T 315-12 (2016)	Standard Method of Test for Determining the Rheological Properties of Asphalt Binder Using a Dynamic Shear Rheometer (DSR) 用动态剪切流变仪(DSR)测定沥青胶结料的流变性质试验方法
	T 316-13 (2017)	Standard Method of Test for Viscosity Determination of Asphalt Binder Using Rotational Viscometer 用旋转黏度计测定沥青胶结料的黏度试验方法
	T 350-14 (2018)	Standard Method of Test for Multiple Stress Creep Recovery (MSCR) Test of Asphalt Binder Using a Dynamic Shear Rheometer (DSR) 采用动态剪切流变仪(DSR)进行沥青胶结料多应力蠕变恢复试验方法(MSCR)
	T 377-17	Standard Method of Test for Detecting the Presence of Phosphorous in Asphalt Binder 沥青胶结料中多聚磷酸含量的测定试验方法
	T 383-18	Evaluation of Asphalt Release Agents (ARAs) 沥青隔离剂(ARAs)评价
暂行标准试验方法(TP) Provisional Standard Method of Test	TP 92-14 (2018)	Standard Method of Test for Determining the Cracking Temperature of Asphalt Binder Using the Asphalt Binder Cracking Device (ABCD) 用沥青开裂装置(ABCD)测定沥青胶结料的开裂温度试验方法
	TP 101-12 (2018)	Standard Method of Test for Estimating Fatigue Resistance of Asphalt Binders Using the Linear Amplitude Sweep 用线性振幅扫描法测定沥青胶结料的疲劳性能试验方法
	TP 113-15	Standard Method of Test for Determination of Asphalt Binder Resistance to Ductile Failure Using Double-Edge-Notched Tension (DENT) Test 采用双侧缺口拉伸(DENT)试验测定沥青胶结延伸性能试验方法

续上表

标准类别	标准编号	标准名称
暂行标准试验方法(TP) Provisional Standard Method of Test	TP 122-16 (2018)	Standard Method of Test for Determination of Performance Grade of Physically Aged Asphalt Binder Using Extended Bending Beam Rheometer (BBR) Method 用扩展弯曲梁流变仪(BBR)测定物理老化沥青胶结料的性能等级试验方法
	TP 123-16 (2018)	Standard Method of Test for Measuring Asphalt Binder Yield Energy and Elastic Recovery Using the Dynamic Shear Rheometer 采用动态剪切流变仪测定沥青胶结料屈服性能和弹性恢复试验方法
	TP 127-17	Standard Method of Test for Determining the Fracture Energy Density of Asphalt Binder Using the Binder Fracture Energy (BFE) Test 采用沥青断裂能(BFE)试验确定沥青胶结料的断裂能密度试验方法

注:来源于 https://materials.transportation.org/technical-subcommittees/comp-ts-2b-liquid-asphalt/。

A.2.5 沥青-集料混合料分技术委员会(COMP TS 2c-Asphalt-Aggregate Mixtures)

沥青-集料混合料分技术委员会管理的热拌沥青混合料相关标准 表 A.2-5

标准类别	标准编号	标准名称
标准规范(M) Standard Specification	M 17-11 (2015)	Standard Specification for Mineral Filler for Bituminous Paving Mixtures 沥青混合料用填料规范
	M 156-13 (2017)	Standard Specification for Requirements for Mixing Plants for Hot-Mixed, Hot-Laid Bituminous Paving Mixtures 热拌热铺沥青混合料拌和厂的要求规范
标准实践(R) Standard Practice	R 47-14(2018)	Standard Practice for Reducing Samples of Hot Mix Asphalt (HMA) to Testing Size 缩分热拌沥青混合料试验用试件数量实践
	R 59-11 (2015)	Standard Practice for Recovery of Asphalt Binder from Solution by Abson Method 用阿布森法从溶液中回收沥青胶结料实践
	R 67-16	Standard Practice for Sampling Asphalt Mixtures after Compaction (Obtaining Cores) 压实沥青混合料取样(取芯)实践
	R 79-18	Standard Practice for Vacuum Drying Compacted Asphalt Specimens 压实沥青试样的真空干燥实践

续上表

标准类别	标准编号	标准名称
标准试验方法(T) Standard Method of Test	T 30-15	Standard Method of Test for Mechanical Analysis of Extracted Aggregate 抽提后的集料力学分析试验方法
	T 37-07 (2016)	Standard Method of Test for Sieve Analysis of Mineral Filler for Hot Mix Asphalt (HMA) 热拌沥青混合料(HMA)用的矿物填料筛分试验方法
	T 110-03 (2016)	Standard Method of Test for Moisture or Volatile Distillates in Hot Mix Asphalt (HMA) 热拌沥青混合料(HMA)中水分或挥发性馏分含量测定试验方法
	T 164-14(2018)	Standard Method of Test for Quantitative Extraction of Asphalt Binder from Hot Mix Asphalt (HMA) 从热拌沥青混合料(HMA)中定量抽提沥青胶结料试验方法
	T 166-16	Standard Method of Test for Bulk Specific Gravity (Gmb) of Compacted Asphalt Mixtures Using Saturated Surface-Dry Specimens 饱和面干法测定压实沥青混合料试样的毛体积相对密度(Gmb)试验方法
	T 168-03 (2016)	Standard Method of Test for Sampling Bituminous Paving Mixtures 铺路沥青混合料的取样试验方法
	T 195-18	Standard Method of Test for Determining Degree of Particle Coating of Asphalt Mixtures 沥青混合料中集料颗粒裹覆程度的测定试验方法
	T 209-12 (2016)	Standard Method of Test for Theoretical Maximum Specific Gravity (Gmm) and Density of Hot Mix Asphalt (HMA) 热拌沥青混合料(HMA)的理论最大相对密度(Gmm)和密度试验方法
	T 269-14(2018)	Standard Method of Test for Percent Air Voids in Compacted Dense and Open Asphalt Mixtures 压实密级配和开级配沥青混合料的空隙率试验方法
	T 275-17	Standard Method of Test for Bulk Specific Gravity (Gmb) of Compacted Asphalt Mixtures Using Paraffin-Coated Specimens 采用蜡封法测定压实沥青混合料毛体积相对密度试验方法
	T 287-14(2018)	Standard Method of Test for Asphalt Binder Content of Asphalt Mixtures by the Nuclear Method 核子法测定沥青混合料中的沥青胶结料含量试验方法

续上表

标 准 类 别	标 准 编 号	标 准 名 称
标准试验方法(T) Standard Method of Test	T 305-14(2018)	Standard Method of Test for Determination of Draindown Characteristics in Uncompacted Asphalt Mixtures 未压实沥青混合料析漏试验方法
	T 308-18	Standard Method of Test for Determining the Asphalt Binder Content of Hot Mix Asphalt (HMA) by the Ignition Method 燃烧炉法测定热拌沥青混合料(HMA)中沥青胶结料含量试验方法
	T 319-15	Standard Method of Test for Quantitative Extraction and Recovery of Asphalt Binder from Asphalt Mixtures 从沥青混合料中定量抽提和回收沥青胶结料的试验方法
	T 324-17	Standard Method of Test for Hamburg Wheel-Track Testing of Compacted Asphalt Mixtures 压实热拌沥青混合料(HMA)汉堡车辙试验方法
	T 329-15	Standard Method of Test for Moisture Content of Asphalt Mixtures by Oven Method 烘箱法测定热拌沥青混合料含水率试验方法
	T 331-13 (2017)	Standard Method of Test for Bulk Specific Gravity (Gmb) and Density of Compacted Asphalt Mixtures Using Automatic Vacuum Sealing Method 自动真空密封法测压实沥青混合料毛体积相对密度和密度的试验方法
	T 362-17	Standard Method of Test for Quantitative Determination of the Percentage of Lime in Asphalt Mixtures 沥青混合料中石灰含量的测定试验方法
暂行标准试验方法(TP) Provisional Standard Method of Test	TP 114-18	Determining the Interlayer Shear Strength (ISS) of Asphalt Pavement Layers 沥青路面层间剪切强度测定方法
	TP 115-16 (2017)	Determining the Quality of Tack Coat Adhesion to the Surface of an Asphalt Pavement in the Field or Laboratory 现场或实验室测定沥青路面黏性涂层质量的方法
	TP 128-17	Evaluation of Oxidation Level of Asphalt Mixtures by a Portable Infrared Spectrometer 用便携式红外光谱仪评价沥青混合料氧化程度的方法

注:来源于 https://materials.transportation.org/technical-subcommittees/comp-ts-2c-asphalt-aggregate-mixtures/。

A.2.6 沥青-集料混合料配合比分技术委员会(COMP TS 2d-Proportioning of Asphalt-Aggregate Mixtures)

沥青-集料混合料配合比分技术委员会管理的热拌沥青混合料相关标准　表 A.2-6

标准类别	标准编号	标准名称
标准规范(M) Standard Specification	M 323-17	Standard Specification for Superpave Volumetric Mix Design Superpave 混合料体积设计规范
	M 325-08 (2017)	Standard Specification for Stone Matrix Asphalt (SMA) 沥青玛瑺脂碎石混合料(SMA)规范
标准实践(R) Standard Practice	R 30-02 (2015)	Standard Practice for Mixture Conditioning of Hot Mix Asphalt (HMA) 热拌沥青混合料(HMA)拌和条件实践
	R 35-17	Standard Practice for Superpave Volumetric Design for Asphalt Mixtures 沥青混合料 Superpave 体积设计实践
	R 46-08 (2017)	Standard Practice for Designing Stone Matrix Asphalt (SMA) 沥青玛瑺脂碎石混合料(SMA)设计实践
	R 62-13 (2017)	Standard Practice for Developing Dynamic Modulus Master Curves for Asphalt Mixtures 开发沥青混合料动态模量主曲线的实践
	R 68-15	Standard Practice for Preparation of Asphalt Mixtures by Means of the Marshall Apparatus 用马歇尔试验仪制备沥青混合料试件实践
	R 83-17	Standard Practice for Preparation of Cylindrical Performance Test Specimens Using the Superpave Gyratory Compactor (SGC) 用 Superpave 旋转压实仪(SGC)制备圆柱体性能试验试件实践
	R 84-17	Standard Practice for Developing Dynamic Modulus Master Curves for Asphalt Mixtures Using the Asphalt Mixture Performance Tester (AMPT) 利用性能试验机(AMPT)确定沥青混合料动态模量主曲线的实践
标准试验方法(T) Standard Method of Test	T 167-10 (2015)	Standard Method of Test for Compressive Strength of Hot Mix Asphalt 热拌沥青混合料的抗压强度试验方法
	T 245-15	Standard Method of Test for Resistance to Plastic Flow of Asphalt Mixtures Using Marshall Apparatus 用马歇尔试验仪测定沥青混合料塑性流动阻力试验方法
	T 246-10 (2015)	Standard Method of Test for Resistance to Deformation and Cohesion of Hot Mix Asphalt (HMA) by Means of Hveem Apparatus 用维姆试验仪测定热拌沥青混合料(HMA)抗变形能力和内聚特性试验方法
	T 247-10 (2015)	Standard Method of Test for Preparation of Test Specimens of Hot Mix Asphalt (HMA) by Means of California Kneading Compactor 加利福尼亚搓揉压实机制备热拌沥青混合料(HMA)试件试验方法

续上表

标准类别	标准编号	标准名称
标准试验方法(T) Standard Method of Test	T 283-14(2018)	Standard Method of Test for Resistance of Compacted Asphalt Mixtures to Moisture-Induced Damage 压实沥青混合料抵抗水损害能力的试验方法
	T 312-15	Standard Method of Test for Preparing and Determining the Density of Asphalt Mixture Specimens by Means of the Superpave Gyratory Compactor 用 Superpave 旋转压实仪制备和测定热拌沥青混合料(HMA)密度试验方法
	T 320-07 (2016)	Standard Method of Test for Determining the Permanent Shear Strain and Stiffness of Asphalt Mixtures Using the Superpave Shear Tester (SST) 用 Superpave 剪切试验机(SST)测定沥青混合料永久剪切应变和劲度模量试验方法
	T 321-17	Standard Method of Test for Determining the Fatigue Life of Compacted Asphalt Mixtures Subjected to Repeated Flexural Bending 测定重复弯曲作用下压实沥青混合料的疲劳寿命试验方法
	T 322-07 (2016)	Standard Method of Test for Determining the Creep Compliance and Strength of Hot Mix Asphalt (HMA) Using the Indirect Tensile Test Device 用间接拉伸试验仪测定热拌沥青混合料(HMA)的蠕变柔量和强度试验方法
	T 340-10 (2015)	Standard Method of Test for Determining Rutting Susceptibility of Hot Mix Asphalt (HMA) Using the Asphalt Pavement Analyzer (APA) 用沥青路面分析仪(APA)测定热拌沥青混合料(HMA)的车辙敏感性
	T 342-11 (2015)	Standard Method of Test for Determining Dynamic Modulus of Hot Mix Asphalt (HMA) 热拌沥青混合料(HMA)动态模量的测定试验方法
	T 344-12 (2016)	Evaluation of Superpave Gyratory Compactor (SGC) Internal Angle of Gyration Using Simulated Loading 利用模拟加载评价旋转压实仪(SGC)回转内角的方法
	T 378-17	Standard Method of Test for Determining the Dynamic Modulus and Flow Number for Asphalt Mixtures Using the Asphalt Mixture Performance Tester (AMPT) 利用沥青混合料性能试验机(AMPT)确定沥青混合料的动态模量和流动数试验方法

续上表

标准类别	标准编号	标准名称
暂行标准规范 Provisional Standard Specification	MP 23-15（2018）	Standard Specification for Reclaimed Asphalt Shingles for Use in Asphalt Mixtures 沥青混合料用再生沥青瓦规范
暂行标准实践(PP) Provisional Practice	PP 76-13（2015）	Troubleshooting Asphalt Specimen Volumetric Differences between Superpave Gyratory Compactors（SCGs）Used in the Design and the Field Management of Superpave Mixtures 排除 Superpave 混合料的设计和现场管理中 Superpave 旋转压实(SCGs)沥青试件体积性质差异的实践
	PP 77-14（2018）	Standard Practice for Materials Selection and Mixture Design of Permeable Friction Courses 排水抗滑层沥青混合料(PFC)材料选择与混合料设计实践
	PP 78-17	Standard Practice for Design Considerations When Using Reclaimed Asphalt Shingles（RAS）in Asphalt Mixtures 使用回收屋面沥青瓦(RAS)设计沥青混合料的设计考虑实践
	PP 95-18	Preparation of Indirect Tension Performance Test Specimens 间接拉伸性能试样的制备方法
	PP 96-18	Developing Dynamic Modulus Master Curves for Hot Mix Asphalt（HMA）Using the Indirect Tension Testing Method 采用间接拉伸试验方法建立热拌沥青混合料的动态模量主曲线试验方法
暂行标准试验方法(TP) Provisional Standard Method of Test	TP 105-13（2015）	Standard Method of Test for Determining the Fracture Energy of Asphalt Mixtures Using the Semicircular Bend Geometry（SCB） 用半圆弯曲试验(SCB)确定沥青混合料的断裂能试验方法
	TP 107-18	Standard Method of Test for Determining the Damage Characteristic Curve of Asphalt Mixtures from Direct Tension Cyclic Fatigue Tests 利用直接拉伸疲劳试验确定沥青混合料损伤特征曲线试验方法
	TP 108-14（2018）	Standard Method of Test for Abrasion Loss of Asphalt Mixture Specimens 沥青混合料试样磨耗损失试验方法
	TP 116-15	Standard Method of Test for Rutting Resistance of Asphalt Mixtures Using Incremental Repeated Load Permanent Deformation（iRLPD） 用增量重复荷载永久变形(iRLPD)方法测量沥青混合料抗车辙能力试验方法

续上表

标 准 类 别	标 准 编 号	标 准 名 称
暂行标准试验方法(TP) Provisional Standard Method of Test	TP 117-15	Standard Method of Test for Determination of the Voids of Dry Compacted Filler 干压实填料空隙率的测定试验方法
	TP 124-18	Standard Method of Test for Determining the Fracture Potential of Ashalt Mixtures Using Semicircular Bend Geometry (SCB) at Intermediate Temperature 用半圆弯曲(SCB)试验在中等温度条件下测定沥青混合料的抗裂性能试验方法
	TP 125-16(2018)	Standard Method of Test for Determining the Flexural Creep Stiffness of Asphalt Mixtures Using the Bending Beam Rheometer (BBR) 用弯曲梁流变试验仪(BBR)确定沥青混合料的弯曲蠕变模量试验方法
	TP 131-18	Determining Dynamic Modulus of Asphalt Concrete Using the Indirect Tension Test 用间接拉伸试验测定沥青混合料动态模量的方法

注:来源于 https://materials.transportation.org/technical-subcommittees/comp-ts-2d-proportioning-of-asphalt-aggregate-mixtures/。

A.2.7 水硬性水泥和石灰分技术委员会(COMP TS 3a-Hydraulic Cement and Lime)

水硬性水泥和石灰分技术委员会管理的热拌沥青混合料相关标准 表 A.2-7

标 准 类 别	标 准 编 号	标 准 名 称
标准规范(M) Standard Specification	M 303-89 (2014)	Lime for Asphalt Mixtures 沥青混合料用石灰规范

注:来源于 https://materials.transportation.org/technical-subcommittees/comp-ts-3a-hydraulic-cement-and-lime/。

A.2.8 路面测量和性能测试分技术委员会 (COMP TS 5a-Pavement Measurement and Performance Measures)

路面测量和性能测试分技术委员会管理的热拌沥青混合料相关标准 表 A.2-8

标 准 类 别	标 准 编 号	标 准 名 称
标准试验方法(T) Standard Method of Test	T 279-18	Accelerated Polishing of Aggregates Using the British Wheel 使用英式磨耗机对集料进行加速磨光试验

注:来源于 https://materials.transportation.org/technical-subcommittees/comp-ts-5a-pavement-measurement%E2%80%8B%E2%80%8B-and-performance-measures/。

A.3 美国材料与试验协会(ASTM)标准

American Society for Testing and Materials(ASTM)

A.3.1 集料分技术委员会(Subcommittee C09.20 Aggregates)

集料分技术委员会管理的热拌沥青混合料相关标准 表 A.3-1

标准类别	标准编号	标准名称
标准实践 Standard Practice	C702/C702M-18	Standard Practice for Reducing Samples of Aggregate to Testing Size 将集料样品减少到试验要求的数量(缩分)实践
标准试验方法 Standard Test Method	C117-17	Standard Test Method for Materials Finer than 75-μm (No. 200) Sieve in Mineral Aggregates by Washing 水洗法测定矿质集料中小于0.075mm的试验方法
	C123/C123M-14	Standard Test Method for Lightweight Particles in Aggregate 集料中轻质颗粒试验方法
	C29/C29M-17a	Standard Test Method for Bulk Density ("Unit Weight") and Voids in Aggregate 集料毛体积密度(单位质量)和空隙率测定试验方法
	C136/C136M-14	Standard Test Method for Sieve Analysis of Fine and Coarse Aggregates 粗细集料筛分试验方法
	C127-15	Standard Test Method for Relative Density (Specific Gravity) and Absorption of Coarse Aggregate 粗集料的相对密度和吸水率试验方法
	C128-15	Standard Test Method for Relative Density (Specific Gravity) and Absorption of Fine Aggregate 细集料的相对密度和吸水率试验方法
	C131/C131M-14	Standard Test Method for Resistance to Degradation of Small-Size Coarse Aggregate by Abrasion and Impact in the Los Angeles Machine 洛杉矶磨耗试验机评定小尺寸粗集料的抗磨耗阻力试验方法
	C142/C142M-17	Standard Test Method for Clay Lumps and Friable Particles in Aggregates 集料中的黏质土和易碎颗粒试验方法
	C566-13	Standard Test Method for Total Evaporable Moisture Content of Aggregate by Drying 用干燥法测定集料总蒸发水量的试验方法

注:来源于 https://www.astm.org/COMMIT/SUBCOMMIT/C0920.htm。

A.3.2 贸易交接的碳氢化合物测量分技术委员会
(Subcommittee D02.02 Hydrocarbon Measurement for Custody Transfer)

贸易交接的碳氢化合物测量分技术委员会管理的热拌沥青混合料相关标准　　表 A.3-2

标准类别	标准编号	标准名称
标准试验方法 Standard Test Method	D95-13(2018)	Standard Test Method for Water in Petroleum Products and Bituminous Materials by Distillation 蒸馏法测定石油产品和沥青材料中含水率的试验方法

注:来源于 https://www.astm.org/COMMIT/SUBCOMMIT/D0202.htm。

A.3.3 液体燃料和润滑油分析分技术委员会
(Subcommittee D02.06 Analysis of Liquid Fuels and Lubricants)

液体燃料和润滑油分析分技术委员会管理的热拌沥青混合料相关标准　　表 A.3-3

标准类别	标准编号	标准名称
标准试验方法 Standard Test Method	D664-18e2	Standard Test Method for Acid Number of Petroleum Products by Potentiometric Titration 电位滴定法测定石油产品酸值的试验方法

注:来源于 https://www.astm.org/COMMIT/SUBCOMMIT/D0206.htm。

A.3.4 挥发性分技术委员会(Subcommittee D02.08 Volatility)

挥发性分技术委员会管理的热拌沥青混合料相关标准　　表 A.3-4

标准类别	标准编号	标准名称
标准试验方法 Standard Test Method	D92-18	Standard Test Method for Flash and Fire Points by Cleveland Open Cup Tester 沥青胶结料闪点试验方法(克利夫兰开口杯法)

注:来源于 https://www.astm.org/COMMIT/SUBCOMMIT/D0208.htm。

A.3.5 沥青混合料力学试验分技术委员会
(Subcommittee D04.20 Mechanical Tests of Asphalt Mixtures)

沥青混合料力学试验分技术委员会管理的热拌沥青混合料相关标准　　表 A.3-5

标准类别	标准编号	标准名称
标准实践 Standard Practice	D1561/D1561M-13	Standard Practice for Preparation of Bituminous Mixture Test Specimens by Means of California Kneading Compactor 采用加利福尼亚搓揉压实机制备热拌沥青混合料(HMA)试件实践

续上表

标准类别	标准编号	标准名称
标准实践 Standard Practice	D6926-16	Standard Practice for Preparation of Asphalt Mixture Specimens Using Marshall Apparatus 用马歇尔试验仪制备沥青混合料试件的实践
	D7981-15	Standard Practice for Compaction of Prismatic Asphalt Specimens by Means of the Shear Box Compactor 采用剪切箱压实法压实棱柱体沥青混合料试件的实践
	D8079-16	Standard Practice for Preparation of Compacted Slab Asphalt Mix Samples Using a Segmented Rolling Compactor 采用滚动压实机制备板状沥青混合料试件的实践
标准试验方法 Standard Test Method	D1560-15	Standard Test Methods for Resistance to Deformation and Cohesion of Asphalt Mixtures by Means of Hveem Apparatus 用维姆试验仪测定热拌沥青混合料抗变形能力和内聚特性试验方法
	D5581-07a(2013)	Standard Test Method for Resistance to Plastic Flow of Bituminous Mixtures Using Marshall Apparatus (6 inch-Diameter Specimen) 用马歇尔试验仪(6英寸直径试件)测定沥青混合料塑性流动阻力试验方法
	D6925-15	Standard Test Method for Preparation and Determination of the Relative Density of Asphalt Mix Specimens by Means of the Superpave Gyratory Compactor 采用Superpave旋转压实仪制备沥青混合料试件并测定相对密度的试验方法
	D6927-15	Standard Test Method for Marshall Stability and Flow of Asphalt Mixtures 沥青混合料马歇尔稳定度和流值试验方法
	D7115-10(2015)	Standard Test Method for Measurement of Superpave Gyratory Compactor (SGC) Internal Angle of Gyration Using Simulated Loading 利用模拟加载评价旋转压实仪(SGC)回旋内角的试验方法

注:来源于 https://www.astm.org/COMMIT/SUBCOMMIT/D0420.htm。

A.3.6　沥青混合料相对密度和密度分技术委员会

(Subcommittee D04.21 Specific Gravity and Density of Asphalt Mixtures)

沥青混合料相对密度和密度分技术委员会管理的热拌沥青混合料相关标准　表 A.3-6

标准类别	标准编号	标准名称
标准实践 Standard Practice	D7227/D7227M-17	Standard Practice for Rapid Drying of Compacted Asphalt Mixture Specimens Using Vacuum Drying Apparatus 真空干燥设备快速干燥压实沥青混合料的实践
标准试验方法 Standard Test Method	D1188-07(2015)	Standard Test Method for Bulk Specific Gravity and Density of Compacted Bituminous Mixtures Using Coated Samples 用蜡封法测压实沥青混合料毛体积相对密度和密度试验方法
	D2041/D2041M-11	Standard Test Method for Theoretical Maximum Specific Gravity and Density of Bituminous Paving Mixtures 沥青混合料理论最大相对密度和密度试验方法
	D2726/D2726M-17	Standard Test Method for Bulk Specific Gravity and Density of Non-Absorptive Compacted Asphalt Mixtures 非吸收性压实沥青混合料毛体积相对密度和密度试验方法
	D3203/D3203M-17	Standard Test Method for Percent Air Voids in Compacted Asphalt Mixtures 压实沥青混合料的空隙率试验方法
	D3549/D3549M-18	Standard Test Method for Thickness or Height of Compacted Asphalt Mixture Specimens 压实沥青混合料试样的厚度或高度试验方法
	D6752/D6752M-18	Standard Test Method for Bulk Specific Gravity and Density of Compacted Asphalt Mixtures Using Automatic Vacuum Sealing Method 自动真空密封法测压实沥青混合料毛体积相对密度和密度的试验方法
	D6857/D6857M-18	Standard Test Method for Maximum Specific Gravity and Density of Asphalt Mixtures Using Automatic Vacuum Sealing Method 自动真空密封法测沥青混合料理论最大相对密度和密度试验方法
	D7063/D7063M-18	Standard Test Method for Effective Porosity and Effective Air Voids of Compacted Asphalt Mixture Samples 压实沥青混合料有效孔隙和有效空隙率试验方法

注：来源于 https://www.astm.org/COMMIT/SUBCOMMIT/D0421.htm。

A.3.7 水和其他物质对沥青裹覆集料的影响分技术委员会

(Subcommittee D04.22 Effect of Water and Other Elements on Asphalt Coated Aggregates)

水和其他物质对沥青裹覆集料的影响分技术委员会管理的热拌沥青混合料相关标准 表 A.3-7

标准类别	标准编号	标准名称
标准实践 Standard Practice	D3625/D3625M-12	Standard Practice for Effect of Water on Bituminous-Coated Aggregate Using Boiling Water 用水煮法评价沥青与集料的黏附性实践
	D7870/D7870M-13	Standard Practice for Moisture Conditioning Compacted Asphalt Mixture Specimens by Using Hydrostatic Pore Pressure 利用静水孔隙压力对压实沥青混合料试件进行湿度条件的实践
标准试验方法 Standard Test Method	D1074-17	Standard Test Method for Compressive Strength of Asphalt Mixtures 沥青混合料抗压强度试验方法
	D1075-11	Standard Test Method for Effect of Water on Compressive Strength of Compacted Bituminous Mixtures 水对压实沥青混合料抗压强度影响试验方法
	D4867/D4867M-09 (2014)	Standard Test Method for Effect of Moisture on Asphalt Concrete Paving Mixtures 水对铺路用沥青混合料影响的试验方法

注:来源于 https://www.astm.org/COMMIT/SUBCOMMIT/D0422.htm。

A.3.8 厂拌沥青面层和基层分技术委员会

(Subcommittee D04.23 Plant-Mixed Asphalt Surfaces and Bases)

厂拌沥青面层和基层分技术委员会管理的热拌沥青混合料相关标准 表 A.3-8

标准类别	标准编号	标准名称
标准试验方法 Standard Test Method	D2489/D2489M-16	Standard Test Method for Estimating Degree of Particle Coating of Asphalt Mixtures 沥青混合料中集料颗粒裹覆程度的测定试验方法
标准实践 Standard Practice	D6932/D6932M-08 (2013)	Standard Practice for Open-Graded Friction Course (OGFC) Mix Design 开级配抗滑磨耗层(OGFC)沥青混合料设计实践
标准指南 Standard Guide	D7064/D7064M-08 (2013)	Standard Guide for Materials and Construction of Open-Graded Friction Course Plant Mixtures 厂拌开级配抗滑磨耗层沥青混合料的材料和施工指南

注:来源于 https://www.astm.org/COMMIT/SUBCOMMIT/D0423.htm。

A.3.9 沥青混合料分析分技术委员会(Subcommittee D04.25 Analysis of Asphalt Mixtures)

沥青混合料分析分技术委员会管理的热拌沥青混合料相关标准 表 A.3-9

标准类别	标准编号	标准名称
标准实践 Standard Practice	D4887/D4887M-11 (2016)	Standard Practice for Preparation of Viscosity Blends for Hot Recycled Asphalt Materials 热再生沥青材料黏度调和的实践
	D5404/D5404M-12 (2017)	Standard Practice for Recovery of Asphalt from Solution Using the Rotary Evaporator 用旋转蒸发器从溶液中回收沥青的实践
	D7906-14	Standard Practice for Recovery of Asphalt from Solution Using Toluene and the Rotary Evaporator 用甲苯和旋转蒸发器从溶液中回收沥青的实践
标准试验方法 Standard Test Method	D1461-17	Standard Test Method for Moisture or Volatile Distillates in Asphalt Mixtures 测定沥青混合料中水分或挥发性馏分含量试验方法
	D1856-09(2015)	Standard Test Method for Recovery of Asphalt From Solution by Abson Method 用阿布森法从溶液中回收沥青胶结料的试验方法
	D2172/D2172M-17e1	Standard Test Methods for Quantitative Extraction of Asphalt Binder from Asphalt Mixtures 从沥青混合料中定量抽提沥青胶结料的试验方法
	D4125/D4125M-10 (2016)	Standard Test Methods for Asphalt Content of Bituminous Mixtures by the Nuclear Method 核子法测定沥青混合料中的沥青胶结料含量试验方法
	D6307-19	Standard Test Method for Asphalt Content of Asphalt Mixture by Ignition Method 燃烧炉法测定热拌沥青混合料中沥青胶结料含量试验方法
	D6390-11(2017)	Standard Test Method for Determination of Draindown Characteristics in Uncompacted Asphalt Mixtures 非压实沥青混合料析漏试验方法
	D8159-18	Standard Test Method for Automated Extraction of Asphalt Binder from Asphalt Mixtures 从沥青混合料中自动提取沥青胶结料的试验方法

注:来源于 https://www.astm.org/COMMIT/SUBCOMMIT/D0425.htm。

A.3.10 基本/力学试验分技术委员会(Subcommittee D04.26 Fundamental/Mechanistic Tests)

基本/力学试验分技术委员会管理的热拌沥青混合料相关标准 表 A.3-10

标准类别	标准编号	标准名称
标准试验方法 Standard Test Method	D3387-11	Standard Test Method for Compaction and Shear Properties of Bituminous Mixtures by Means of the U. S. Corps of Engineers Gyratory Testing Machine (GTM) 采用美国工程师兵团旋转试验机(GTM)测定沥青混合料的压实和剪切性质试验方法
	D6931-17	Standard Test Method for Indirect Tensile (IDT) Strength of Asphalt Mixtures 沥青混合料间接抗拉(IDT)强度试验方法
	D7312-10	Standard Test Method for Determining the Permanent Shear Strain and Complex Shear Modulus of Asphalt Mixtures Using the Superpave Shear Tester (SST) 用 Superpave 剪切试验机(SST)测定沥青混合料永久剪切应变和劲度模量试验方法
	D7313-13	Standard Test Method for Determining Fracture Energy of Asphalt-Aggregate Mixtures Using the Disk-Shaped Compact Tension Geometry 用盘型拉力仪测定沥青-集料混合料断裂能的试验方法
	D7369-11	Standard Test Method for Determining the Resilient Modulus of Bituminous Mixtures by Indirect Tension Test 通过间接拉伸试验测定沥青混合料回弹模量试验方法
	D7460-10	Standard Test Method for Determining Fatigue Failure of Compacted Asphalt Concrete Subjected to Repeated Flexural Bending 测定重复弯曲作用下压实沥青混合料疲劳寿命试验方法
	D7552-09(2014)	Standard Test Method for Determining the Complex Shear Modulus (G^*) Of Bituminous Mixtures Using Dynamic Shear Rheometer 用动态剪切流变仪测定沥青混合料复数剪切模量(G^*)的试验方法
	D8044-16	Standard Test Method for Evaluation of Asphalt Mixture Cracking Resistance Using the Semi-Circular Bend Test (SCB) at Intermediate Temperatures 用半圆弯曲(SCB)试验在中等温度条件下测定沥青混合料的抗裂性能试验方法
	D8237-18	Standard Test Method for Determining Fatigue Failure of Asphalt-Aggregate Mixtures With the Four-Point Beam Fatigue Device 用四点梁疲劳装置测定沥青-集料混合物疲劳失效的试验方法

注:来源于 https://www.astm.org/COMMIT/SUBCOMMIT/D0426.htm。

A.3.11 取样方法分技术委员会(Subcommittee D04.30 Methods of Sampling)

取样方法分技术委员会管理的热拌沥青混合料相关标准 表 A.3-11

标准类别	标准编号	标准名称
标准实践 Standard Practice	D75/D75M-14	Standard Practice for Sampling Aggregates 集料取样方法实践
	D979/D979M-15	Standard Practice for Sampling Bituminous Paving Mixtures 铺路沥青混合料取样实践
	D5361/D5361M-16	Standard Practice for Sampling Compacted Asphalt Mixtures for Laboratory Testing 室内试验用压实沥青混合料取样的实践
	D140/D140M-16	Standard Practice for Sampling Asphalt Materials 沥青材料取样实践
	D3665-12(2017)	Standard Practice for Random Sampling of Construction Materials 铺路材料的随机取样实践

注:来源于 https://www.astm.org/COMMIT/SUBCOMMIT/D0430.htm。

A.3.12 沥青规范分技术委员会(Subcommittee D04.40 Asphalt Specifications)

沥青规范分技术委员会管理的热拌沥青混合料相关标准 表 A.3-12

标准类别	标准编号	标准名称
标准规范 Standard Specification	D946/D946M-15	Standard Specification for Penetration-Graded Asphalt Binder for Use in Pavement Construction 道路沥青胶结料针入度分级规范
	D3381/D3381M-18	Standard Specification for Viscosity-Graded Asphalt Cement for Use in Pavement Construction 路面施工沥青胶结料黏度分级规范
	D5710/D5710M-15	Standard Specification for Trinidad Lake Modified Asphalt 特立尼达改性湖沥青规范
	D6154-15	Standard Specification for Chemically Modified Asphalt Cement for Use in Pavement Construction 路面建设用化学改性沥青胶结料规范
	D6373-16	Standard Specification for Performance Graded Asphalt Binder 沥青胶结料性能分级规范

续上表

标 准 类 别	标 准 编 号	标 准 名 称
标准规范 Standard Specification	D6626-15	Standard Specification for Performance Graded Trinidad Lake Modified Asphalt Binder 特立尼达改性湖沥青胶结料性能分级规范
	D8125-18	Standard Specification for Re－Refined Engine Oil Bottoms（REOB）/ Vacuum Tower Asphalt Extender（VTAE） 发动机废机油（REOB）/真空沥青塔底沥青（VTAE）作为添加剂的规范
	D8239-18	Standard Specification for Performance-Graded Asphalt Binder Using the Multiple Stress Creep and Recovery（MSCR）Test 采用多应力蠕变恢复（MSCR）试验确定沥青胶结料性能分级的标准规范
标准实践 Standard Practice	D4311/D4311M-15	Standard Practice for Determining Asphalt Volume Correction to a Base Temperature 基准温度下沥青体积校正实践
	D4552/D4552M-10（2016）e1	Standard Practice for Classifying Hot-Mix Recycling Agents 热拌再生剂分类的实践

注：来源于 https：//www. astm. org/COMMIT/SUBCOMMIT/D0440. htm。

A.3.13 流变试验分技术委员会（Subcommittee D04.44 Rheological Tests）

流变试验分技术委员会管理的热拌沥青混合料相关标准　　表 A.3-13

标 准 类 别	标 准 编 号	标 准 名 称
标准实践 Standard Practice	D6816-11（2016）	Standard Practice for Determining Low-Temperature Performance Grade（PG）of Asphalt Binders 沥青胶结料低温性能等级的测定实践
	D7643-16	Standard Practice for Determining the Continuous Grading Temperatures and Continuous Grades for PG Graded Asphalt Binders 测定 PG 分级沥青胶结料的连续分级温度和等级的实践
	D2493/D2493M-16	Standard Practice for Viscosity-Temperature Chart for Asphalt Binders 沥青胶结料的黏度-温度图实践
标准试验方法 Standard Test Method	D5/D5M-13	Standard Test Method for Penetration of Bituminous Materials 沥青材料针入度试验方法
	D113-17	Standard Test Method for Ductility of Asphalt Materials 沥青材料延度试验方法

续上表

标准类别	标准编号	标准名称
标准试验方法 Standard Test Method	D139-16	Standard Test Method for Float Test for Bituminous Materials 沥青材料浮漂度试验方法
	D2170/D2170M-18	Standard Test Method for Kinematic Viscosity of Asphalts (Bitumens) 沥青运动黏度试验方法
	D2171/D2171M-18	Standard Test Method for Viscosity of Asphalts by Vacuum Capillary Viscometer 用真空毛细管黏度计测定沥青动力黏度的试验方法
	D4957-18	Standard Test Method for Apparent Viscosity of Asphalt Emulsion Residues and Non-Newtonian Asphalts by Vacuum Capillary Viscometer 用真空毛细管黏度计测定乳化沥青残留物和非牛顿流体沥青表观黏度的试验方法
	D5801-17	Standard Test Method for Toughness and Tenacity of Asphalt Materials 沥青材料黏韧性试验方法
	D6084/D6084M-18	Standard Test Method for Elastic Recovery of Asphalt Materials by Ductilometer 用延度仪测定沥青材料弹性恢复试验方法
	D6648-08(2016)	Standard Test Method for Determining the Flexural Creep Stiffness of Asphalt Binder Using the Bending Beam Rheometer (BBR) 用弯曲梁流变仪(BBR)测定沥青胶结料弯曲蠕变劲度试验方法
	D6723-12	Standard Test Method for Determining the Fracture Properties of Asphalt Binder in Direct Tension (DT) 用直接拉伸仪(DT)测定沥青胶结料的断裂性质试验方法
	D7175-15	Standard Test Method for Determining the Rheological Properties of Asphalt Binder Using a Dynamic Shear Rheometer 用动态剪切流变仪测定沥青胶结料流变性质试验方法
	D7405-15	Standard Test Method for Multiple Stress Creep and Recovery (MSCR) of Asphalt Binder Using a Dynamic Shear Rheometer 采用动态剪切流变仪进行沥青胶结料多应力蠕变恢复(MSCR)试验方法
	D7741/D7741M-18	Standard Test Method for Measurement of Apparent Viscosity of Asphalt-Rubber or Other Asphalt Binders by Using a Rotational Handheld Viscometer 用手持式旋转黏度计测量橡胶沥青或其他沥青胶结料表观黏度的试验方法

注:来源于 https://www.astm.org/COMMIT/SUBCOMMIT/D0444.htm。

A.3.14 耐久性和蒸馏试验分技术委员会
(Subcommittee D04.46 Durability and Distillation Tests)

耐久性和蒸馏试验分技术委员会管理的热拌沥青混合料相关标准　　表 A.3-14

标准类别	标准编号	标准名称
标准试验方法 Standard Test Method	D243/D243M-14	Standard Test Method for Residue of Specified Penetration 残留针入度值试验方法
	D1754/D1754M-09 (2014)	Standard Test Method for Effects of Heat and Air on Asphaltic Materials (Thin-Film Oven Test) 热和空气作用下沥青材料的老化(沥青薄膜加热试验)试验方法
	D2872-12e1	Standard Test Method for Effect of Heat and Air on a Moving Film of Asphalt (Rolling Thin-Film Oven Test) 热和空气作用下沥青材料的老化(旋转薄膜加热试验)试验方法
标准实践 Standard Practice	D6521-18	Standard Practice for Accelerated Aging of Asphalt Binder Using a Pressurized Aging Vessel (PAV) 采用压力老化容器(PAV)加速沥青胶结料老化实践

注:来源于 https://www.astm.org/COMMIT/SUBCOMMIT/D0446.htm。

A.3.15 沥青杂项试验分技术委员会(Subcommittee D04.47 Miscellaneous Asphalt Tests)

沥青杂项试验分技术委员会管理的热拌沥青混合料相关标准　　表 A.3-15

标准类别	标准编号	标准名称
标准实践 Standard Practice	D6608-12	Standard Practice for the Identification of Trinidad Lake Asphalt in Asphalt Mixes 沥青混合料中特立尼达湖沥青的鉴定实践
	D7173-14	Standard Practice for Determining the Separation Tendency of Polymer from Polymer Modified Asphalt 测定聚合物改性沥青中聚合物离析倾向的实践
标准试验方法 Standard Test Method	D70-18a	Standard Test Method for Density of Semi-Solid Asphalt Binder (Pycnometer Method) 半固态沥青材料密度试验方法(比重瓶法)
	D2042-15	Standard Test Method for Solubility of Asphalt Materials in Trichloroethylene 测定在三氯乙烯中沥青材料溶解度试验方法
	D3279-12e1	Standard Test Method for n-Heptane Insolubles 正庚烷不溶物试验方法

续上表

标准类别	标准编号	标准名称
标准试验方法 Standard Test Method	D3289-17	Standard Test Method for Density of Semi-Solid and Solid Asphalt Materials (Nickel Crucible Method) 半固态和固态沥青材料密度的试验方法(镍坩埚法)
	D4124-09(2018)	Standard Test Method for Separation of Asphalt into Four Fractions 沥青四组分的组成分析试验方法
	D6703-14	Standard Test Method for Automated Heithaus Titrimetry 自动 Heithaus 滴定试验方法
	D7553-15	Standard Test Method for Solubility of Asphalt Materials in N-Propyl Bromide 测定溴代正丙烷溶液中沥青材料溶解度试验方法
	D8078-18	Standard Test Method for Ash Content of Asphalt and Emulsified Asphalt Residues 测定沥青和乳化沥青残留物灰分含量的试验方法
	D8188-18	Standard Test Method for Determination of Density and Relative Density of Asphalt, Semi-Solid Bituminous Materials, and Soft-Tar Pitch by Use of a Digital Density Meter (U-Tube) 使用数字密度计(U形管)测定沥青、半固态沥青材料和软焦油沥青的密度和相对密度的试验方法

注:来源于 https://www.astm.org/COMMIT/SUBCOMMIT/D0447.htm。

A.3.16　集料规范分技术委员会(Subcommittee D04.50 Aggregate Specifications)

集料规范分技术委员会管理的热拌沥青混合料相关标准　　表 A.3-16

标准类别	标准编号	标准名称
标准规范 Standard Specification	D242/D242M-09(2014)	Standard Specification for Mineral Filler For Bituminous Paving Mixtures 沥青混合料用填料规范
	D692/D692M-15	Standard Specification for Coarse Aggregate for Bituminous Paving Mixtures 沥青混合料用粗集料规范
	D1073-16	Standard Specification for Fine Aggregate for Asphalt Paving Mixtures 沥青混合料用细集料规范

续上表

标准类别	标准编号	标准名称
标准规范 Standard Specification	D1139/D1139M-15	Standard Specification for Aggregate for Single or Multiple Bituminous Surface Treatments 单一或多种沥青表面处治用集料的规范
	D6155-15	Standard Specification for Nontraditional Coarse Aggregates for Bituminous Paving Mixtures 沥青路面混合料的非传统粗集料规范
标准分类 Standard Classification	D448-12(2017)	Standard Classification for Sizes of Aggregate for Road and Bridge Construction 道路和桥梁建设用集料规格的分类
标准指南 Standard Guide	D8140-18	Standard Guide for the Use of Foundry Sand in Asphalt Mixtures 在沥青混合料中使用铸造砂的指南

注：来源于 https://www.astm.org/COMMIT/SUBCOMMIT/D0450.htm。

A.3.17 集料试验分技术委员会(Subcommittee D04.51 Aggregate Tests)

集料试验分技术委员会管理的热拌沥青混合料相关标准　　表 A.3-17

标准类别	标准编号	标准名称
标准实践 Standard Practice	D3319-11(2017)	Standard Practice for the Accelerated Polishing of Aggregates Using the British Wheel 用英式轮加速磨光集料的实践
	D4469-17	Standard Practice for Calculating Percent Asphalt Absorption by the Aggregate in Asphalt Mixtures 沥青混合料中集料对沥青的吸收率测定的实践
标准试验方法 Standard Test Method	C1252-17	Standard Test Methods for Uncompacted Void Content of Fine Aggregate (as Influenced by Particle Shape, Surface Texture, and Grading) 细集料未压实空隙率测定试验方法(受颗粒形状、表面纹理和分级的影响)
	D546-17	Standard Test Method for Sieve Analysis of Mineral Filler for Asphalt Paving Mixtures 道路用矿物填料筛分试验方法
	D2419-14	Standard Test Method for Sand Equivalent Value of Soils and Fine Aggregate 土壤及细集料砂当量试验方法

续上表

标准类别	标准编号	标准名称
标准试验方法 Standard Test Method	D3042-17	Standard Test Method for Insoluble Residue in Carbonate Aggregates 测定碳酸盐集料中不溶性残渣的试验方法
	D3744/D3744M-18	Standard Test Method for Aggregate Durability Index 集料耐久性指数试验方法
	D4791-10	Standard Test Method for Flat Particles, Elongated Particles, or Flat and Elongated Particles in Coarse Aggregate 测定粗集料中扁平颗粒、针状颗粒或扁平针状颗粒的试验方法
	D4792/D4792M-13	Standard Test Method for Potential Expansion of Aggregates from Hydration Reactions 水解反应判断集料膨胀性试验方法
	D5444-15	Standard Test Method for Mechanical Size Analysis of Extracted Aggregate 抽提集料的筛分试验方法
	D5821-13(2017)	Standard Test Method for Determining the Percentage of Fractured Particles in Coarse Aggregate 粗集料破碎颗粒含量测定试验方法
	D6928-17	Standard Test Method for Resistance of Coarse Aggregate to Degradation by Abrasion in the Micro – Deval Apparatus 采用微狄法尔试验机测定粗集料抵抗磨耗试验方法
	D7172-14	Standard Test Method for Determining the Relative Density (Specific Gravity) and Absorption of Fine Aggregates Using Infrared 用红外方法测定细集料相对密度和吸水率试验方法
	D7370/D7370M-14	Standard Test Method for Determination of Relative Density and Absorption of Fine, Coarse and Blended Aggregate Using Combined Vacuum Saturation and Rapid Submersion 通过真空浸透和快速浸泡的方法测定细、粗集料和混合集料的相对密度和吸水率试验方法
	D7428-15	Standard Test Method for Resistance of Fine Aggregate to Degradation by Abrasion in the Micro-Deval Apparatus 用微狄法尔仪测定细集料的抗磨耗试验方法

注：来源于 https://www.astm.org/COMMIT/SUBCOMMIT/D0451.htm。

A.3.18 术语分技术委员会(Subcommittee D04.91 Terminology)

术语分技术委员会管理的热拌沥青混合料相关标准 表A.3-18

标准类别	标准编号	标准名称
标准术语 Standard Terminology	D8-18c	Standard Terminology Relating to Materials for Roads and Pavements 与道路和路面材料有关的术语

注:来源于 https://www.astm.org/COMMIT/SUBCOMMIT/D0491.htm。

A.3.19 质量控制、监理和试验机构分技术委员会(Subcommittee D04.95 Quality Control, Inspection and Testing Agencies)

质量控制、监理和试验机构分技术委员会管理的热拌沥青混合料相关标准 表A.3-19

标准类别	标准编号	标准名称
标准规范 Standard Specification	D3666-16	Standard Specification for Minimum Requirements for Agencies Testing and Inspecting Road and Paving Materials 铺路沥青材料的业主试验和验收最低要求规范
	D7495-12(2019)	Standard Specification for Minimum Requirements for Accreditation Bodies that Accredit Agencies Testing and Inspecting Road and Paving Materials 道路和铺路材料检验检测委托认证机构最低要求规范

注:来源于 https://www.astm.org/COMMIT/SUBCOMMIT/D0495.htm。

A.3.20 薄膜防水和组合屋顶用铺面材料和沥青材料分技术委员会(Subcommittee D08.03 Surfacing and Bituminous Materials for Membrane Waterproofing and Built-up Roofing)

薄膜防水和组合屋顶用铺面材料和沥青材料分技术委员会管理的热拌沥青混合料相关标准

表A.3-20

标准类别	标准编号	标准名称
标准试验方法 Standard Test Method	D36/D36M-14e1	Standard Test Method for Softening Point of Bitumen (Ring-and-Ball Apparatus) 沥青软化点试验方法(环球法)
	D4402/D4402M-15	Standard Test Method for Viscosity Determination of Asphalt at Elevated Temperatures Using a Rotational Viscometer 用旋转黏度计在高温下测定沥青黏度的试验方法
	D4989/D4989M-90a(2014)e1	Standard Test Method for Apparent Viscosity (Flow) of Roofing Bitumens Using the Parallel Plate Plastometer 用平行板塑性仪测定屋面沥青黏度的试验方法

注:来源于 https://www.astm.org/COMMIT/SUBCOMMIT/D0803.htm。

A.3.21 屋面和防水用溶剂型沥青胶结料分技术委员会

(Subcommittee D08.05 Solvent-Bearing Bituminous Compounds for Roofing and Waterproofing)

屋面和防水用溶剂型沥青胶结料分技术委员会管理的热拌沥青混合料相关标准　　表 A.3-21

标准类别	标准编号	标准名称
标准试验方法 Standard Test Method	D88-07(2013)	Standard Test Method for Saybolt Viscosity 赛波特黏度试验方法

注:来源于 https://www.astm.org/COMMIT/SUBCOMMIT/D0805.htm。

A.3.22 土的纹理、塑性和密度特征分技术委员会

(Subcommittee D18.03 Texture, Plasticity and Density Characteristics of Soils)

土的纹理、塑性和密度特征分技术委员会管理的热拌沥青混合料相关标准　　表 A.3-22

标准类别	标准编号	标准名称
标准试验方法 Standard Test Method	D854-14	Standard Test Methods for Specific Gravity of Soil Solids by Water Pycnometer 土的密度试验方法

注:来源于 https://www.astm.org/COMMIT/SUBCOMMIT/D1803.htm。

A.4 中国沥青及沥青混合料相关标准

A.4.1 石油沥青分技术委员会(SAC/TC280/SC4)

石油沥青分技术委员会管理的热拌沥青混合料相关标准　　表 A.4-1

标准类别	标准编号	标准名称
基础	NB/SH/T 0652—2010	石油沥青名词术语
产品	NB/SH/T 0522—2010	道路石油沥青
	NB/SH/T 0819—2010	热拌用道路沥青再生剂
	NB/SH/T 0820—2010	阻燃道路沥青
	NB/SH/T 0821—2010	路用阻燃改性沥青
试验方法	SH/T 0425—2003	石油沥青蜡含量测定法
	NB/SH/T 0509—2010	石油沥青四组分测定法
	SH/T 0557—1993(2005)	石油沥青黏度测定法(真空毛细管法)
	SH/T 0654—1998(2005)	石油沥青运动黏度测定法

续上表

标准类别	标准编号	标准名称
试验方法	SH/T 0735—2003	沥青黏韧性试验法
	SH/T 0736—2003	沥青旋转薄膜烘箱试验法
	NB/SH/T 0737—2014	沥青弹性恢复测定法(延度仪法)
	SH/T 0740—2003	聚合物改性沥青离析试验法
	SH/T 0774—2005	沥青加速老化试验法(PAV法)
	SH/T 0775—2005	沥青弯曲蠕变劲度测定法(BBR法)
	SH/T 0776—2005	沥青断裂性能测定法(DT法)
	SH/T 0777—2005	沥青流变性质测定法(DSR法)
	SH/T 0778—2005	石油沥青蜡含量测定法(裂解脱油法)
	NB/SH/T 0813—2010	改性沥青压板法表观黏度测试
	NB/SH/T 0814—2010	沥青材料测力延度试验法
	NB/SH/T 0817—2010	半固体和固体沥青密度测定法(镍坩埚法)
	NB/SH/T 0739—2014	沥青高温黏度测定法 旋转黏度仪法
	NB/SH/T 0737—2014	沥青弹性恢复测定法 延度仪法

A.4.2 全国混凝土标准化技术委员会沥青混凝土分技术委员会(SAC/TC458/SC1)

全国混凝土标准化技术委员会沥青混凝土分技术委员会管理的热拌沥青混合料相关标准

表A.4-2

标准类别	标准编号	标准名称
产品	GB/T 29051—2012	道路用阻燃沥青混凝土
	GB/T 36143—2018	道路用高模量抗疲劳沥青混合料
基础	GB/T 37383—2019	沥青混合料专业名词术语

A.4.3 交通运输部

交通运输部管理的热拌沥青混合料相关标准 表A.4-3

标准类别	标准编号	标准名称
试验规程	JTG E20—2011	公路工程沥青及沥青混合料试验规程
	JTG E42—2005	公路工程集料试验规程
	JTG E60—2008	公路路基路面现场测试规程

附录B　中法美热拌沥青及沥青混合料规范体系对照表

B.1　中法美热拌沥青及沥青混合料术语对照表

中法美热拌沥青及沥青混合料术语对照表　　表 B.1-1

美国		法国	中国
AASHTO	ASTM	CEN	
	D8-18c 与道路和路面材料有关的术语	EN 12597:2014 沥青和沥青胶结料　术语	GB/T 37383—2019 沥青混合料专业名词术语 NB/SH/T 0652—2010 石油沥青专业名词术语

B.2　中法美集料标准对照表

中法美集料标准对照表　　表 B.2-1

美国		法国	中国
AASHTO	ASTM	CEN	
M 17-11 (2015) 沥青混合料用填料规范	D242/D242M-09(2014) 沥青混合料用填料规范	EN 13043:2002/AC:2004 路面、机场道面及其他交通地区沥青混合料集料及道路表面处治用集料	JTG F40—2004 第4.10部分　填料
M 29-12(2016) 沥青混合料用细集料规范	D1073-16 沥青混合料用细集料规范	EN 13043:2002/AC:2004 路面、机场道面及其他交通地区沥青混合料集料及道路表面处治用集料	JTG F40—2004 第4.9部分　细集料

续上表

美国		法国	中国
AASHTO	ASTM	CEN	
M 43-05(2018) 道路和桥梁建设用集料规格规范	D448-12(2017) 道路和桥梁建设用集料规格的分类		
M 303-89 (2014) 沥青混合料用石灰规范			
	D692/D692M-15 粗集料规范		JTG F40—2004 第4.8部分 粗集料
	D1139/D1139M-15 单一或多种沥青表面处治用集料的规范	EN 13043:2002/AC:2004 路面、机场道面及其他交通地区沥青混合料集料及道路表面处治用集料	
	D6155-15 沥青路面混合料的非传统粗集料规范		
	D8140-18 在沥青混合料中使用铸造砂的指南		
R 76-16 将集料样品减少到试验要求的数量(缩分)实践	C702/C702M-18 将集料样品减少到试验要求的数量(缩分)实践	EN 932-2:1999 集料的一般性质的测定 第2部分:缩分试验样品方法	JTG E42 T 0301—2000 粗集料取样法
T2-91(2015) 集料取样试验方法	D75/D75M-14 集料取样方法实践	EN 932-1:1996 集料的一般性质的测定 第1部分:取样方法	JTG E42 T 0301—2005 粗集料取样法
T 11-05 (2018) 水洗法测定矿质集料中小0.075mm的试验方法	C117-17 水洗法测定矿质集料中小于0.075mm的试验方法		JTG E42 T 0310—2005 粗集料含泥量及泥块含量试验
			JTG E42 T 0333—2000 细集料含泥量试验(筛洗法)
			JTG E42 T 0335—1994 细集料泥块含量试验

续上表

美国		法国	中国
AASHTO	ASTM	CEN	
T 19M/T 19-14 (2018) 集料毛体积密度 (单位质量)和空隙率测定	C29/C29M-17a 集料毛体积密度 (单位质量)和空隙率测定	EN 1097-3:1998 集料力学和物理性质的测定 第3部分:毛体积密度和空隙率的测定	JTG E42 T 0309—2005 粗集料堆积密度及空隙率试验 JTG E42 T 0331—1994 细集料堆积密度及紧装密度试验
T 27-14(2018) 粗细集料筛分试验方法	C136/C136M-14 粗细集料筛分试验方法	EN 933-1:2012 集料几何特性的测定 第1部分:颗粒尺寸分布的确定　筛分法	JTG E42 T 0302—2005 粗集料及混合料集料筛分 JTG E42 T 0327—2005 细集料筛分
		EN 933-2:1995 集料几何特性的测定 第2部分:颗粒尺寸分布的确定 试验筛和筛孔的尺寸	
	D4791-10 测定粗集料中扁平颗粒、针状颗粒 或扁平针状颗粒的试验方法	EN 933-3:2012 集料几何特性的测定 第3部分:颗粒形状的测定　片状指数 EN 933-4:2008 集料几何特性的测定 第4部分:颗粒形状的测定　形状指数	JTG E42 T 0312—2005 粗集料针片状颗粒含量试验 (游标卡尺法)
			JTG E42 T 0303—2005 含土粗集料筛分试验
T 37-07 (2016) 热拌沥青混合料(HMA) 用的矿物填料筛分试验方法	D546-17 道路用矿物填料筛分试验方法		JTG E42 T 0351—2005 矿粉筛分试验(水洗法)

续上表

美国		法国	中国
AASHTO	ASTM	CEN	
T 84-13（2017） 细集料的相对密度和吸水率试验方法	C128-15 细集料的相对密度和吸水率试验		JTG E42 T 0330—2005 细集料密度及吸水率试验
T 85-14（2018） 粗集料的相对密度和吸水率试验	C127-15 粗集料的相对密度和吸水率试验	EN 1097-6:2013（方法 a） 集料力学和物理性质的测定 第 6 部分:颗粒密度和吸水率的测定	JTG E42 T 0304—2005 粗集料密度及吸水率试验（网篮法）
	D7172-14 用红外方法测定细集料相对密度和吸水率试验方法		
		EN 1097-6:2013 集料力学和物理性质的测定 第 6 部分:颗粒密度和吸水率的测定	JTG E42 T 0308—2005 粗集料密度及吸水率试验（容量瓶法）
			JTG E42 T 0307—2005 粗集料吸水率试验（饱和面干状态）
			JTG E42 T 0328—2005 细集料表观密度试验（容量瓶法）
	D7370/D7370M-14 通过真空浸透和快速浸泡的方法测定细、粗集料和混合集料的相对密度和吸水率试验方法		
T 90-16 土的塑限和塑性指数			JTG E42 T 0354—2000 矿粉塑性指数试验

续上表

美　国		法　国	中　国
AASHTO	ASTM	CEN	
T 96-02（2015） 用洛杉矶磨耗试验机评定小尺寸粗集料的抗磨耗阻力试验方法	C131/C131M-14 洛杉矶磨耗试验机评定小尺寸粗集料的抗磨耗阻力试验方法		JTG E42 T 0317—2005 粗集料磨耗试验(洛杉矶法)
T 100-15 土壤相对密度	D854-100 土的密度	EN 1097-7:2008 集料力学和物理性质的测定　第7部分：填料粒子密度的测定　比重瓶法	JTG E42 T 0352—2000 矿粉密度试验
T 103-08（2017） 用冻融法测集料的安定性试验方法		EN 1367-1:2007 集料的耐热性和耐候性试验 第1部分:抗冻融性的测定	
T 104-99（2016） 使用硫酸钠或硫酸镁法测定集料的坚固性试验方法		EN 1367-2:2009 集料的耐热性和耐候性试验 第2部分:硫酸镁试验	JTG E42 T 0314—2000 粗集料坚固性试验
			JTG E42 T 0340—2005 细集料坚固性试验
T 112-00（2017） 集料口的黏质土和易碎颗粒试验方法	C142/C142M-17 集料中的黏质土和易碎颗粒试验方法		JTG E42 T 0320—2000 粗集料软弱颗粒试验
T113-18 集料轻质颗粒的试验方法	C123/C123M-14 集料中轻质颗粒试验方法		JTG E42 T 0338—1994 细集料轻物质含量试验
		EN 13055:2016 轻质集料	
T 176-17 集料和土的砂当量试验方法	D2419-14 土壤及细集料砂当量试验方法	EN 933-8:2012 + A1:2015 集料几何特性的测定 第8部分:细集料的评价　砂当量试验	JTG E42 T 0334—2D05 细集料砂当量试验

续上表

美国		法国	中国
AASHTO	ASTM	CEN	
T 210-15 集料耐久性指数试验方法	D3744/D3744M-18 集料耐久性指数试验方法		
T 255-00（2017） 用烘干法测集料的总蒸发水量试验方法	C566-13 用干燥法测定集料总蒸发水量的试验方法	EN 1097-5:2008 集料力学和物理性质的测定 第5部分:用烘干法测集料含水率	JTG E42 T 0305—1994 粗集料含水率试验
			JTG E42 T 0332—2005 细集料含水率试验
			JTG E42 T 0306—1994 粗集料含水率快速试验(酒精燃烧法)
			JTG E42 T 0343—1994 细集料含水率快速试验(酒精燃烧法)
T 279-18 使用英式磨耗机对集料进行加速磨光试验	D3319-11(2017) 用英式轮加速磨光集料的实践	EN 1097-8:2009 集料力学和物理性质的测定 第8部分:磨光值的测定	JTG E42 T 0321—2005 粗集料磨光值试验
T 304-17 细集料未压实空隙率测定试验方法	C1252-17 细集料未压实空隙率测定试验方法 (受颗粒形状、表面纹理和分级的影响)		JTG E42 T 0344—2000 细集料棱角性试验(间隙率法)
		EN 933-6:2014 集料的表面特征评估　集料的流动系数	JTG E42 T 0345—2005 细集料棱角性试验(流动时间法)
T 326-05（2018） 粗集料未压实空隙率测定试验方法 (颗粒表面形状、表面纹理和级配的影响)			

续上表

美　国		法　国	中　国
AASHTO	ASTM	CEN	
T 327-12（2016） 采用微狄法尔试验机测定粗集料抵抗磨耗阻力试验方法	D6928-17 采用微狄法尔试验机测定粗集料抵抗磨耗试验方法	EN 1097-1:2011 集料力学和物理性质的测定 第1部分:耐磨性的测定(微狄法尔法)	
	D7428-15 用微狄法尔仪测定细集料的抗磨耗试验方法	EN 1097-1:2011 集料力学和物理性质的测定 第1部分:耐磨性的测定(微狄法尔法)	
			JTG E42 T 0323—2000 粗集料磨耗试验(道瑞试验)
T 330-07（2015） 采用亚甲蓝法测定集料中有害蒙脱土含量试验方法		EN 933-9:2009 + A1:2013 细集料评价　亚甲蓝法	JTG E42 T 0349—2005 细集料亚甲蓝试验
T 335-09（2018） 粗集料破碎率测定试验方法	D5821-13(2017) 粗集料破碎颗粒含量测定试验方法	EN 933-5:1998/A1:2004 集料几何特性的测定 第5部分:粗集料颗粒破碎面百分率测定	JTG E42 T 0346—2000 破碎砾石含量试验
T 354-17 用水浸法测定集料相对密度和吸水率试验方法			
T 381-18 通过数字图像分析确定集料的形状特性			
TP 117-15 干压实填料空隙率的测定试验方法		EN 1097-4:2008 集料力学和物理性质的测定　第4部分:干压实填料空隙率的测定试验方法	

续上表

美国		法国	中国
AASHTO	ASTM	CEN	
TP 120-16(2018) 碳酸盐粗集料的孔隙指数的试验方法			
		EN 933-7:1998 集料几何特性的测定　第 7 部分:碎屑含量的测定　粗集料中碎屑的百分率	
		EN 933-10:2009 集料几何特性的测定　第 10 部分:细集料的评价　填料分级(喷气筛)	
		EN 933-11:2009 集料几何特性的测定 第 11 部分:粗再生集料组分的分类试验	
			JTG E42 T 0313—1994 粗集料有机物含量试验
		EN 1097-2:2010 集料力学和物理性质的测定 第 2 部分:抗破碎能力测定	JTG E42 T 0316—2005 粗集料压碎值试验
		EN 1097-9:2014 集料力学和物理性质的测定　第 9 部分:通过轮胎的磨损测定耐磨损性　北欧试验	
		EN 1097-10:2014 集料力学和物理性质的测定 第 10 部分:吸水高度的测定	

续上表

美　国		法　国	中　国
AASHTO	ASTM	CEN	
		EN 1097-11:2013 集料力学和物理性质的测定　第 11 部分:轻集料压缩系数和极限抗压强度的测定	
		EN 1367-3:2001/AC:2004 集料的耐热性和耐候性试验　第 3 部分:"Sonnenbrand 玄武岩"的沸腾试验	
		EN 1367-4:2008 集料的耐热性和耐候性试验 第 4 部分:干缩测定	
		EN 1367-5:2011 集料的耐热性和耐候性试验 第 5 部分:抗热冲击性的测定	JTG E42 T 0322—2000 粗集料冲击值试验
		EN 1367-6:2008 集料的耐热性和耐候性试验　第 6 部分:在盐(NaCl)条件下测定抗冻融性	
		EN 1367-7:2014 集料的耐热性和耐候性试验 第 7 部分:轻质集料的抗冻融性测定	
		EN 1367-8:2014 集料的耐热性和耐候性试验 第 8 部分:轻质集料抗崩解性的测定	

续上表

美国		法国	中国
AASHTO	ASTM	CEN	
	D4792/D4792M-13 水解反应判断集料膨胀性试验方法		JTG E42 T 0339—1994 细集料膨胀率试验
	D3042-17 测定碳酸盐集料中不溶性残渣的试验方法		
		EN 13179-1:2013 沥青混合料用填料试验 第1部分:三角环和球试验	
		EN 13179-2:2000 沥青混合料用填料试验 第2部分:沥青数	
		EN 16236:2018 评估和验证集料性能稳定性(AVCP) 型式试验和工厂生产控制	
		EN 1744-3:2002 集料的化学性质试验 第2部分:通过浸出物溶液制备	
		EN 1744-4:2005 集料的化学性质试验 第3部分:沥青混合料填料的 水敏感性测定	JTG E42 T 0353—2000 矿粉亲水系数试验
			JTG E42 T 0355—2000 矿粉加热安定性试验

B.3　中法美沥青标准对照表

中法美沥青标准对照表　　表 B.3-1

美国		法国	中国
AASHTO	ASTM	CEN	
M 226-80（2017） 黏稠沥青黏度分级规范	D3381/D3381M-18 路面施工沥青胶结料黏度分级规范	EN 12591:2009 沥青和沥青胶结料　铺路沥青的规范（中的软质道路沥青）	—
M 320-17 沥青胶结料性能分级(PG)规范	D6373-16 沥青胶结料性能分级规范	—	—
MP 37-18 表层处理沥青胶结料性能分级规范			
M332-18 采用多应力蠕变恢复(MSCR)试验确定沥青胶结料性能分级的规范	D8239-18 采用多应力蠕变恢复(MSCR)试验确定沥青胶结料性能分级的规范		
	D6626-15 特立尼达改性湖沥青胶结料性能分级规范		
	D946/D946M-15 道路沥青胶结料针入度分级规范	EN 12591:2009 沥青和沥青胶结料　铺路沥青的规范	GB/T 15180—2010 重交通道路石油沥青 JTG F40—2004 第4.2部分　道路石油沥青 NB/SH/T 0522—2010 道路石油沥青

续上表

美国		法国	中国
AASHTO	ASTM	CEN	
		EN 14023:2010 聚合物改性沥青	JTG F40—2004 第 4.6 部分　聚合物改性沥青
	D5710/D5710M-15 特立尼达改性湖沥青规范		
	D6608-12 沥青混合料中特立尼达湖沥青的实践		
	D6154-15 路面建设用化学改性沥青胶结料规范		
	D8125-18 发动机底油(REOB)/真空沥青塔底沥青(VTAE)作为添加剂的规范		
		EN 13924-1:2015 硬质道路沥青	
		EN 13924-2:2014 多级道路沥青	
			GB/T 30516—2014 高黏高弹道路沥青
			NB/SH/T 0820—2010 阻燃道路沥青
			NB/SH/T 0821—2010 路用阻燃改性沥青

续上表

美　国		法　国	中　国
AASHTO	ASTM	CEN	
R 15-18 沥青添加剂和改性剂实践			
R 26-01（2018） 性能分级(PG)的沥青胶结料供应商认证实践			
R 29-15 沥青胶结料性能分级(PG)和验证实践	D7643-16 测定 PG 分级沥青胶结料的连续分级温度和等级的实践		
R 49-09（2018） 沥青胶结料低温性能等级的确定实践	D6816-11(2016) 沥青胶结料低温性能等级的测定实践		
TP 122-16(2018) 用扩展弯曲梁流变仪(BBR)测定物理老化沥青胶结料的性能等级试验方法	—	—	—
R 66-16 沥青材料取样试验方法	D140/D140M-16 沥青材料取样实践	EN 58:2012 沥青胶结料取样	GB/T 11147—2010 石油沥青取样法 JTG E20 T 0601—2011 沥青取样法
		EN 12594:2014 试验样品制备	JTG E20 T 0602—2011 沥青试样准备方法
R 92-18 用多应力蠕变恢复(MSCR)试验评价沥青胶结料的弹性实践			

续上表

美国		法国	中国
AASHTO	ASTM	CEN	
T 350-14(2018) 采用动态剪切流变仪(DSR)进行沥青胶结料多应力蠕变恢复试验方法(MSCR)	D7405-15 采用动态剪切流变仪进行沥青胶结料多应力蠕变恢复(MSCR)试验方法	EN 16659:2015 多应力蠕变恢复试验(MSCR)	
T 44-14(2018) 沥青胶结料溶解度试验方法	D2042-15 测定在三氯乙烯中沥青材料溶解度试验方法	EN 12592:2014 溶解度试验	GB/T 11148—2008 石油沥青溶解度测定法 JTG E20 T 0607—2011 沥青溶解度试验
	D7553-15 测定溴代正丙烷溶液中沥青材料溶解度试验方法		
	D3279-12e1 正庚烷不溶物试验方法		
T 48-18 闪点试验方法(克利夫兰开口杯法)	D92-18 闪点试验方法(克利夫兰开口杯法)	DS/EN 22592—1994 石油制品　闪点和燃点的测定 克利夫兰开口杯法	JTG E20 T 0611—2011 沥青闪点与燃点试验 (克利夫兰开口杯法)
T 49-15 针入度试验方法	D5/D5M-13 沥青材料针入度试验方法	EN 1426:2015 针入度测定	GB/T 4509—2010 沥青针入度测定法 JTG E20 T 0604—2011 沥青针人度试验
	D243/D243M-14 残留针入度值试验方法		

续上表

美国		法国	中国
AASHTO	ASTM	CEN	
T 50-14（2018） 沥青材料浮漂度试验方法	D139-16 沥青材料浮漂度试验方法		JTG E20 T 0631—1993 沥青浮漂度试验
T 51-09(2018) 延度试验方法	D113-17 沥青材料延度试验方法		GB/T 4508—2010 沥青延度测定法 JTG E20 T 0605—2011 沥青延度试验
T 53-09(2018) 沥青软化点试验方法(环球法)	D36/D36M-14e1 沥青软化点试验方法(环球法)	EN 1427:2015 软化点测定　环球法	GB/T 4507—2014 沥青软化点测定法(环球法) JTG E20 T 0606—2011 沥青软化点试验(环球法)
T 72-10（2015） 赛波特黏度试验	D88-07(2013) 赛波特黏度试验		JTG E20 T 0623—1993 沥青赛波特黏度试验 （赛波特重质油黏度计法）
T 201-15 沥青胶结料运动黏度试验方法	D2170/D2170M-18 沥青运动黏度试验方法	EN 12595:2014 运动黏度测定	JTG E20 T 0619—2011 沥青运动黏度试验(毛细管法) SH/T 0654—1998(2005) 石油沥青运动黏度测定法
T 202-15 真空毛细管法测定动力黏度的试验方法	D2171/D2171M-18 用真空毛细管黏度计测定沥青动力黏度的试验方法	EN 12596:2014 真空毛细管法测定动力黏度	JTG E20 T 0620—2000 沥青动力黏度试验(真空减压毛细管法) SH/T 0557—1993(2005) 石油沥青黏度测定法(真空毛细管法)

续上表

美国		法国	中国
AASHTO	ASTM	CEN	
T316-13(2017) 用旋转黏度计测定沥青黏度试验	D4402/D4402M-15 用旋转黏度计在高温下测定沥青黏度的试验方法	EN 13302:2018 用旋转黏度计测定沥青动力黏度试验	JTG E20 T 0625—2011 沥青旋转黏度试验 (布洛克菲尔德黏度计法) NB/SH/T 0739—2014 沥青高温黏度测定法　旋转黏度仪法
			JTG E20 T 0621—1993 沥青标准黏度试验 (道路沥青标准黏度计法)
			JTG E20 T 0622—1993 沥青恩格拉黏度试验(恩格拉黏度计法)
	D4989/D4989M—90a(2014)e1 用平行板塑性仪测定屋面沥青黏度的试验方法	EN 13702:2018 沥青和沥青胶结料　锥板法测定改性沥青的动力黏度	NB/SH/T 0813—2010 改性沥青压板法表观黏度测试
T 382-18 用旋转桨式黏度计测定乳化沥青黏度的试验方法			
	D4957-18 用真空毛细管黏度计测定乳化沥青残留物和非牛顿流体沥青表观黏度的试验方法		
	D7741/D7741M-18 用手持式旋转黏度计测量橡胶沥青或其他沥青胶结料表观黏度的试验方法		

续上表

美国		法国	中国
AASHTO	ASTM	CEN	
	D2493/D2493M-16 沥青胶结料的黏度温度图实践		—
T 102-09(2018) 沥青材料的斑点试验方法			
T 111-11(2015) 沥青材料中矿物质或灰分含量测定试验方法	D8078-18 测定沥青和乳化沥青残留物灰分含量的试验方法	EN 12697-47:2010 沥青混合料试验方法 第 47 部分:天然沥青灰分含量的测定	JTG E20 T 0614—2011 沥青灰分含量试验
R 28-12(2016) 采用压力老化容器(PAV)加速沥青胶结料老化实践	D6521-18 采用压力老化容器(PAV)加速沥青胶结料老化实践	EN 14769:2012 沥青和沥青胶结料　压力老化容器(PAV)试验	JTG E20 T 0630—2011 压力老化容器(PAV)加速沥青老化试验 SH/T 0774—2005 沥青加速老化试验法(PAV 法)
T 179-05(2018) 热和空气作用下沥青材料的老化[沥青薄膜烘箱试验(TFOT)]试验方法	D1754/D1754M-09(2014) 热和空气作用下沥青材料的老化(TFOT)试验方法	EN 12607-2:2014 沥青和沥青胶结料　热和空气作用下沥青材料的老化测定　第 2 部分:TFOT 法	JTG E20 T 0609—2011 沥青薄膜加热试验(TFOT) GB/T 5304—2001 石油沥青薄膜烘箱试验法(TFOT)
T 240-13(2017) 热和空气作用下沥青材料的老化[旋转薄膜烘箱试验(RTFOT)]试验方法	D2872-12e1 热和空气作用下沥青材料的老化(RTFOT)试验方法	EN 12607-1:2014 沥青和沥青胶结料　热和空气作用下沥青材料的老化测定　第 1 部分:RTFOT 法	JTG E20 T 0610—2011 沥青旋转薄膜加热试验(RTFOT) SH/T 0736—2003 沥青旋转薄膜烘箱试验法(RTFOT)
		EN 12607-3:2014 沥青和沥青胶结料　热和空气作用下沥青材料的老化测定　第 3 部分:RFT 法	

续上表

美国		法国	中国
AASHTO	ASTM	CEN	
		EN 15323:2007 沥青和沥青胶结料　旋转筒法加速长期老化试验(RCAT)	
T228-09(2018) 半固态沥青材料相对密度试验方法	D70-18a 半固态沥青材料密度试验方法(比重瓶法)	EN 15326:2007 + A1:2009 沥青和沥青胶结料　毛细管塞比重瓶法测定密度和相对密度的试验方法	GB/T 8928-2008 固体和半固体石油沥青密度测定法 JTG E20 T 0603—2011 沥青密度与相对密度试验
	D3289-17 半固态和固态沥青材料密度的试验方法(镍坩埚法)		NB/SH/T0817—2010 半固体和固体沥青密度测定法(镍坩埚法)
	D8188-18 使用数字密度计(U 形管)测定沥青、半固态沥青材料和软焦油沥青的密度和相对密度的试验方法		
T300-11(2016) 沥青材料测力延度试验法		EN 13589:2018 用测力延度法测定改性沥青的拉伸性质	NB/SH/T 0814—2010 沥青材料测力延度试验法
		EN 13588:2017 沥青和沥青胶结料　沥青胶结料内聚特性的测定试验方法(摆锤法)	
T 301-13 (2017) 用延度仪进行沥青材料的弹性恢复试验	D6084/D6084M-18 用延度仪测定沥青材料弹性恢复试验方法	EN 13398:2017 弹性恢复试验	JTG E20 T 0662—2000 沥青弹性恢复试验 NB/SH/T 0737—2014 沥青弹性恢复测定法(延度仪法)

续上表

美国		法国	中国
AASHTO	ASTM	CEN	
TP 123-16(2018) 采用动态剪切流变仪(DSR)测定沥青胶结料屈服性能和弹性恢复试验方法			
T 313-12(2016) 用弯曲梁流变仪(BBR)测定沥青胶结料弯曲蠕变劲度试验方法	D6648-08(2016) 用弯曲梁流变仪(BBR)测定沥青胶结料弯曲蠕变劲度试验方法	EN 14771:2012 沥青和沥青胶结料　测定弯曲蠕变劲度试验(BBR)	JTG E20 T 0627—2011 沥青弯曲蠕变劲度试验(BBR) SH/T 0775—2005 沥青弯曲蠕变劲度测定法(BBR 法)
T 314-12(2016) 用直接拉伸仪(DT)测定沥青胶结料的断裂性质试验方法	D6723-12 用直接拉伸仪(DT)测定沥青胶结料的断裂性质试验方法		JTG E20 T 0629—2011 沥青断裂性能试验(DT) SH/T 0776—2005 沥青断裂性能测定法(DT 法)
		EN 13587:2016 用拉伸试验法测定沥青胶结料拉伸性质	
TP 127-17 采用沥青断裂能(BFE)试验确定沥青胶结料的断裂能密度试验方法			
T 315-12(2016) 用动态剪切流变仪(DSR)测定沥青胶结料的流变性质试验方法	D7175-15 用动态剪切流变仪(DSR)测定沥青胶结料流变性质试验方法	EN 14770:2012 测定复数剪切模量和相位角的动态剪切流变测定(DSR)	JTG E20 T 0628—2011 沥青流变性质试验(动态剪切流变仪法) SH/T 0777—2005 沥青流变性质测定法(DSR 法)
T 377-17 沥青胶结料中多聚磷酸含量的测定试验方法			

续上表

美国		法国	中国
AASHTO	ASTM	CEN	
T 383-18 沥青隔离剂(ARAs)评价			
TP 92-14(2018) 用沥青开裂装置(ABCD)测定沥青胶结料的开裂温度试验方法			
TP 101-12(2018) 用线性振幅扫描法测定沥青胶结料的疲劳性能试验方法			
TP 113-15 采用双侧缺口拉伸(DENT)试验测定沥青胶结延伸性能试验方法			
	D3625/D3625M-12 用水煮法评价沥青与集料的黏附性实践		JTG E20 T 0616—1993 沥青与粗集料的黏附性试验(水煮法)
		EN 12697-11:2012 沥青混合料试验方法 第11部分:集料与沥青亲和性确定	
	D4124-09(2018) 沥青四组分组成分析的试验方法		JTG E20 T 0618—1993 沥青化学组分试验(四组分法) NB/SH/T 0509—2010 石油沥青四组分测定法
			JTG E20 T 0617—1993 沥青化学组分试验(三组分法)

续上表

美国		法国	中国
AASHTO	ASTM	CEN	
		EN 13301:2010 沥青染色倾向测定方法	
	D6 / D6M-95(2018) 油和沥青化合物加热损失的试验方法	EN 13303:2017 沥青加热后质量损失的测定	JTG E20 T 0608—1993 沥青蒸发损失试验 GB/T 11964—2008 石油沥青蒸发损失测定法
	D6703-14 自动 Heithaus 滴定试验方法		
		EN 12593:2015 弗拉斯脆点试验	GB/T 4510—2017 石油沥青脆点测定法(弗拉斯法) JTG E20 T 0613—1993 沥青脆点试验(弗拉斯法)
		EN 12606-1:2015 沥青和沥青胶结料　蜡含量测定 第 1 部分:蒸馏法	JTG E20 T 0615—2011 沥青蜡含量试验(蒸馏法) SH/T 0425—2003 石油沥青蜡含量测定法 SH/T 0778—2005 石油沥青蜡含量测定法(裂解脱油法)
		EN 12606-2:1999 沥青和沥青胶结料　蜡含量测定 第 2 部分:萃取法	
	D95-13(2018) 蒸馏法测定石油产品和沥青材料中含水率的试验方法		JTG E20 T 0612—1993 沥青含水率试验

续上表

美国		法国	中国
AASHTO	ASTM	CEN	
	D664-18e2 电位滴定法测定石油产品酸值的试验方法		JTG E20 T 0626—2000 沥青酸值测定方法
		CEN/TS 15324:2008 沥青和沥青胶结料　在低频振荡模式下使用动态剪切流变仪(DSR)测定基于低剪切黏度的等温温度	
		CEN/TS 15325:2008 沥青和沥青胶结料　在蠕变模式下使用剪切应力流变仪测定零剪切黏度(ZSV)	
		CEN/TS 15963:2014 沥青和沥青胶结料　通过在缺口试样上进行三点弯曲试验测定断裂韧性温度	
	D5801-17 沥青材料黏韧性试验方法		JTG E20 T 0624—2011 沥青黏韧性试验 SH/T 0735—2003 沥青黏韧性试验法
	D7173-14 测定聚合物改性沥青中聚合物离析倾向的实践	EN 13399:2017 储存稳定性试验	JTG E20 T 0661—2011 聚合物改性沥青离析试验 SH/T 0740—2003 聚合物改性沥青离析试验法

续上表

美国		法国	中国
AASHTO	ASTM	CEN	
		EN 1425:2012 沥青和沥青胶结料　外观特性描述	
		EN 13632:2010 聚合物改性沥青中聚合物分散性的可视化试验	
			JTG E20 T 0660—2000 沥青与集料的低温黏结性试验
			JTG E20 T 0663—2000 沥青抗剥落剂性能评价试验
			JTG E20 T 0664—2000 改性沥青用合成橡胶乳液试验
	D4311/D4311M-15 基准温度下沥青体积校正实践		
	D4552/D4552M-10(2016)e1 热拌再生剂分类的实践		NB/SH/T 0819—2010 热伴用道路沥青再生剂

B.4　中法美沥青混合料标准对照表

中法美沥青混合料标准对照表　　表 B.4-1

美国		法国	中国
AASHTO	ASTM	CEN	
MP 23-15(2018) 沥青混合料用再生沥青瓦规范			

续上表

美国		法国	中国
AASHTO	ASTM	CEN	
M156-13(2017) 热拌热铺沥青混合料拌和厂的要求规范			
M323-17 Superpave 混合料体积设计规范			
M325-08(2017) 沥青玛脂碎石混合料(SMA)规范		EN 13108-5:2016 沥青玛脂碎石混合料(SMA)	JTG F40—2004 附录 C 中建标公路〔2002〕1 号 公路沥青玛脂碎石路面技术指南
	D6932/D6932M-08(2013) 开级配抗滑磨耗层(OGFC)沥青混合料设计实践		
	D7064/D7064M-08(2013) 厂拌开级配抗滑磨耗层(OGFC)沥青混合料的材料和施工指南		
		EN 13108-3:2016 沥青混合料　材料规范 第 3 部分:软质沥青混凝土	
		EN 13108-8:2016 沥青混合料　材料规范 第 8 部分:再生沥青混合料	
		EN 13108-1:2016 沥青混凝土(EME)	GB/T 36143—2018 道路用高模量抗疲劳沥青混合料

续上表

美国		法国	中国
AASHTO	ASTM	CEN	
		EN 13108-1:2016 沥青混凝土(AC-GB、AC、AC-BBSG、AC-BBME、AC-BBM、AC-BBA)	
		EN 13108-2:2016 超薄层沥青混凝土 BBTM	
		EN 13108-4:2016/AC:2017 热碾压沥青混凝土(HRA)	
		EN 13108-6:2016 沥青混合料　材料规范 第6部分:沥青玛蹄脂混合料	
		EN 13108-9:2016 极薄层沥青(AUTL)混合料	
			GB/T 29051—2012 道路用阻燃沥青混凝土
R 30-02 (2015) 热拌沥青混合料(HMA)拌和条件实践		CEN/TS 12697-52:2017 沥青混合料试验方法 第52部分:氧化老化处理条件	JTG E20 T 0734—2000 热拌沥青混合料加速老化方法
R 35-17 沥青混合料 Superpave 体积设计实践			
R 46-08 (2017) 沥青玛蹄脂碎石混合料(SMA)设计实践			

续上表

美国		法国	中国
AASHTO	ASTM	CEN	
PP 77-14（2018） 排水抗滑层沥青混合料（PFC）材料选择与混合料设计实践			
		EN 13108-7:2016 沥青混合料　材料规范 第7部分：透水沥青混合料（PA）	
R 47-14（2018） 缩分热拌沥青混合料试验用试件数量实践			
R 59-11（2015） 用阿布森法从溶液中回收沥青胶结料实践	D1856-09（2015） 用阿布森法从溶液中回收沥青胶结料的试验方法		JTG E20 T 0726—2011 从沥青混合料中回收沥青的方法（阿布森法）
T 319-15 从沥青混合料中定量抽提和回收沥青胶结料的试验方法	D5404/D5404M-12（2017） 使用旋转蒸发器从溶液中回收沥青的实践	EN 12697-3:2013 /FprA1:2018 沥青混合料　试验方法 第3部分：沥青回收：旋转蒸发器法	JTG E20 T 0727—2011 从沥青混合料中回收沥青的方法（旋转蒸发器法）
	D7906-14 用甲苯和旋转蒸发器从溶液中回收沥青的实践		
	D8159-18 从沥青混合料中自动提取沥青胶结料的试验方法		
T 164-14（2018） 从热拌沥青混合料（HMA）中定量抽提沥青胶结料试验方法	D2172/D2172M-17e1 从沥青混合料中定量抽提沥青胶结料的试验方法	EN 12697-1:2012 沥青混合料　试验方法 第1部分：可溶胶结料含量（抽提）	JTG E20 T 0722—1993 沥青混合料中沥青含量试验（离心分离法）

续上表

美国		法国	中国
AASHTO	ASTM	CEN	
		EN 12697-4:2015 沥青混合料　试验方法 第4部分:沥青回收:分馏柱	
R 67-16 压实沥青混合料取样(取芯)实践	D5361/D5361M-16 室内试验用压实沥青混合料取样的实践	EN 12697-27:2017 沥青混合料　试验方法 第27部分:取样(4.7取芯)	JTG E60 T 0901—2008 取样方法
		EN 12697-35:2016 沥青混合料　试验方法 第35部分:试验室拌和试验	
R 68-15 用马歇尔试验仪制备沥青混合料试件实践	D6926-16 用马歇尔试验仪制备沥青混合料试件的实践	EN 12697-30:2012 沥青混合料　试验方法 第30部分:击实法成型方法	JTG E20 T 0702—2011 沥青混合料试件制作方法(击实法)
R 83-17 用Superpave旋转压实仪(SGC)制备圆柱体性能试验试件实践			
	D8079-16 采用滚动压实机制备板状沥青混合料试件的实践	EN 12697-33:2003 + A1:2007 沥青混合料　试验方法 第33部分:轮碾成型方法	JTG E20 T 0703—2011 沥青混合料试件制作方法(轮碾法)
	D3387-11 采用美国工程师兵团旋转试验机(GTM)测定沥青混合料的压实和剪切性质试验方法		JTG E20 T 0737—2011 沥青混合料旋转压实和剪切性能试验(GTM方法)

续上表

美国		法国	中国
AASHTO	ASTM	CEN	
	D7981-15 采用剪切箱压实法压实棱柱体沥青混合料试件的实践		
			JTG E20 T 0704—2011 沥青混合料试件制作方法(静压法)
		EN 12697-32:2003 + A1:2007 沥青混合料　试验方法 第 32 部分:振动压实成型方法	
T 247-10(2015) 加利福尼亚搓揉压实机制备热拌沥青混合料(HMA)试件试验方法	D1561/D1561M-13 采用加利福尼亚搓揉压实机制备热拌沥青混合料(HMA)试件实践		
		EN 12697-28:2000 沥青混合料　试验方法　第 28 部分:测定胶结料含量、含水率和级配的样品制备方法	
PP 95-18 间接拉伸性能试样的制备方法			
R 79-18 压实沥青试样的真空干燥实践	D7227/D7227M-17 真空干燥设备快速干燥压实沥青混合料的实践		
		EN 12697-10:2017 沥青混合料　试验方法　第 10 部分:压实性	

续上表

美国		法国	中国
AASHTO	ASTM	CEN	
	D3549/D3549M-18 压实沥青混合料试样的厚度或高度试验方法	EN 12697-29:2002 沥青混合料　试验方法 第 29 部分:沥青试样尺寸测定	
R 62-13 (2017) 开发沥青混合料动态模量主曲线的实践			
R 84-17 利用沥青混合料性能试验机(AMPT)确定沥青混合料动态模量主曲线的实践			
PP 96-18 采用间接拉伸试验方法建立热拌沥青混合料的动态模量主曲线试验方法			
T 378-17 利用沥青混合料性能试验机(AMPT)确定沥青混合料的动态模量和流动数试验方法			
T 342-11(2015) 热拌沥青混合料(HMA)动态模量的测定试验方法		EN 12697-26:2018 沥青混合料　试验方法　第 26 部分:模量试验(附录 D 柱形试样直接拉力压缩试验)	JTG E20 T 0738—2011 沥青混合料单轴压缩动态模量试验
TP 131-18 用间接拉伸试验测定沥青混合料动态模量的方法			

续上表

美　国		法　国	中　国
AASHTO	ASTM	CEN	
	D7369-11 通过间接拉伸试验测定沥青混合料回弹模量试验方法	EN 12697-26:2018 沥青混合料　试验方法　第 26 部分:模量试验(附录 C 间接拉伸试验)	
	D7552-09(2014) 用动态剪切流变仪(DSR)测定沥青混合料复数剪切模量(G^*)的试验方法		
TP 125-16(2018) 用弯曲梁流变试验仪(BBR)确定沥青混合料的弯曲蠕变模量试验方法			
			JTG E20 T 0728—2000 沥青混合料弯曲蠕变试验
T 30-15 抽提后的集料力学分析试验方法			
T 110-03(2016) 热拌沥青混合料(HMA)中水分或挥发性馏分的测定试验方法	D1461-17 测定热拌沥青混合料中水分或挥发性馏分含量试验方法	EN 12697-14:2000/AC:2001 沥青混合料　试验方法 第 14 部分:含水率	
T 166-16 饱和面干法测定压实沥青混合料试样的毛体积相对密度(Gmb)试验方法	D2726/D2726M-17 非吸收性压实沥青混合料毛体积相对密度和密度试验方法	EN 12697-6:2012 沥青混合料　试验方法　第 6 部分:沥青试件毛体积密度的确定(方法 B 表干法)	JTG E20 T 0705—2011 压实沥青混合料密度试验(表干法)
T 209-12(2016) 热拌沥青混合料(HMA)的理论最大相对密度(Gmm)和密度试验方法	D2041/D2041M-11 沥青混合料理论最大相对密度和密度试验方法		JTG E20 T 0711—2011 沥青混合料理论最大相对密度试验(真空法)

续上表

美国		法国	中国
AASHTO	ASTM	CEN	
		EN 12697-5:2009/AC:2012 沥青混合料 试验方法 第5部分:最大密度测定(附录A溶剂法)	JTG E20 T 0712—2011 沥青混合料理论最大相对密度试验(溶剂法)
T 269-14(2018) 压实密级配和开级配沥青混合料的空隙率试验方法	D3203/D3203M-17 压实沥青混合料的空隙率试验方法	EN 12697-6:2012 沥青混合料 试验方法 第6部分:沥青试件毛体积密度的测定(方法D体积法)	JTG E20 T 0708—2011 压实沥青混合料密度试验(体积法)
	D7063/D7063M-18 压实沥青混合料有效孔隙和有效空隙率试验方法		
		EN 12697-8:2003 沥青混合料 试验方法 第8部分:沥青试样空隙特性测定	
T 275-17 采用蜡封法测定压实沥青混合料毛体积相对密度试验方法	D1188-07(2015) 用蜡封法测压实沥青混合料毛体积相对密度和密度试验方法	EN 12697-6:2012 沥青混合料 试验方法 第6部分:沥青试件毛体积密度的测定(方法C蜡封法)	JTG E20 T 0707—2011 压实沥青混合料密度试验(蜡封法)
		EN 12697-6:2012 沥青混合料 试验方法 第6部分:沥青试件毛体积密度的测定(方法A水中重法)	JTG E20 T 0706—2011 压实沥青混合料密度试验(水中重法)
		EN 12697-7:2014 沥青混合料 试验方法 第7部分:通过伽马射线法测定沥青试件毛体积密度	

续上表

美国		法国	中国
AASHTO	ASTM	CEN	
T 331-13(2017) 自动真空密封法测压实沥青混合料毛体积相对密度和密度的试验方法	D6752/D6752M-18 自动真空密封法测压实沥青混合料毛体积相对密度和密度的试验方法		
	D6857/D6857M-18 自动真空密封法测沥青混合料理论最大相对密度和密度试验方法		
TP 82-10(2017) 采用压力传感器测得的水位移测定压实沥青混合料毛体积相对密度(Gmb)试验方法			
			JTG E20 T 0717—1993 沥青混合料饱水率试验
T 167-10(2015) 热拌沥青混合料的抗压强度试验方法	D1074-17 沥青混合料抗压强度试验方法		JTG E20 T 0713—2000 沥青混合料单轴压缩试验(圆柱体法)
		EN 12697-25:2016 (方法 A、B)沥青混合料　试验方法 第 25 部分:重复压缩试验 (单轴循环压缩、三轴循环压缩)	
			JTG E20 T 0714—1993 沥青混合料单轴压缩试验(棱柱体法)
			JTG E20 T 0718—2011 沥青混合料抗剪强度试验(三轴压缩法)

续上表

美国		法国	中国
AASHTO	ASTM	CEN	
T 168-03(2016) 铺路沥青混合料的取样试验方法	D979/D979M-15 铺路沥青混合料取样实践	EN 12697-27:2017 沥青混合料　试验方法 第 27 部分:取样方法	JTG E20 T 0701—2011 沥青混合料取样法
	D3665-12(2017) 铺路材料的随机取样实践		
T 195-18 沥青混合料中集料颗粒裹覆程度的测定试验方法	D2489/D2489M-16 沥青混合料中集料颗粒裹覆程度的测定试验方法		
	D5581-07a(2013) 用马歇尔试验仪(6 英寸直径试件)测定沥青混合料塑性流动阻力试验方法		JTG E20 T 0709—2011 沥青混合料马歇尔稳定度试验
T 245-15 用马歇尔试验仪测定沥青混合料塑性流动阻力试验方法(4 英寸)	D6927-15 沥青混合料马歇尔稳定度和流值试验方法(4 英寸)	EN 12697-34:2012 沥青混合料　试验方法 第 34 部分:马歇尔试验(4 英寸)	JTG E20 T 0709—2011 沥青混合料马歇尔稳定度试验(4 英寸)
			JTG E20 T 0710—2011 沥青路面芯样马歇尔试验
T 246-10(2015) 用维姆试验仪测定热拌沥青混合料(HMA)抗变形能力和内聚特性试验方法	D1560-15 用维姆试验仪测定热拌沥青混合料(HMA)抗变形能力和内聚特性试验方法		
T 283-14(2018) 压实沥青混合料抵抗水损害能力的试验方法	D4867/D4867M-09 (2014) 水分对铺路用沥青混合料影响的试验方法		

续上表

美国		法国	中国
AASHTO	ASTM	CEN	
		EN 12697-12:2018(方法 A) 沥青混合料　试验方法 第 12 部分:沥青试件水敏感性测定	JTG E20 T 0709—2011 沥青混合料马歇尔稳定度试验 (浸水马歇尔)
		EN 12697-12:2018(方法 B) 沥青混合料　试验方法　第 12 部分:沥青试件水敏感性测定(多列士试验)	
			JTG E20 T 0729—2000 沥青混合料冻融劈裂试验
	D1075-11 水对压实沥青混合料抗压强度影响试验方法		
	D7870/D7870M-13 利用静水孔隙压力对压实沥青混合料试件进行湿度条件的实践		
T 287-14(2018) 核子法测定沥青混合料中的沥青胶结料含量试验方法	D4125/D4125M-10 (2016) 核子法测定沥青混合料的沥青含量试验		JTG E20 T 0721—1993 沥青混合料中沥青含量试验(射线法)
T 305-14(2018) 未压实沥青混合料析漏试验方法	D6390-11(2017) 未压实沥青混合料析漏试验方法	EN 12697-18:2017 沥青混合料　试验方法 第 18 部分:沥青析漏试验	JTG E20 T 0732—2011 沥青混合料谢伦堡沥青析漏试验
T 308-18 燃烧炉法测定热拌沥青混合料(HMA)中沥青胶结料含量试验方法	D6307-19 燃烧炉法测定热拌沥青混合料中沥青胶结料含量试验方法	EN 12697-39:2012 沥青混合料　试验方法 第 39 部分:燃烧法测定胶结料含量	JTG E20 T 0735—2011 沥青混合料中沥青含量试验(燃烧炉法)

续上表

美国		法国	中国
AASHTO	ASTM	CEN	
T 312-15 用 Superpave 旋转压实仪制备和测定热拌沥青混合料(HMA)密度试验方法	D6925-15 采用 Superpave 旋转压实仪制备沥青混合料试件并测定相对密度的试验方法	EN 12697-31:2007 沥青混合料　试验方法 第 31 部分:旋转压实成型方法	JTG E20 T 0736—2011 沥青混合料旋转压实试件制作方法(SGC 方法)
T 320-07(2016) 用 Superpave 剪切试验机(SST)测定沥青混合料永久剪切应变和劲度模量试验方法	D7312-10 用 Superpave 剪切试验机(SST)测定沥青混合料永久剪切应变和劲度模量试验方法		
T 321-17 测定重复弯曲作用下压实沥青混合料的疲劳寿命试验方法	D7460-10 测定重复弯曲作用下压实沥青混合料疲劳寿命试验方法	EN 12697-24:2018 沥青混合料　试验方法 第 24 部分:抗疲劳能力试验 (附录 D 棱柱形试件四点弯曲试验)	JTG E20 T 0739—2011 沥青混合料四点弯曲疲劳寿命试验
		EN 12697-24:2018 沥青混合料　试验方法 第 24 部分:抗疲劳能力试验 [(附录 A、B、C、E)梯形试件两点弯曲试验、棱柱形试件的两点弯曲试验、棱柱形试件三点弯曲试验、圆柱形试样的间接拉伸试验]	
			JTG E20 T 0715—2011 沥青混合料弯曲试验
—		EN 12697-46:2012 沥青混合料　试验方法　第 46 部分:通过单轴拉伸试验测定低温开裂性质	
	D8237-18 用四点梁疲劳装置测定沥青集料混合物疲劳失效的试验方法		

续上表

美　国		法　国	中　国
AASHTO	ASTM	CEN	
T 322-07(2016) 热拌沥青混合料的间接拉伸试验	D6931-17 沥青混合料间接抗拉(IDT)强度试验方法	EN 12697-23:2017 沥青混合料　试验方法 第23部分:沥青试件的间接拉伸强度试验	JTG E20 T 0716—2011 沥青混合料劈裂试验
T 324-17 压实热拌沥青混合料(HMA)汉堡车辙试验(Hamburg Wheel-Track)方法			
		EN 12697-22:2003 + A1:2007 沥青混合料　试验方法 第22部分:车辙试验(小尺寸)	JTG E20 T 0719—2011 沥青混合料车辙试验
		EN 12697-22:2003 + A1:2007 沥青混合料　试验方法 第22部分:车辙试验(大尺寸)	
T 329-15 烘箱法测定热拌沥青混合料含水率试验方法			
T 340-10(2015) 用沥青路面分析仪(APA)测定热拌沥青混合料(HMA)的车辙敏感性			
TP 116-15 用增量重复荷载永久变形(iRLPD)方法测量沥青混合料抗车辙能力试验方法			

续上表

美　国		法　国	中　国
AASHTO	ASTM	CEN	
T 344-12(2016) 利用模拟加载评价旋转压实仪(SGC)旋转内角的方法	D7115-10(2015) 利用模拟加载评价旋转压实仪(SGC)旋转内角的试验方法		
T 362-17 沥青混合料中石灰含量的测定试验方法			
TP 105-13(2015) 用半圆弯曲试验(SCB)确定沥青混合料的断裂能试验方法		EN 12697-44:2010 沥青混合料　试验方法　第44部分:用半圆弯曲(SCB)试验进行裂纹扩展	
TP 124-18 用半圆弯曲(SCB)试验在中等温度条件下测定沥青混合料的抗裂性能试验方法	D8044-16 用半圆弯曲(SCB)试验在中等温度条件下测定沥青混合料的抗裂性能试验方法		
TP 108-14(2018) 沥青混合料试样磨耗损失试验方法			
		EN 12697-16:2016 沥青混合料　试验方法 第16部分:防滑钉轮胎的磨损试验	
		CEN/TS 12697-50:2018 沥青混合料　试验方法 第50部分:抗划痕试验	
TP 107-18 利用直接拉伸疲劳试验确定沥青混合料损伤特征曲线试验方法			

续上表

美国		法国	中国
AASHTO	ASTM	CEN	
TP 114-18 沥青路面层间剪切强度测定方法			
		CEN/TS 12697-51:2017 沥青混合料　试验方法 第 51 部分:表面剪切强度试验	
TP 115-16（2017） 现场或实验室测定沥青路面黏性涂层质量的方法			
TP 128-17 用便携式红外光谱仪评价沥青混合料氧化程度的方法			
PP 76-13（2015） 排除 Superpave 混合料的设计和现场管理中 Superpave 旋转压实(SCGs)沥青试件体积性质差异的实践			
PP 78-17 使用回收屋面沥青瓦(RAS)设计沥青混合料的设计考虑实践			
	D5444-15 抽提集料的筛分试验方法	EN 12697-2:2015/prA1 沥青混合料　试验方法 第 2 部分:粒径分布的测定	JTG E20 T 0725—2000 沥青混合料的矿料级配检验方法

续上表

美国		法国	中国
AASHTO	ASTM	CEN	
		EN 12697-13:2017 沥青混合料　试验方法 第 13 部分:温度测量	
		EN 12697-15:2003 沥青混合料　试验方法 第 15 部分:离析敏感性的测定	
		EN 12697-17:2017 沥青混合料　试验方法　第 17 部分: 透水沥青混合料(PA)试件粒料损失	JTG E20 T 0733—2011 沥青混合料肯塔堡飞散试验
		EN 12697-19:2012 沥青混合料　试验方法 第 19 部分:试件的渗水性试验	JTG E20 T 0730—2011 沥青混合料渗水试验
		EN 12697-20:2012 沥青混合料　试验方法　第 20 部分:使用 立方体试件或马歇尔试件进行压痕试验	
		EN 12697-21:2012 沥青混合料　试验方法 第 21 部分:使用平板试件进行压痕试验	
		EN 12697-37:2003 沥青混合料　试验方法 第 37 部分:热碾压沥青混凝土(HRA)用 预拌沥青碎石与胶结料附着力的热砂试验	

续上表

美国		法国	中国
AASHTO	ASTM	CEN	
		EN 12697-41:2013 沥青混合料　试验方法 第41部分:耐防冻液性能试验方法	
		EN 12697-42:2012 沥青混合料　试验方法 第42部分:回收沥青中杂质含量	
		EN 12697-43:2014 沥青混合料　试验方法 第43部分:耐油污性试验	
		EN 12697-45:2012 沥青混合料　试验方法 第45部分:饱和老化拉伸劲度(SATS)调节试验	
		EN 12697-49:2014 沥青混合料　试验方法 第49部分:抛光后摩擦力的测定	
			JTG E20 T 0720—1993 沥青混合料线收缩系数试验

续上表

美国		法国	中国
AASHTO	ASTM	CEN	
	D7313-13 用盘型拉力仪测定沥青-集料混合料断裂能的试验方法		
			JTG E20 T 0731—2000 沥青混合料表面构造深度试验
	D4469-17 沥青混合料中集料对沥青的吸收率测定的实践		
	D4887/D4887M-11(2016) 热再生沥青材料黏度调和的实践		
		EN 13108-20:2016 沥青混合料　材料规范 第 20 部分:典型试验	
		EN 13108-21:2016 沥青混合料　材料规范 第 21 部分:工厂生产控制	
	D3666-16 铺路沥青材料的业主试验和验收最低要求规范		
	D7495-12(2019) 道路和铺路材料检验检测委托认证机构最低要求规范		

结 束 语

本书由苏交科依据中信建设有限责任公司委托开展的“中法美沥青路面技术体系跟踪研究和应用”及与其共同申报的科技部国际科技合作项目“沥青路面关键技术体系在非洲国家的建立和应用研究”相关技术成果编写而成。

本书主要对中、法、美热拌沥青混合料技术所涉及的原材料(沥青胶结料、集料)和混合料的规范和试验方法等相关标准体系内容进行了全面的梳理和体系上的对比分析,同时对中、法、美关于沥青胶结料、集料的规范和试验方法,沥青混合料类型、设计方法、性能试验方法以及标准管理体系等做了较为详细的比较研究。

本书的编写聚集了课题组十余年来的工作心血,希望通过这些成果的发布,使广大工程技术人员对中、法、美热拌沥青混合料用沥青胶结料、集料、混合料的相关技术指标、性能要求、试验评价方法等的异同性有更为深入的了解和掌握,为应用法、美标准体系的海外工程项目提供技术支持,同时为中国热拌沥青混合料规范体系的创新发展提供借鉴参考,共同推动中国沥青路面技术的提升,同时激励广大工程技术人员紧跟国际沥青路面技术前沿动态,不断汲取新信息、新知识,努力提升自身技术能力。

另外,由于时间有限,本书尚未对课题组所获技术成果中的混合料结构设计及施工相关内容进行介绍,后期有条件将会继续推出。

最后,感谢科技部、中信-中铁联合体、中信建设有限责任公司、山东省交通科学研究院、中国石化炼油销售有限公司、中石油燃料油有限责任公司研究院、法国道桥中央实验室等单位在相关课题开展过程中给予的支持!